国家社科基金
GUOJIA SHEKE JIJIN HOUQI ZIZHU XIANGMU
后期资助项目

中国契约型证券投资基金治理问题研究

李学峰　著

科学出版社
北　京

内 容 简 介

本书构建了不同于目前已有的公司治理、基金公司治理和公司型基金治理的全新的契约型基金治理评价体系，并据此设计了契约型基金治理指数。应用该指数对中国市场中的129家基金公司旗下的4924只公募证券投资基金的治理效率进行了评价和多维度的比较分析。本书还首次从名义契约出发推导出了综合考虑显性激励和隐性激励的共同激励机制模型，并采用持股集中度和持仓换手率两个指标刻画了基金经理在共同激励机制下的行为选择。本书还创新性地从共同代理理论出发构建了契约型基金中基金公司股东、持有人与基金经理三方之间利益关系的理论模型，并应用该模型对现实中的管理人持基计划与浮动管理费率等问题给出了理论阐述和模拟分析。此外，本书还通过七个专题的研究，对我国市场中基金治理的几个重要的理论和实践问题进行了深度考察。在上述研究的基础上，本书提出了改进我国证券投资基金治理的有针对性、可操作、可比较的意见、建议。

本书适合基金监管部门、基金管理者、基金投资者、财经类研究生和对基金感兴趣的读者阅读、参考。

图书在版编目（CIP）数据

中国契约型证券投资基金治理问题研究 / 李学峰著. -- 北京 : 科学出版社, 2025. 8. -- ISBN 978-7-03-081788-4

Ⅰ. F832.51

中国国家版本馆CIP数据核字第2025MF0139号

责任编辑：陈会迎/责任校对：贾娜娜

责任印制：张 伟/封面设计：有道设计

科学出版社 出版

北京东黄城根北街16号

邮政编码：100717

http://www.sciencep.com

北京中石油彩色印刷有限责任公司印刷

科学出版社发行 各地新华书店经销

*

2025年8月第 一 版 开本：720×1000 1/16

2025年8月第一次印刷 印张：18 3/4

字数：324 000

定价：198.00元

（如有印装质量问题，我社负责调换）

国家社科基金后期资助项目
出版说明

后期资助项目是国家社科基金设立的一类重要项目，旨在鼓励广大社科研究者潜心治学，支持基础研究多出优秀成果。它是经过严格评审，从接近完成的科研成果中遴选立项的。为扩大后期资助项目的影响，更好地推动学术发展，促进成果转化，全国哲学社会科学工作办公室按照“统一设计、统一标识、统一版式、形成系列”的总体要求，组织出版国家社科基金后期资助项目成果。

全国哲学社会科学工作办公室

目　　录

第一章　基金治理和公司治理

我们首先通过理论分析揭示公司治理、基金公司治理和基金治理三者的区别，明确本书所要研究的问题和研究领域。

第一节　公司治理和基金治理概述

一、公司治理

公司治理结构（corporate governance structure）的概念最早出现在经济学文献中的时间是 20 世纪 80 年代初期，在此之前，Williamson（1976）曾提出了治理结构的概念，可以说与公司治理结构的概念已十分接近。若从思想渊源上看，公司治理的内涵可以追溯到 1776 年，亚当·斯密在《国富论》（全称为《国民财富的性质和原因的研究》）一书中认为，股份公司的经理人员使用他人的钱替他人办事，不可能期望他们会像经营自己的私人公司那样去管理企业，因此在这些企业的经营中疏忽大意和奢侈浪费的事总会发生。这实际上就是委托代理理论中的代理问题，也是公司治理中的核心问题。它源于经理人员与股东的利益不一致，他们都着眼于各自利益的最大化。直到 20 世纪初期，随着规模巨大公司的大量出现，所有权与经营权分离，代理问题更加突出，从那时起人们普遍认为经理人员与股东之间存在着利益相悖这一事实，这样就需要一种制度安排来保证二者利益的一致性，至少是能使得经理人员背离委托人价值最大化的行为不至于过多。这种制度安排通常体现为约束与激励两个方面。对经理的约束可以通过建立董事会机制来实施；Jensen 和 Ruback（1983）提出经理人员的激励可以通过薪金补偿计划来加以实现。公司治理结构其实就是委托代理模式的一种制度。

对于公司治理结构这一概念，国内外经济学界有诸多不同的理解，一般来说，公司治理分为狭义的公司治理和广义的公司治理两个方面。狭义的公司治理是指所有者（一般是指股东）对经理人的一种监督与制衡制度，即通过建立起一种合理的制度安排，来区分和分配所有者与经理人之间的权利和义务之间的关系。公司治理的最终目的是实现股东利益的最大化，避免出现经营者与所有者利益相背离的情况，其主要特征是通过股东大会、董事会、监事会及经理层所组成的公司治理结构的内部治理。广义的公司治理指的是建立一整套包括正式或者非正式的、外部的或者内部的机制来调节公司与所有的利益相关者之间的利益关系，以确保公司决策制定的合理性、科学性，进而实现维护公司各方面利益的最终目标。

二、基金治理

一般而言，从组织形式上来说，证券投资基金分为两种类型，即契约型基金与公司型基金。契约型基金建立在信托契约关系基础上，并不是一个独立的法人机构。契约型基金是由基金发起人通过信托契约的形式募集投资者的资金，并委托基金公司设立基金，负责基金具体的管理操作。目前，我国所运作的公募证券投资基金（以下如无特别说明即简称基金）都属于契约型基金，这也是本书的研究对象。除此之外，中国台湾、日本、韩国的证券投资信托，以及中国香港和英国的单位信托都属于契约型基金。公司型基金在组织上属于一个具有独立人格的法人机构。它是指基金投资者投入资金作为股东建立公司，并聘用基金管理者管理基金运作。美国的投资公司以及英国的互惠基金都属于公司型基金。公司型基金本质上与一般上市公司是一样的，所发行的基金实质上是基金公司的股票，一旦投资者购入，就会成为公司股东。契约型基金与公司型基金的比较见表 1.1。

表 1.1 契约型基金与公司型基金的比较

比较项目	契约型基金	公司型基金
法律基础	信托法	公司法
权利与义务的依据	信托契约	公司章程
法律地位	不具有独立法人资格	具有独立法人资格
基金资金来源	基金公司的信托资产	资金来源构成基金公司的法人资本
投资者的地位	基金投资者只是契约的当事人之一，主要通过购买受益凭证获得投资收益，对于基金运作的投资决策不具有发言权	基金投资者也是基金公司的股东，理论上他们对于公司的重大决策具有发言权，可以发表自己的意见，并以股息形式获得投资收益

从表 1.1 可以看出契约型基金与公司型基金有很多不同，但是无论是契约型基金还是公司型基金，治理目标都是维护基金持有人的利益，那么哪一种基金组织形式更能维护基金持有人的利益？中国又为什么选择契约型基金呢？

首先，从基金的运营成本来看，对契约型基金来说，基金资产的所有权与经营权是分开的，基金的日常管理和投资决策都交由基金公司打理，基金公司按照投资协议进行管理，决定投资决策时自主性很强，受外部干扰小，同时基金运营成本相对比较高。公司型基金的运营成本要比契约型基金低，这主要是因为公司型基金的董事会本身就是基金持有人的代表，有统计结果显示公司型基金的代理成本不超过 2 个基点。

其次，从契约理论角度讲，公司型基金更能有效维护基金投资者的利益。由于基金契约属于不完全契约，基金管理人无法完全保证基金投资人的利益，因此出现机会主义现象的概率要比其他契约大。理论上，基金管理人必须把基金的剩余控制权分配给投资者，这是有利于基金投资者的，但是因为基金契约的制定者和基金的发起人都是基金管理人，当在具体实践中出现合约中没有规定的情况时，基金管理人有足够的控制权做出有利于自身利益的行为。契约型基金与公司型基金相比，基金管理人而不是持有人享有更大的剩余控制权，主要是因为契约型基金中的基金管理人与基金投资者是两个独立的主体，基金管理人更会做出倾向于自身利益的投资决策，有可能损害基金投资者的利益。但在公司型基金中，基金投资者是基金公司的股东，他可以通过公司形式间接拥有剩余控制权以限制管理人做出损害基金投资者利益的行为。所以公司型基金更能有效地保护基金投资者的利益。从监督的有效性角度讲，公司型基金更能维护基金投资者的利益。理论上契约型基金中的监督职责是落在基金托管人身上，而公司型基金本身是一个公司，其具有完整的公司治理体系，监督职责由董事会、监事会来担任，特别是独立董事，所以公司型基金更能有效保护基金投资者的利益。

最后，从给基金管理人的约束和压力来看，在契约型基金中，基金持有人对基金管理人不满意，可以将基金份额卖出（对于封闭式基金而言），或者进行赎回（对于开放式基金而言），即基金持有人可以行使“用脚投票”的权利；而在公司型基金中，基金持有人不仅可以行使“用脚投票”的权利，还可以通过股东大会、董事会等程序更换基金管理人，即行使“用手投票”的权利。换言之，在契约型基金中，基金持有人对基金管理人不满意，则基金持有人“走人”，而在公司型基金中，基金持有人可以让基金管理人“走人”来保护自己的权益。显而易见，在契约型基金下，带给基金管理人的约束和压力是小于公司型基金的。

那么我国基金采取契约型基金的组织形式，其原因主要有以下两个方面。首先，中国的体制还没有达到公司型基金要求的发达程度。一般认为公司型基金最发达的国家是美国，因为美国拥有最发达的资本市场以及相对完善的基金法律制度，而中国在这方面还需要不断地完善。其次，中国没有成熟的基金经理人市场。与国外相比，中国的基金经理人相对缺乏，一般能进行基金投资的人并不具备有关基金投资运作的专业知识，只能委托专业投资机构，而公司型基金要求基金投资者有深厚的专业知识以及丰富的基金投资经验，所以目前中国并不具有发起设立公司型基金的成熟市场。①

在公司型基金中股东与董事会、基金管理人及基金托管人之间的关系被称为委托代理关系。因为基金股东和管理人之间有委托代理关系，两者之间的利益不一致会产生代理成本，并会导致基金资产管理成本增加，即委托代理问题。

与公司型基金不同的是，契约型基金持有人、基金管理人与基金托管人之间的关系被称为信托关系，其具体形式如图 1.1 所示。信托关系有着所有权与利益相分离、信托财产具有独立性和有限责任等特点。所以，以信托关系为基础的契约型基金“先天性”具有剩余控制权与剩余索取权不对称的特点。基金管理人拥有基金财产的剩余控制权，而不享受基金剩余收入的索取权；基金投资者承担基金运营过程中的所有风险，却不拥有对基金的控制权。剩余控制权与剩余索取权不匹配是契约型基金的本质特征。剩余控制权与剩余索取权的不对称产生了一连串难题，如基金管理人损害基金持有人利益、基金投资目标背离基金持有人利益最大化目标等。有效的基金治理结构就是通过对基金管理人的行为进行必要的激励和约束，使基金能以最小的成本获取较高的投资回报。

具体来说，基金投资者期望基金管理人通过努力工作为其实现最大利益，基金管理人则期望通过工作实现自身利益最大化。契约型基金作为一种特殊的集合投资制度，主要包括基金持有人、基金管理人和基金托管人三方当事人，这三者之间的关系形成了基金的契约关系。在基金投资过程中存在着两层委托代理关系，第一层表现为基金持有人（最终委托人）通

① 这两个方面的原因实际上也意味着，随着我国资本市场的发展、相关法律体系的完善，以及基金经理人市场的健全和基金投资者专业素养的提升——特别是随着 FOF（fund of funds，基金中的基金）这类专业的基金投资机构的壮大，公司型基金必将在我国市场中产生并不断发展。

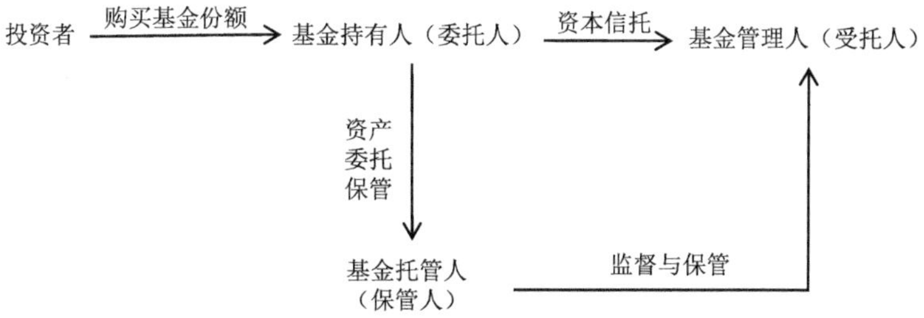

图 1.1　契约型基金中的契约关系

过购买基金单位将其基金资产交给基金公司（中间代理人）管理。这一阶段基金持有人的基金投资行为既是投资行为，又是委托行为。第二个层次表现为基金公司（中间委托人）将基金资产以证券的形式委托给公司的经理人（最终代理人）进行经营，基金托管人的职责主要是保管基金资产并且在一定情况下实施管理人的投资决策，这一阶段两者的行为既是共同投资行为，又是共同代理（common agency）行为。所以基金公司作为基金管理人在基金组织体系中既是基金委托关系中的代理人，又是基金委托代理关系的委托人，处于“内部人”的地位。基金行业的道德风险主要来源于基金管理人，集中表现为基金持有人没有办法准确知道基金管理人的专业经营管理能力，如基金管理人的市场判断、风险控制、投资组合和选股能力高低等；基金公司作为独立法人无法准确判断基金经理人的专业经营能力和所管理基金的盈利状况，如基金经理是否尽职尽责、是否偷懒、是否利用职位便利和利用公司信息为自己炒股等。在这种信息不完备和不对称的情况下，基金持有人处于劣势，为维护自身利益必须了解更多的信息，而基金管理人作为基金委托代理关系中的代理人是交易双方中拥有私人信息的一方，处于信息优势地位，它很可能利用信息优势隐蔽不利于委托人的行为和信息或者利用基金持有人处于信息劣势地位去损害基金投资者的利益，最后导致在基金运行的实际过程中体现最多的是基金管理人的利益而不是基金持有人的利益。因此为了保证基金管理人尽可能最大限度地维护基金持有人的利益，基金公司有必要和义务完善其内部治理结构。

第二节　为什么要研究基金治理

基金治理的研究是公司治理相关理论在基金行业的一个延伸、具体应用和创新。随着我国资本市场的不断发展，基金规模在不断扩大。根据最新的统计数据，截至2020年底，我国的公募基金规模已经达到20万亿元。这也是学术界与市场参与者对基金治理问题越发密切关注的现实原因。

此外，由于契约型基金涉及基金持有人、基金托管人、基金管理人等不同的主体，其治理结构有别于传统公司治理与基金公司治理。因此，基金治理问题需要有新的理论与方法进行研究。经典的公司治理理论可以大致涵盖基金公司治理问题，两者在理论、模型、方法等方面都存在诸多相通与近似之处。随着机构投资者特别是基金的发展及其影响力的日益扩大，国内外很多文献开始关注基金治理问题（李毅，2018；张显明，2018；Tran，2018；Kurniawan et al.，2016）。但是由于国外特别是资本市场较为发达的美国，其基金的组织形式主要是公司型基金，所以这些研究实际上是对基金公司治理的研究。而我国的公募基金基本上是契约型基金一统天下，对其治理效率的研究和评价不仅可以填补学术空白，促进有关基金治理（而非基金公司治理）理论研究的深化，更可以为进一步提升基金绩效、保护基金持有人利益提供新的思路，还可以为基金监管、基金业的改革提供政策启示。

但我们也看到，尽管我国基金业的规模已经非常庞大，基金及其持有人已经成为资本市场的重要影响力量，但对契约型基金治理问题的研究和评价却还非常不足且零散，其重要表现之一即目前还没有专门的有关我国基金治理的研究、评价报告。因此，本书对于基金治理问题的研究和评价将拓展学术前沿、填补学术空白，并为监管部门指引、监督基金治理的政策制定提供科学的理论依据，为我国基金公司改善基金治理提供动力与参考，为基金持有人主动保护自身的权益、更好地进行基金选择提供新的依据。总之，本书研究为我国基金业更为健康地发展和进一步深化改革提供了启示与助力。

第三节　基金治理的目的和结构

在基金组织体系中，基金公司处于“内部人”地位，导致了基金公司内部复杂的委托代理关系，并且出现基金公司众多利益相关者多层次的目标选择问题。按照狭义公司治理结构理论，基金公司的目标理应为追求股东利益的最大化，但是契约型基金的特殊性导致基金公司以及基金治理更重要的是满足基金持有人这一重要利益相关者的要求。提出这一观点的理由有以下几点。

第一，维护基金持有人利益是由基金公司资产结构决定的。基金公司的资产分为两种类型：一种是基金公司各个股东投入的资本，这一投资额一般数目比较低，在我国为一亿元左右；另一种为基金持有人在基金公司所投入的信托资产，一般这个数目最少为几十亿元，最高可达上千亿元，远远高于基金公司股东的注册资本。各个股东投入的资金主要用于设立基金公司，基金公司的收益来源于向基金持有人收取的管理费收入；它的风险主要来源于基金公司在收不抵支或发生对基金投资者的高额赔偿这两种情况下所产生的亏损。基金持有人的主要收入来源于基金投资所产生的收益；它的风险主要来源于投资失败或者基金公司利用信息优势所发生的道德风险。因此基金公司与基金持有人相比较，其承担的风险要小得多。现实中由于基金公司为有限责任制度，当公司收不抵支时，相当一部分亏损是由基金持有人所承担的，基金持有人是最终的“真正买单人”，所以基金公司和基金的治理目标更重要的应该是尽最大可能维护基金持有人的利益。

第二，维护基金持有人利益是基金公司和契约型基金得以生存与持续经营的基本保证。一般认为基金公司范畴应归于“服务性”公司，它的主营业务是“代客理财”，服务对象为“基金持有人”，所以基金公司的利润来源于基金持有人。如果基金持有人的利益没有得到完善保护，长此以往，基金持有人将会选择不再购买基金份额，特别是考虑到我国现实中以开放式基金为主体，持有人的大量赎回必然会导致基金以及基金公司的资产管理规模衰竭，这将会损害基金本身以及基金公司的长远利益。所以维护基金持有人的利益与基金公司及其旗下的各只基金的根本利益是一致的。

第三，维护基金持有人利益是基金长远发展的基石。通常认为基金将目标定位于维护基金持有人利益有助于降低金融风险的破坏性。有研究表明，基金越是维护投资者的利益，资本市场就越发达，抵御金融风险的能力就越强。基金资产的投资一旦出现决策性的失误，将面临市场对于基金经营能力的质疑，如果此时基金持有人大规模赎回或在二级市场上抛售基金份额，将会加剧基金公司的经营危机甚至导致公司破产。在这种情况下，基金持有人将会对基金及其管理公司失去信任。所以基金将其主要宗旨定位于维护基金持有人的利益，对于基金及其管理公司增强市场信心、抵御市场冲击是非常重要的。由于契约型基金在信息不对称的情况下经常会出现基金持有人无法有效了解基金投资行为，基金管理人在委托人不知情的情况下擅自做出有悖于基金持有人利益的投资决策的现象。正如有关研究表明的，在信息不对称的情况下，基金持有人与基金管理人处于不完全代理地位，使得在基金具体运作过程中，基金管理人充当“内部人”角色，取得控制权，基金持有人的地位与利益很容易受到漠视和损害。所以我国基金公司及其旗下的契约型基金更应该把基金持有人的利益放在第一位，从而为基金和基金公司本身提供长远发展的基石。

契约型基金作为一个由契约所组成的整体，要维持理性，追求尽可能最大化的长远利益，必须有一套良好的制度安排。一般认为这种制度安排是指基金内部治理制度安排和外部治理制度安排。因此基金以及基金公司的治理结构包括内部治理结构和外部治理结构，本书主要研究内部治理结构。从广义的基金公司治理结构定义来看，内部治理结构主要涉及股东会、董事会、监事会、督察长，以及各专业委员会等特殊机构之间的一系列制度安排，通过对基金公司制定一系列的议事规则、监控及激励机制，谋求基金持有人利益的最大化。中国基金公司内部治理结构见图 1.2。

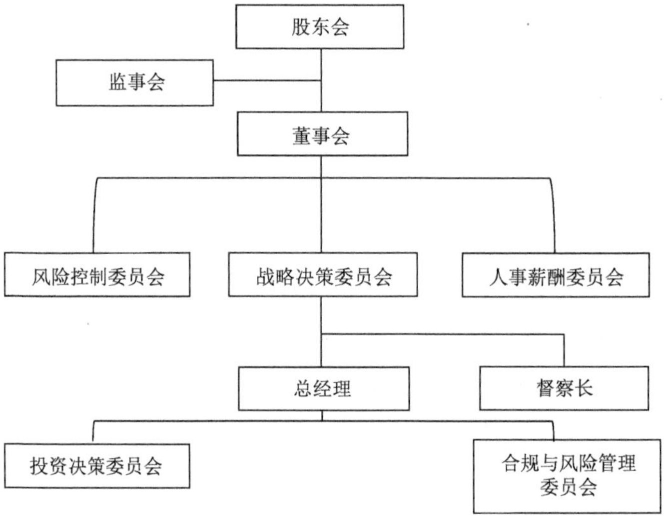

图 1.2 基金公司内部治理结构图

在上述基金公司治理结构基础上，即可以进一步衍生出如图 1.1 所示的契约型基金的治理结构。

第四节 本书的主要内容和特色

本书从股东行为评价、董事会评价、基金经理层评价、基金持有人评价、信息披露评价和外部监控评价六个维度计算基金治理指数，具体包括6个一级指标，24个二级指标。其中股东行为评价包括4个二级指标，董事会评价包括3个二级指标，基金经理层评价包括5个二级指标，基金持有人评价包括6个二级指标，信息披露评价包括3个二级指标，外部监控评价包括3个二级指标。本书以这一指标体系对中国基金治理的状况做出全面、系统的评价，在此基础上运用科学的方法计算了4924只基金的基金治理指标，并进行评估和排序，在很多方面填补了国内外在财务治理研究领域的空白，并构成了基金治理结构和绩效的实证研究的重要基础，是改善基金治理结构的重要依据。尤其对引导投资者理性投资、建立起规范的基金治理结构具有重要的参考价值。

一、本书的主要内容

本书的内容包括以下的几大方面。

第一，通过理论和文献综述，对契约理论与委托代理问题、基金治理的市场竞争假说、显性激励与隐性激励等问题的研究进行了回顾，为本书研究的开展提供了理论依据和研究起点，并通过指出已有研究的不足，提出了中国契约型证券投资基金治理问题研究的独特性和研究视角。

第二，依据中国契约型证券投资基金的特点设计了科学的契约型基金治理评价体系，并据此构建契约型基金治理指数。首先，我国的基金治理结构是契约型的形式，是在基金公司设立股权结构和董事会等制度安排，而非对基金本身设立，无法直接用公司治理指标衡量基金治理水平；其次，基金治理包括内部治理和外部治理，单一指标无法综合反映契约型基金的治理水平，如单凭较高的基金收益率无法推断基金治理水平高低，这可能与基金公司在市场竞争环境中形成的垄断地位有关。

为此，本书创新性地从内部治理和外部治理两个角度六个方面建立了综合评价基金治理水平的指标体系，其中内部治理包括股东行为评价、董事会评价、基金经理层评价、基金持有人评价等四个方面；外部治理则包括信息披露评价和外部监控评价两个方面。

在上述设计出综合评价基金治理水平的指标体系的基础上，我们采用网络层次分析法（analytic network process，ANP）计算并贡献出了基金治理指数，从而为后续实证考察我国契约型证券投资基金治理水平和状态提供了具有科学性、可操作性、全面性和可比性的方法与工具。

第三，使用上述契约型基金治理指标体系和治理指数，首先，我们对我国4924只契约型证券投资基金在2018年的治理指数总体分布及排名进行了考察，并从不同公司、不同投资风格、不同基金类别三个角度进行了基金治理指数的排名及比较分析。

其次，我们对我国契约型基金治理综合指数进行了排名和比较，并从股东行为评价、董事会评价、基金经理层评价、基金持有人评价、信息披露评价和外部监控评价等不同角度进行了基金治理指数的分项排名和比较分析。

最后，本书从基金治理指数总体变动、区分不同基金公司的基金治理指数变动、按投资风格划分的基金治理指数变动，以及按不同基金类别划分的基金治理指数变动几个方面，对我国公募契约型基金治理指数的变动趋势进行了考察分析。

第四，本书进一步对影响基金管理人行为选择的激励因素——也是影响基金治理的更为深层的契约设计因素进行了研究。我们从共同激励的角度研究了契约型基金治理，从理论上构建了我国契约型基金的共同激励模型，并对共同激励问题进行了模拟分析和实证检验。

第五，在现实基金市场中，我们常听到基金持有人抱怨“买基金不赚钱”，甚至出现了“基金赚钱，投资者亏钱”并存的现象，那么其产生的原因是什么？在上述我们建立的共同激励模型的基础上，本书进一步从共同代理视角构建契约型基金运作过程中基金公司、基金持有人与基金经理三者之间的利益关系与博弈模型，并在数值模拟的基础上，对“基金赚钱，投资者亏钱”的问题给出了模型化解释。

第六，为了揭示和理解本书所得到的我国基金指数不高这一现状的现实原因，并为了进一步给出前述理论模型所得结论在现实中的表现，我们以专题的形式从七个方面对现实市场中与基金治理有关或影响基金治理的问题进行深入的实证考察。这七个方面的问题如下。基金网络关系强度与基金治理；基金抱团策略、期末溢价策略与基金治理；基金经理为什么会追涨杀跌；我国证券投资基金的隐性激励——测度、机制与契约优化；浮动管理费与基金治理；浮动管理费与“基金赚钱，基民不赚钱”；“治理中的治理”：基金治理与上市公司治理。

第七，基于以上研究和所得到的结论与发现，本书最后提出了针对性改进我国契约型基金治理的对策建议。

二、本书的特色

本书的主要特色体现在以下五个方面。

（1）以指数形式对契约型基金治理水平做了客观评价。本书是以指数形式评价契约型基金治理状况的，我们构建了完整的、全面的、具有可操作性的契约型基金治理指标体系，通过指数形式的评价使得不同基金可以互相比较，扬长补短，有利于相互促进，共同推动中国契约型基金治理水平的全面提升。

（2）全样本评价。本书的评价对象是样本期内的全部基金公司旗下的4924只基金，这与既有研究抽样评价有明显的区别。抽样评价得出的结果不能代表全部，无法得到基金公司的普遍认同。即使抽样具有科学性，但抽样仍无法避免主观判断。因此，再科学的抽样也不能代表全部。

（3）数据来源公开可得，评价具有连续性。指标数据全部可以从CSMAR数据库（China Stock Market & Accounting Research Database，中国经济金融研究数据库）和Wind（万得）数据库等公开的权威渠道取得，避免通过问卷调查等主观性很强、不能连续、调查对象不稳定的渠道获取数据，从而使基金治理评价具有连续性，评价对象高度稳定，评价结果更加客观，可以长期跟踪分析。

（4）评价标准全公开，评价结果可验证。这种做法极具挑战性和风险性，因为标准全公开意味着每个基金和研究者都可以验证评价结果的准确性与客观性，从而容不得我们犯错误。在迄今为止的契约型基金治理评价研究中，本书是唯一全面公开评价标准的研究成果。

（5）验证评价结果的有效性。本书不限于对契约型基金治理进行评价，而是在此基础上以专题的形式对现实市场中发生的诸如基金的“抱团取暖”、羊群效应、追涨杀跌、“铁公基”和“基金赚钱，投资者亏钱”等现象进行了深度的理论和实证考察，这不仅验证了在进行治理评价时所发现的我国契约型基金治理水平较低的结果，说明评价指标设计和指数计算具有很高的科学性，使得基于契约型基金治理指数的研究更为可信，还进一步为我国基金治理水平较低提供了不同角度的原因，使得我们的有关对策建议更为“对症下药”。

第二章　理论和文献综述

本章我们通过文献梳理提供本书研究的必要性和理论基础，并据此说明本书研究的创新与贡献所在。

第一节　契约理论与委托代理问题

基金治理问题是围绕基金的有关研究中经久不衰的话题，其中一个重要方向即对基金各方主体利益实现以及基于此对基金运作者的激励问题的研究，而一直以来国内外学者对这个主题的研究大都表现出一个共同的特点：将经济学上的激励理论或其研究方法特化至基金研究中，从而探究基金各方主体利益实现过程中的行为选择问题。激励理论主要成形于20世纪七八十年代并在后续的研究成果中不断得到完善，是产权理论、契约理论、信息理论和资本理论等极大发展的成果，其中最核心的理论流派是委托代理理论（Ross，1973；Grossman and Hart，1983；Holmstrom and Milgrom，1991；Fehr et al.，2011；汪良军等，2015），此外在基金治理领域应用较多的还有在委托代理理论基础上发展而来的声誉理论（Fama，1980；Holmstrom，1982；Kreps and Wilson，1982；Milgrom and Roberts，1982；李军林，2004；Smith et al.，2010；Lourenço et al.，2014；王帅和曾建光，2018）与“锦标赛”理论（Lazear and Rosen，1981；Nalebuff and Stiglitz，1983；Rosen，1986；Siegel and Hambrick，2005；Kale et al.，2009；黎文靖和胡玉明，2012；Banker et al.，2016）[①]。

---

① 除以上三大理论流派外，还有 Schultz（1990）、Becker（1964）等创立的人力资本理论，同时管理学中也有很多对激励理论的探讨。但这些理论在基金领域的研究中应用较少且与本书的研究视角没有直接关系，故本书在此不作讨论。

在上述激励理论的基础上，目前国内外基金治理的已有研究成果主要存在如表 2.1 所示的几个不同方向。

表 2.1　基金治理问题的相关研究

<table>
<tr><th>研究方向</th><th>具体视角</th><th>代表性研究</th><th>主要观点或成果</th></tr>
<tr><td rowspan="11">委托代理理论</td><td rowspan="7">基金公司委托基金经理</td><td rowspan="4">Ou-Yang（2003）</td><td>构建了连续时间框架下基金公司与基金经理间不同条件下的博弈模型，对公司型基金中股东与基金经理的行为选择进行了理论化的解释</td></tr>
<tr><td>薪酬激励会使风险厌恶的基金经理承担额外的风险（以获得更高的收益）</td></tr>
<tr><td>进一步构建了基于委托代理关系的策略交易博弈模型，并指出更高的激励会提高基金经理的努力程度</td></tr>
<tr><td>探讨了管理外包问题，提出由于“企业边界”的存在，管理外包为获得更优的基金绩效需要依靠强有力的激励计划</td></tr>
<tr><td rowspan="2">王燕鸣和蒋运冰（2013）</td><td>对于次优绩效的基金薪酬激励和雇佣风险会对基金经理的风险调整行为造成影响：薪酬激励使基金经理提高下半年的风险水平而雇佣风险则相反</td></tr>
<tr><td>基金经理对激励计划会“积极应对”，导致基金公司降低“代理成本”的行为最终引致基金经理短视</td></tr>
<tr><td>常皓（2014）</td><td>研究了基金家族问题：基金家族的“偏爱策略”会影响基金经理的努力程度——越被偏爱的基金经理努力程度越高</td></tr>
<tr><td rowspan="3">投资者委托基金公司</td><td>李学峰等（2011）</td><td>持有人在选择基金时的“惯性行为”对基金管理人存在隐性激励并将其作用机制模型化，继而提出契约设计应反映这种激励才能更好地激励管理人</td></tr>
<tr><td>袁乐平和姚壮龙（2013）</td><td>探讨了管理人持基计划，将持基激励量化并以此对基金合约进行了优化设计</td></tr>
<tr><td>肖欣荣和田存志（2016）</td><td>对管理人的激励契约以及规模收益递减会影响基金组织形式的演进；公募基金大都将最终演进为指数型基金</td></tr>
<tr><td>其他视角</td><td>彭文平和陈延（2015）、曹兴和秦耀华（2013）等</td><td>如将一只基金视为一个任务的“多任务委托代理”和认为投资者委托基金公司、基金公司进一步委托基金经理的“双重委托代理”等</td></tr>
</table>

续表

研究方向	具体视角	代表性研究	主要观点或成果
声誉理论	基金经理投资风格	Scharfstein 和 Stein（1990）、Chevalier 和 Ellison（1999）、Brown 等（2001）、彭文平和杨蓝蓝（2013）	声誉理论方向的研究多从个人职业声誉角度展开，研究视角则多为声誉激励如何影响基金经理的投资风格，所得到的结论也较为一致：声誉激励促进了基金经理的“羊群行为”，且这种促进作用存在“生命周期”效应——随着基金经理年龄的增加，其对个人声誉的重视程度会逐渐降低，从而“羊群行为”变得越来越不明显
		王良和冯涛（2015）、孟庆斌等（2015）	声誉本身的大小也会影响声誉对基金经理的激励。王良和冯涛（2015）认为声誉对基金经理持股策略与信息披露有着正向线性的影响，孟庆斌等（2015）认为这种影响是非线性的——当基金经理声誉极高或极低时均不倾向于采取保守的投资策略
	其他方向	张婷（2010）、周爱民和王超（2019）	张婷（2010）考虑了基金家族与声誉，指出“溢出效应”使明星基金会给整个基金家族带来资金流入，但垃圾基金对基金家族的影响却不明显；周爱民和王超（2019）研究了基金经理声誉及其与分析师之间的串谋，指出声誉激励会促进基金经理与基金分析师的串谋，从而使声誉机制扭曲或失效
“锦标赛”理论	“锦标赛”的提出	Brown 等（1996）	最早探讨了基金行业中的“锦标赛”激励机制，指出在“锦标赛”中的输赢会影响基金经理的风险调整行为
	“锦标赛”无效	Busse（2001）、Goriaev 等（2005）、王茂斌和毕秋侠（2006）等	Busse（2001）使用日频数据、Goriaev 等（2005）使用更长时间的数据重复 Brown 等（1996）的研究后发现“锦标赛”机制实际上并不存在，王茂斌和毕秋侠（2006）也指出“竞赛假说”的前提——下一期的基金份额变化与上一期业绩显著正相关——虽存在，但“竞赛假说”本身则是不显著的
	“锦标赛”有正向作用	肖继辉（2012）、彭文平和肖继辉（2013）、肖继辉和曹莎莎（2014）、肖继辉等（2016）、Lee 等（2019）	肖继辉等的一系列研究认为“锦标赛”现象是存在的并详述了“锦标赛”的作用机制、实际效果、“时区效应”等内容，Lee 等（2019）的研究进一步说明“锦标赛”现象的产生是由于基金公司与基金经理之间合同的不完整性与激励的期权式属性
	“锦标赛”具有两面性	山立威和王鹏（2012）	“锦标赛”机制存在两面性，一方面提高基金经理努力程度，另一方面也加剧了其道德风险
	“锦标赛”有反面作用	路磊等（2014）、许林和陈杨炀（2019）、许林等（2019）	“锦标赛”机制会加剧基金经理的道德风险（特别是在投资者“有限理性”的情况下），对基金行业的发展弊大于利

由表 2.1 可见，有关基金治理问题的研究取得了丰硕的成果，但由于作为理论基础的激励理论的多样性与基金市场各方主体利益关系的复杂性，现实中的激励关系与行为选择实际上是多方面因素共同作用的结果，一篇单独的研究很难做到全面，这也是导致表 2.1 中各家之言时有互相矛盾的重要原因。

进一步看，欧美共同基金以公司型组织形式为主流，而我国的公募基金采取契约型的组织形式，在这一组织形式下投资者通过与基金公司订立基金合同申购基金份额从而成为持有人，在基金开始运行后通过申赎行为以及基金份额持有人大会（简称持有人大会）对基金运作施以影响和监督，而持有人大会又有权表决修改基金合同的重要内容、调整基金管理人的报酬标准或更换基金管理人，对基金运作有相对独立且重要的影响。基金经理一方面受聘于股东、由股东发给薪酬（激励）、服务于股东的目标；另一方面则有义务服务于持有人的目标，且持有人虽不直接发给基金经理报酬，但可通过申赎行为或持有人大会独立地间接或直接影响基金经理的报酬、对基金经理形成激励。由此即形成了股东与基金经理之间以及持有人与基金经理之间的委托代理关系，其中的关键问题在于，持有人所追求的目标（持有人利益最大化）与股东所追求的目标（股东利益最大化）是不同质的，这也就是共同代理理论的出发点或者说是其要解决的问题。

相较于经典双边委托代理理论、声誉理论和“锦标赛”理论，共同代理理论同时兼顾了与基金运作直接利益相关的股东、持有人与基金经理三方，而相较于双重委托代理理论，共同代理理论则能同时突出股东与持有人两个委托人之间的相互影响及其对代理人基金经理同时而又不同质的影响。

当若干个追求不同质目标的委托人同时选择了同一个代理人为其服务时，共同代理关系就形成了。共同代理理论是委托代理理论发展过程中所形成的一个独立分支，其开山之作是 Bernheim 和 Whinston（1985）所作的研究。在这篇论文中，Bernheim 与 Whinston 首次明确提出了“共同代理”的概念，并依托于经典委托代理理论的研究方法构建了共同代理博弈模型框架。不过，相较于以往的委托代理理论研究，Bernheim 与 Whinston 并非从效用最大化角度出发，而是首次引入了利润最大化来构建其理论模型：若干个风险中性的委托人向风险中性的代理人宣布“合约”（目标规模与激励计划），代理人在各合约中作出选择，而这种选择行为会影响委托人的利益，委托人又会由此调整代理人的报酬，且不同委托人的决定又会在委托人的内部产生相互影响与制约，从而形成共同代理中的博弈，而此博弈的纳什均衡状态是委托人之间串谋，共同给出一致的合约。在此基础上，Bernheim 和 Whinston（1986）的研究进一步将共同代理博弈拓展至多个委托人独立影响代理人的情况，并进一步补充了委托人之间串谋的成本与净利润分配问题、博弈均衡的存在性问题、非效率均衡中各方行为选择的问题以及非串谋下导致的福利损失的潜在制度补救问题，从而形成了完整的共同代理理论体系与方法论。此后共同代理在理论层面并未再出现较大的突破，有关研究多为引用 Bernheim 和 Whinston（1986）的方法论对其他涉及共同代理关系的领域的激励与约束问题进行分析（Biglaiser and Mezzetti，1993；Aggarwal and Nanda，2004；Arribas and Urbano，2017）。

正是由于前文所述的我国契约型基金所形成的共同代理状态，本章将借鉴 Bernheim 和 Whinston（1986）的共同代理理论研究方法，结合我国公募基金市场的实际，对基金运行中股东、持有人和基金经理的博弈与行为选择问题展开分析探讨。

相较于已有的研究成果，本书研究可能的贡献表现在以下三个方面。

第一，首次从以股东和投资者为不同委托人、基金经理为代理人的共同代理视角在理论层面上探讨了基金治理问题。已有研究虽有从委托代理视角研究基金治理的成果，但大多基于经典的双边委托代理理论或双重委托代理理论，对基金利益相关方的反映不够全面或不够准确[①]。本章从共同代理理论出发，综合考虑了股东、投资者和基金经理三方的利益与行为选择，并首次对三方的利益与行为选择给出了模型化的解释，为后续研究提供了新的参考方向和初步的理论基础。

第二，共同代理理论自其诞生之时即区别于其他委托代理理论的"个人效用最大化"，而是采用了"个人净利润最大化"的出发点。但至今为止国内外对基金运作中的激励问题研究几乎没有应用共同代理理论的，大多数成果都从"效用最大化"出发进行理论构建或实证检验。由此，本章的第二个边际贡献在于，首次从基金运作中三方"个人净收入最大化"的框架出发来构建理论模型，从而首次基于共同代理理论对不同条件不同激励下基金经理的行为选择过程及结果的机制给出了模型化和理论化的表达，从而对我国公募基金行业的委托代理问题特别是其中的激励问题给出了一个全新视角的考察和分析。

① 虽也有极少量的基于共同代理视角的研究（陈梦月，2018），但其一来仅重视公司绩效而忽视了代理人的利益与行为，二来未给出理论模型上的解释，三来割裂了委托人之间的相互制约关系与其激励对代理人的综合影响。

第三，运用基础理论模型，本书首次在理论层面考察了近年来监管机构为推动基金公司与持有人之间“利益协同”所试水的“管理人持基计划”与“浮动管理费率”两项改革措施，肯定了其在持有人整体非理性状态下能够缓解持有人与基金公司利益关系矛盾的成效，同时也指出了其并不能完全扭转或消弭持有人整体非理性行为及影响，从而不能在根本上解决上述利益关系矛盾的缺陷，并据此提出了在现行契约型制度设计下进一步发展机构投资者并加强投资者教育，或适时推行公司型基金试点的下一步政策改革建议。

第二节 基金治理：市场竞争假说

依据公司治理理论的相关研究，基金治理同样应包括内部治理和外部治理，其外部治理主要包括市场竞争、监管部门监管和舆论监督等。对开放式基金而言，基金市场竞争是其外部治理的重要组成部分，其发挥作用的机制就在于基金持有人的行为选择。国内外的大量研究表明（Goetzmann et al.，1992；王茂斌和毕秋侠，2006；李学峰等，2010），持有人选择基金的时候会受到基金前期业绩的影响，持有人往往购买收益率较高（调整风险之后）的基金，或者是抛出原来持有的业绩不佳的基金再购买业绩更好的基金，以使资本能够快速增值。

持有人的上述投资选择必然会产生一种优胜劣汰机制，即业绩优良的基金规模不断壮大，而业绩较差的基金由于无人申购以及大量赎回等原因规模越来越小，甚至可能达不到基金成立的最低标准而被迫退市；与此同时，持有人的投资选择又有赖于基金之间的充分竞争，竞争不足会影响持有人投资选择的顺畅实施[①]，竞争过度则会导致持有人的错误选择[②]。也就是说，如果市场是充分竞争的，则开放式基金“争夺”持有人的市场竞争就会形成一种竞争压力，业绩较好的基金为了进一步扩大基金规模（基金管理人可以从中获得更多管理费用），会通过一些进一步提升治理效率的手段保持或努力提高现有的投资管理水平；而业绩较差的基金面对退市的压力，它会主动及时更换原来能力不强的基金经理，并通过加强对持有人的服务来改善基金治理。反之，当市场存在竞争不足或过度竞争时，基金持

① 如少数基金垄断的情况下，持有人的投资将“别无选择”。

② 如恶性竞争的手段会误导持有人的投资选择。

有人就不能顺畅地进行投资选择，基金管理人也没有能力或动力去改善基金治理。总之，市场竞争结构的状态会影响基金治理效率的高低，这就是“市场竞争的基金治理效应假说”。

市场竞争结构是指特定行业中，企业与企业间在数量、规模、份额等方面的各种关系及由此决定的竞争形式的总和。市场竞争结构集中体现了市场的竞争和垄断程度。市场竞争结构对公司治理和公司业绩有重要影响，这已被国内外很多研究证实（Holmstrom，1982；Hart，1983；Schmidt，1997；Raith，2003；Aggarwal and Samwick，2006；Karuna，2007；赵旭等，2001；蒋荣和陈丽蓉，2007；宋常和黄蕾；2008）。

国内外也有部分有关基金市场竞争结构的研究，如 Shy 和 Stenbacka（2003）在理论上证明了基金市场基金产品的多样化有利于提高投资者的效用和基金市场的效率。李建国（2002）对我国基金产业竞争状况进行了实证分析。孙正等（2005）认为开放式基金塑造并强化了中国基金市场的竞争机制。封思贤（2006）发现修正的有效结构假说能较好地反映我国基金业的市场绩效与市场结构之间的相关关系。

由以上的文献可见，目前国内外关于市场竞争结构对企业治理影响方面的研究很多，但是对于基金的市场竞争结构和基金治理的研究较少。特别是，正如前文所指出的，我国的基金都是以契约型基金的形式存在的，其结构和组织形式与普通股份制公司不同，而且基金持有人也区别于普通股份制公司的股东，这就意味着基金治理形式和内容都有与一般公司治理不一样的特点，因此不能套用一般公司治理的理论和方法来研究基金治理。而且，目前对基金市场竞争结构的相关研究，主要侧重于对我国基金公司层面的研究及其与基金绩效之间关系的分析，却几乎没有关注基金层面的市场竞争及其对基金治理的影响。

本书将以专题的方式，通过修正传统市场结构的考察方法，以开放式基金为例对我国基金层面市场结构的变化和现状进行考察，然后设计同时考虑基金盈利和风险的衡量基金治理效果的指标，并进一步构建实证模型，从实证的角度研究市场竞争结构的基金治理效应，为相关的研究提供了一个新的视角，也为基金的外部治理提供了理论和现实依据。

我们（李学峰等，2011）在专题研究中首先提出了市场竞争的优胜劣汰机制这一“市场竞争的基金治理效应假说”，然后以开放式基金为例对我国基金市场竞争结构进行考察，发现我国基金市场竞争结构同时存在大型基金垄断和一定程度的过度竞争两方面问题；而实证研究证实了理论假说的存在，即市场竞争结构对基金治理有重要影响，且垄断和过度竞争的市场状态都不利于基金治理的效果，尤其是金融危机后存在垄断的市场结构对我国基金治理的不利影响更加明显。

以上的发现启示我们，我国基金治理中存在的各种问题，当然与其内在因素有关，但同时，外部环境——市场竞争结构的不完善也是一个重要因素。换言之，一方面，我们不能仅就基金治理去谈基金治理，还必须充分重视基金的运行环境；另一方面，对于现实中存在的包括侵害持有人利益在内的种种基金治理问题，我们不能仅仅去指责基金管理人的"不道德"，或者将力量仅仅放在对管理人行为的约束和监管方面。必须看到，完善基金的市场竞争结构、为基金业的发展营造良好的市场环境，是解决我国基金治理问题，促进基金业良性发展的不可或缺的举措之一。

此外，本书将把监管、舆论等外部治理因素纳入基金治理指标体系中，并与其他因素共同构成契约型基金治理指数，对我国的基金治理问题进行研究和评价。

第三节　显性激励与隐性激励

投资是一种放弃现在的价值以获取可能更大的未来价值的经济行为，而证券投资基金是一种集中投资者资金投资于证券市场的金融产品，由于其集合管理、专家理财、专业化运作等优势，可以帮助投资者更好地实现价值增值等投资目标。证券投资基金的绩效也是现代金融理论中一个重要领域。国内外的学者从资产组合理论、委托代理理论、行为金融等角度对基金绩效的评价及影响因素进行了很多研究（Treynor，1965；Jensen，1968；Henriksson and Merton，1981；Wermers，2000；Basso and Funari，2001）。在业绩评价的基础上，学者对基金投资业绩的持续性及其影响因素进行了一系列的探究（Hendricks et al.，1993；Carhart，1997；Kacperczyk et al.，2005；Huang and Kale，2013；Petajisto，2013；Vidal-García et al.，2016；Champagne et al.，2018；李学峰和徐华，2007；解洪涛和周少甫，2008；李学峰和张舰，2008；李学峰等，2013；张学勇等，2018）。

在关于基金的投资绩效及其影响因素的研究的基础上，有很多文献关注到了影响绩效的更为根本性的因素——基金的激励机制。显性激励方面，Elton 等（2003）发现有激励费机制的基金会表现出更好的选股能力。于宏凯（2003）提出我国开放式和封闭式基金采用的都是计件契约的安排，这种契约安排没有充分考虑风险因素，基金激励机制最理想的安排是综合基金的风险和收益情况，与市场基准比较构建出契约安排。武凯（2005）提出中国基金行业中高费率的固定管理费收入模式是一种低效率的制度安排，无法形成有效的激励约束。Li 和 Tiwari（2006）发现激励费可以促使管理人付出更大的努力。Kouwenberg 和 Ziemba（2007）提出更高的激励费水平可能会促使基金的管理者选择承担更大风险。肖欣荣和田存志（2016）提出激励契约是基金公司组织形式决定和演进的内因，在现有的激励机制下，市场上大部分的公募基金将演进为以指数基金为主的被动式投资公司。Del Guercio 等（2018）发现当基金经理同时管理着对冲基金时，其所管理的共同基金的业绩表现会不如同类基金，并提出管理激励和交叉补贴的机会可以解释这种差异。

隐性激励方面，Chevalier 和 Ellison（1998）提出基金经理对他们职业前景的关注会给他们带来隐性激励，年轻的基金经理对这种隐性激励更加敏感，更倾向于规避非系统性风险。Del Guercio 和 Tkac（2008）发现晨星评级会对基金的资金流产生影响。辛宇和芮萌（2008）探究了基金绩效差异与持有人行为之间的关系，发现在我国市场上面临赎回压力较大的往往是业绩较好的基金而不是业绩不良的基金，这种“赎回之谜”现象只存在于中资管理公司的开放式基金的个人投资者群体中，而在中外合资的管理公司的开放式基金中，机构投资者表现出了与理性预期相一致的绩效与赎回率之间的负相关关系。更进一步到对基金管理人的激励层面，李学峰等（2011）揭示了我国证券投资基金中“历史业绩—持有人行为—基金规模—管理人收入”的隐性激励机制，并通过实证检验证明了隐性激励在我国基金市场上的存在性。

在激励机制对基金管理人行为的影响这一层面上，国内外的学者通过实证研究发现基金的短期业绩会对基金经理的职业前景造成影响，并提出这种职业前景的影响可能会催生出基金经理的羊群效应和短视行为（罗真和张宗成，2004；彭文平和杨蓝蓝，2013；Popescu and Xu，2018）。韩燕和崔鑫（2014）提出了职业关注和赎回压力可能会造成基金经理的短视性，并提出理论模型说明短视的基金经理无法发挥稳定市场的作用，但没有对基金经理短视性的形成机制给出明确的解释，也未对这种短视性对基金绩效或持有人利益的影响进行探究。许林等（2019）在通过实证研究证明了基金业绩-现金流[①]非对称性现象在我国市场上的存在性，并提出这种不对称性潜在激励了基金经理的冒险行为，短期内看这种冒险行为可以带来资

① 指流入资金流对好业绩基金的敏感性比流出资金流对差业绩基金的敏感性更大。

金流入。

已有的对基金激励的研究成果主要关注基金的显性激励或者隐性激励，鲜有将二者结合起来进行的研究，更没有构建起充分考虑显性激励和隐性激励的共同激励模型，从而不仅仅理论是不完整的，研究结果还存在片面性。而我们认为，要探究基金实际运行中的问题，应该充分考虑显性激励与隐性激励共同作用带来的影响。因此，本书基于已有成果对激励模型进行了改进，使之能充分反映各种激励因素的影响。另外，很多已有研究都提出了基金经理存在短视性的缺陷，但是对导致短视性的原因缺乏系统性的阐述，也就使得实践中解决短视性的问题无从下手。本书则从共同激励机制出发，从理论层面上揭示出造成短视性的原因在于激励扭曲以及持有人的有限理性。此外，已有的关于基金激励的研究大多探究了激励机制及其对基金经理行为的影响，但少有落实到基金投资绩效这个层面上，本书在共同激励模型以及基金经理的行为选择的基础上进一步实证检验了短视性对基金长短期投资绩效的影响，最终完成了共同激励—短视性—投资绩效这样一个完整的理论链条。

第三章　契约型基金治理指标体系与指数计算方法

随着我国基金规模的不断扩大以及对经典公司治理理论研究的不断深入，对我国契约型基金治理效率的研究和评价不仅可以填补学术空白，促进有关基金治理（而非基金公司治理）理论研究的深化，而且对于现实中我国契约型基金治理的改善、对于中国自主知识体系的构建都具有重要意义。本书将建立一套契约型基金治理指标体系，并对 2018 年国内 4924 只公募契约型开放式基金做出评价[①]。本章主要就契约型基金治理指标体系和指数计算方法以及若干概念做出说明和界定。

第一节　契约型基金治理指标体系

国外的研究大多通过编制基金绩效指标或使用基金公司股权结构等单一指标衡量基金治理水平，这种方法不适用于我国基金市场。正如前文分析指出的，我国的基金治理结构是契约型的，无法直接用公司治理指标衡量基金治理水平，单凭较高的基金收益率也无法推断基金治理水平的高低。

本书从内部治理和外部治理的角度建立了综合评价基金治理水平的指标体系，以此为基础，采用 ANP 计算基金治理指数。

一、契约型基金治理指标体系设计原则

契约型基金治理指数旨在反映基金治理水平，为实现评价目标，在进行指标设置时遵循五个基本原则：①可操作性原则。指数编制在于应用，

① 本书以下有关章节中将陆续从不同侧面展示我们的评价结果，至于全部样本基金的评价，有需要的读者可与作者联系索取。

选取的指标必须有可靠数据来源和准确量化方法，指标数量不宜过多以便于操作。②全面性原则。基金的治理结构是一个多维度、多层次的复杂系统，涵盖了从投资者行为到信息披露等多方面内容，需要建立一套全面、系统的指标体系进行评价。③科学性原则。围绕评价内容的实质进行指标选取，构建的指标体系应满足客观监测和科学评价的功能需求。④可比性原则。由于存在规模、成立年限等因素的差异，不同基金公司的指标在绝对数上往往不具有可比性，因而采用根据基金规模计算加权平均得分和按“期限”分类等方法，确保横向不同基金指标口径一致，具有可比性。⑤突出性原则。依据评价目的和评价内容进行指标的选取，使得基金治理指数能够突出表现基金治理水平。

二、契约型基金治理指标设计

本书综合考虑契约型基金内部治理和外部治理。其中基金的内部治理评价反映基金遵守外部规定的内部治理水平与程度，主要包括[①]股东行为评价、董事会评价、基金经理层评价、基金持有人评价等四个方面；外部治理则包括信息披露评价和外部监控评价两个方面。

（一）股东行为评价

当股东在基金公司中拥有过高的权力时，基金公司将面临巨大的风险。例如，当基金公司股权过于集中时，代理人的行为将很难得到约束，将造成其他股东对基金经理监管失效，甚至导致基金经理与大股东合谋侵害中小投资者的权益。因此，在选取衡量基金治理综合评价体系的各项分指标时，应该综合考虑基金公司股东行为是否得到制约，我们主要通过以下四个指标来衡量股东行为规范情况。

（1）基金公司股东数。李学峰和张舰（2008）通过实证研究发现，股东数对基金治理有显著的正向影响，即基金公司的股东数量较多，会形成股东之间的互相制衡，从而有利于改善基金治理。

（2）股权集中程度。股权结构过于集中会导致基金出现一股独大的现象，不利于基金公司治理机制的发挥，进而降低基金公司旗下的基金治理效率。

---

① 在公司型基金治理中也会考虑到比如股东、董事会和基金经理等方面，但其落脚点却是公司和股东利益，而契约型基金治理的落脚点则是基金持有人与股东双方。对此的理论解释见第八章和第九章有关内容。

（3）股权制衡度。适度的股权制衡度更有利于基金公司治理机制的发挥，从而使基金公司旗下的基金治理效率趋于最大化。

（4）证券公司持股比例。证券公司在基金公司里的持股比例的提高能够有效解决基金公司代理问题中的信息不对称、激励不相容和责任不对称等代理问题（彭耿和殷强，2014），同时也可以有效制衡公司内部人侵占外部股东利益谋求控制权、私人利益的机会主义行为。另外，机构投资者与基金公司之间会产生利益趋同，这对基金公司业绩也会产生正效应。这些都会对基金公司旗下的基金治理具有良性影响。

（二）董事会评价

基金公司董事会的结构与运作反映了董事会的独立性和对基金管理层的监督控制功能，并对具体的基金运作产生影响。根据中国基金公司具体情况，我们设置三个指标来反映董事会的结构与运作。

（1）基金公司中的董事会规模。该指标主要分析公司董事会的独立性，公司权力是否高度集中于内部人手中。

（2）独立董事占比。该指标主要分析基金公司董事会的独立性，基金公司权力是否高度集中于内部人手中，以及投资决策的透明度和专业性。

（3）基金公司总经理地位。该指标主要分析基金公司董事会与管理层的关系，董事会是否具有决策控制权。基金公司中总经理在董事会中的职务高低，表明了董事会对总经理的监督程度，以防止经理人的“道德风险”和“逆向选择”，从而影响公司旗下的基金治理效率。

（三）基金经理层评价

如何聘选、激励与约束基金管理人是基金治理要解决的重要问题。本书从基金经理的聘选结果、约束和激励三个方面来对基金经理层进行评价。

（1）聘选的基金经理是否有足够的能力管理好基金。我们从战术性资产配置能力、战略性资产配置能力和波动择时策略等方面对经理人的能力进行评价。

（2）是否有投资风格漂移。该指标用来衡量基金经理是否受到了足够的约束，若出现了投资风格漂移则说明基金管理人没有受到足够的约束。

（3）管理费用占总费用比率。该指标用来衡量基金经理受到的激励情况，基金管理费可激励管理人实现基金的保值增值，反过来也能在一定程度上体现基金是否有较好的激励机制（益智和董海龙，2009）。

（四）基金持有人评价

基金治理的研究旨在通过改善基金治理结构机制来保护持有人利益。现有研究表明，基金治理和基金持有人行为之间存在反馈关系，基金的历史绩效会影响基金持有人行为，反过来基金持有人行为也会对基金管理人产生隐性激励作用，因此基金持有人对基金治理的评价以及基金治理对基金持有人的影响在一定程度上都反映了基金的治理水平。本书引入的基金持有人评价指标，是站在基金持有人的角度评价基金内部治理给基金持有人带来的收益、潜在风险和效用损失等影响。

（1）基金持有人的效用水平。该指标衡量的是持有人对基金预期收益和风险的权衡，以及基金管理人的能力和投资机会成本对持有人效用的影响。

（2）基金的资产负债率。该指标衡量基金财务风险，解释基金现在的财务状况和财务运作带给持有人的潜在风险。

（3）基金投资组合和投资策略的匹配性。该指标反映基金实际投资所承担的风险与其投资策略所表明的风险偏好的偏离程度，过度偏离基金持有人预期风险偏好会损害持有人利益。

（4）基金的下行贝塔。该指标反映出给基金持有人带来的资产损失风险和保本能力。

（5）机构投资者持有基金份额占比。机构投资者在缓解代理问题方面起着重要监管作用，有利于制约基金经理的自利行为，维护基金持有人利益。该指标表明该机构投资者基金持有人对所持基金的资产配置的认可程度，间接反映基金的治理水平。

（6）股票交易收益率。该指标反映基金对基金持有人风险资产的管理能力。

证券投资基金的外部治理评价主要在宏观层次上分析法律和监管等方面对基金的公司治理的影响。我们用信息披露评价和外部监控评价来衡量基金的外部治理评价。

（五）信息披露评价

（1）信息披露次数。该指标为基金一年内信息披露次数，包括定期公告、临时公告、发行运作等，反映了证券投资基金对监管部门监管的配合程度。

（2）是否违反信息披露机制。该指标反映了基金对强制性信息披露机制的配合程度，属于适应监管要求的范畴。

（3）信息披露质量。该指标用非强制性信息披露数量占总披露公告的比例来表示，反映基金对监管部门监管的主动配合程度，进行及时、有效和完整的信息披露以降低信息不对称，反映了对基金管理水平的信心。

（六）外部监控评价

外部监控是指政府机构、第三方评级机构和社会舆情等监督基金治理过程中是否存在建立“老鼠仓”①、“相互抬轿”等不利于持有人利益最大化的机会主义行为，此外，公开的基金评级和有关奖项的获得也反映了第三方专业机构对基金治理水平的评价。本书采用“基金相关人员是否受查处”“基金年度是否获奖”“投资主体是否存在被处罚调查”三个二级指标来评价基金的外部监控水平。

综上所述，从股东行为评价、董事会评价、基金经理层评价、基金持有人评价、信息披露评价和外部监控评价六个维度计算基金治理指数，具体包括 6 个一级指标，24 个二级指标。其中股东行为评价包括 4 个二级指标，董事会评价包括 3 个二级指标，基金经理层评价包括 5 个二级指标，基金持有人评价包括 6 个二级指标，信息披露评价包括 3 个二级指标，外部监控评价包括 3 个二级指标。本书以这一指标体系对中国基金治理的状况做出全面、系统的评价（表 3.1）。

表 3.1　基金治理指标体系

一级指标	二级指标	评价标准
股东行为评价	基金公司股东数	基金公司股东人数
	股权集中程度	第一大股东持股比例
	股权制衡度	公司第一大股东与第二大股东持股比例的比值
	证券公司持股比例	证券公司持有基金公司股份的比例
董事会评价	基金公司中的董事会规模	董事会人数的自然对数
	独立董事占比	独立董事人数占董事会人数的比例
	基金公司总经理地位	担任董事长或副董事长、担任董事、未进入董事会，分别赋值为 0、0.5、1

① “老鼠仓”是基金经理用自己的隐蔽账户构建投资组合，大规模建仓后，价格出现异动，再利用投资者资金构建资产组合，到达目标价位，把个人账户处理掉，标的资产的价格也会出现异动，借用其所管理的资产账户实现个人收益增加。

续表

一级指标	二级指标	评价标准
基金经理层评价	战术性资产配置能力	见下文
	战略性资产配置能力	见下文
	波动择时策略	见下文
	是否有投资风格漂移	见下文
	管理费用占总费用比率	基金管理费用/总费用
基金持有人评价	基金持有人的效用水平	见下文
	基金的资产负债率	基金总负债/基金总资产
	基金投资组合和投资策略的匹配性	见下文
	基金的下行贝塔	见下文
	机构投资者持有基金份额占比	机构投资者持有基金份额/基金发行总份额
	股票交易收益率	见下文
信息披露评价	信息披露次数	一年内基金信息披露次数
	是否违反信息披露机制	是（0分）；否（1分）
	信息披露质量	非强制性信息披露数量占总披露公告的比例
外部监控评价	基金相关人员是否受查处	是（0分）；否（1分）
	基金年度是否获奖	是（1分）；否（0分）
	投资主体是否存在被处罚调查	是（0分）；否（1分）

注：具体数据来自 Wind 和 Choice 数据库。表中的 24 个二级指标可以分为三类情况：第一类是描述事件是否存在或发生的虚拟变量，用 0/1 表示，发生或存在时取 1，反之取 0；第二类是有序分类变量，描述事物等级或顺序，用数值型变量对指标赋值以比较优劣（若分为两类，则赋值 0 和 1；若分为三类，则赋值 0、0.5 和 1）；第三类是实际值变量，用实际值作为得分值。

三、相关指标解释

我们对表 3.1 中需要量化的指标给出如下具体方法和解释。

（一）战术性资产配置能力

本书采用选股能力和择时能力的平均值来衡量基金经理的战术性资产配置能力。其中选股能力和择时能力采用基金 1 年、3 年和 5 年移动时间段数据构建 T-M 模型回归，将所得的α和γ移动平均值除以同一时段的标准差：

$$R-R_f=\alpha+\beta\times(R_m-R_f)+\gamma\times(R_m-R_f)^2+\varepsilon \tag{3.1}$$

$$\text{选股能力}=\bar{\alpha}/\sigma_{\alpha} \tag{3.2}$$

$$择时能力=\bar{\gamma}/\sigma_{\gamma} \tag{3.3}$$

其中，R 为基金的实际收益率；R_f 为无风险收益率；R_m 为市场组合收益率；α 为选股能力指数；β 为系统性风险暴露；γ 为择时能力系数；ε 为随机误差项；σ_{α} 为 α 的标准差；σ_{γ} 为 γ 的标准差。

（二）波动择时策略

波动择时策略是基金经理根据市场因素的波动来选择投资组合风险水平，即基于市场波动的择时能力，衡量基金经理对市场波动性的预测能力（益智和董海龙，2009），实证模型如下：

$$\beta_{mt} = \beta_{om} + \gamma_m(\sigma_{mt} - \overline{\sigma_{mt}}) \tag{3.4}$$

其中，β_{mt} 为投资组合在 t 期的 β；β_{om} 为平均 β；$(\sigma_{mt} - \overline{\sigma_{mt}})$ 为 t 期的市场波动与市场平均波动之差；择时系数 γ_m 反映的是基金经理根据市场波动预期均值的偏差来调整投资组合的 β 的能力。

（三）战略性资产配置能力

战略性资产配置能力是指基金放弃战术性的择时和选股，为了某种战略性目的进行资产配置和长期持股的能力。基于 BHB 模型①（Brinson et al., 1986）得出的战略性资产配置收益率（policy benchmark return，直译为政策基准回报）计算公式为

$$\mathrm{PR} = \sum\nolimits_i W_{pi} R_{pi} \tag{3.5}$$

其中，W_{pi} 为资产种类 i 在基金战略性资产配置中所占比例，用整个研究期间内各时点实际配置比例的算术平均值 $W_{pi} = \frac{1}{T}\sum\nolimits_{t=1}^{T} W_{ai_t}$ 表示；R_{pi} 为资产种类 i 对应的指数收益率。

（四）是否有投资风格漂移

是否有投资风格漂移指标计算方法参考李学峰等（2010）的研究方法，采用式（3.6）和式（3.7）计算基金的投资风格漂移。

$$R_i = [b_1F_1 + b_2F_2 + \cdots + b_nF_n] + e_i \tag{3.6}$$

$$R^2 = 1 - \mathrm{VAR}(e_i) / \mathrm{VAR}(R_i) \tag{3.7}$$

其中，R_i 为基金 i 的收益率时间序列；$F_1, F_2, \cdots, F_n$ 为不同风格的资产因子

① 由 Brinson（布林森）、Hood（胡德）和 Beebower（比鲍尔）在 1986 年提出。

的收益率时间序列；$b_1,b_2,\cdots,b_n$ 是基金收益率对各因子的敏感性系数；e_i 为基金收益的非因子成分，即基金 i 的收益率中不能由风格资产因子解释的部分。

（五）基金持有人的效用水平

基金持有人的效用水平可以用式（3.8）来衡量：

$$u = u(E(r_i),\sigma^2,\Pi,A)+\Psi(I,C) \tag{3.8}$$

其中，$E(r_i)$ 为投资的期望收益率；σ^2 为在模型中通过投资者效用最大化得到的预期收益风险水平；A 为风险忍让度；Π 为可承受的损失度；I 为机会成本，即投资于同时期的其他理财产品所能够获得的最高收益率；C 为基金管理能力水平，基金管理人的能力越高，基金持有人的效用水平也会越高。该效用函数将分为两部分：第一部分 $(E(r_i),\sigma^2,\Pi,A)$ 表明管理费水平应当能够激励基金管理者，并且确定基金代理人关注风险与收益；第二部分 $\Psi\left(I,C\right)$ 是从基金管理人的角度考虑的，是与具体的基金品种及其管理者的能力相关的，我们参照余湄等（2010）的估计方法对上述效用函数进行估计。

（六）基金投资组合和投资策略的匹配性

已有研究发现，绝大部分证券投资基金存在实际投资所承担的风险远远偏离其投资策略所表明的风险偏好。同时，由于市场环境的变化，无论是风险偏好型还是风险中性的基金，在实际投资中大多转型成了风险规避型基金。

因此本书将事前在基金募集说明书中说明的风险类型（风险偏好、风险中性和风险回避）所对应的理论上其投资组合应有的 β 值与事后实际组合的 β 值进行比较，计算两个 β 的偏离度。

$$\text{基金投资组合和投资策略的匹配性} = \left|\text{理论}\beta\text{值} - \text{实际}\beta\text{值}\right| \tag{3.9}$$

（七）基金的下行贝塔

下行贝塔能够更好地反映基金的资产损失风险与保本能力，一般下行贝塔越大，说明基金随股市下行的风险越大，基金保本能力越差。下行贝塔计算公式如下。

对于股票与混合型基金，计算下行股市贝塔公式：

$$\beta_{S-}=\frac{\mathrm{COV}(R_P-R_F, R_S-R_F \mid R_S-R_F<0)}{\mathrm{VAR}(R_S-R_F \mid R_S-R_F<0)} \tag{3.10}$$

对于债券型基金，计算下行债市贝塔公式：

$$\beta_{B-}=\frac{\mathrm{COV}(R_P-R_F, R_B-R_F \mid R_B-R_F<0)}{\mathrm{VAR}(R_B-R_F \mid R_B-R_F<0)} \tag{3.11}$$

其中，β_{S-} 为下行股市贝塔；β_{B-} 为下行债市贝塔；R_P 为基金收益率；R_F 为无风险收益率；R_S 为股票市场收益率；R_B 是债券市场收益率。

（八）股票交易收益率

$$R_i=\log(P_{卖出})-\log(P_{买入}) \tag{3.12}$$

其中，$P_{买入}$ 和 $P_{卖出}$ 分别为股票的买入价格和卖出价格。

四、基金治理指数评价样本

本书的评价样本是 2018 年国内基金市场 4924 只契约型开放式基金，其中包括股票型基金 454 只、债券型基金 1797 只、混合型基金 2673 只。

第二节　契约型基金治理指数计算方法

用 ANP 将指标体系分成两部分，第一部分称为控制层（目标层），包括股东行为评价、董事会评价、基金经理层评价、基金持有人评价、信息披露评价和外部监控评价 6 个一级指标；第二部分为网络层，由受控制层支配的元素组成，包括 24 个二级指标。结合指标内涵及其相互关系，构建内部相互影响的网络结构。具体 ANP 模型如图 3.1 所示。

一、建立判断矩阵

采用 1～9 标度法，通过专家打分法对两两指标之间的相对重要性进行打分，得到判断矩阵 R，矩阵内元素 r_{ij} 数值越大，代表指标 i 对指标 j 越重要。

$$\overline{r_{ij}}=\frac{r_{ij}}{\sum_{k=1}^{n} r_{kj}},\quad i=1,2,\cdots,n \tag{3.13}$$

对 $\overline{r_{ij}}$ 按行求和，得到排序向量：

$$w_i = \sum_{j=1}^{n} \overline{r}_{ij},\quad i = 1, 2, \cdots, n \tag{3.14}$$

$$w = [w_1, w_2, \cdots, w_n]^{\mathrm{T}} \tag{3.15}$$

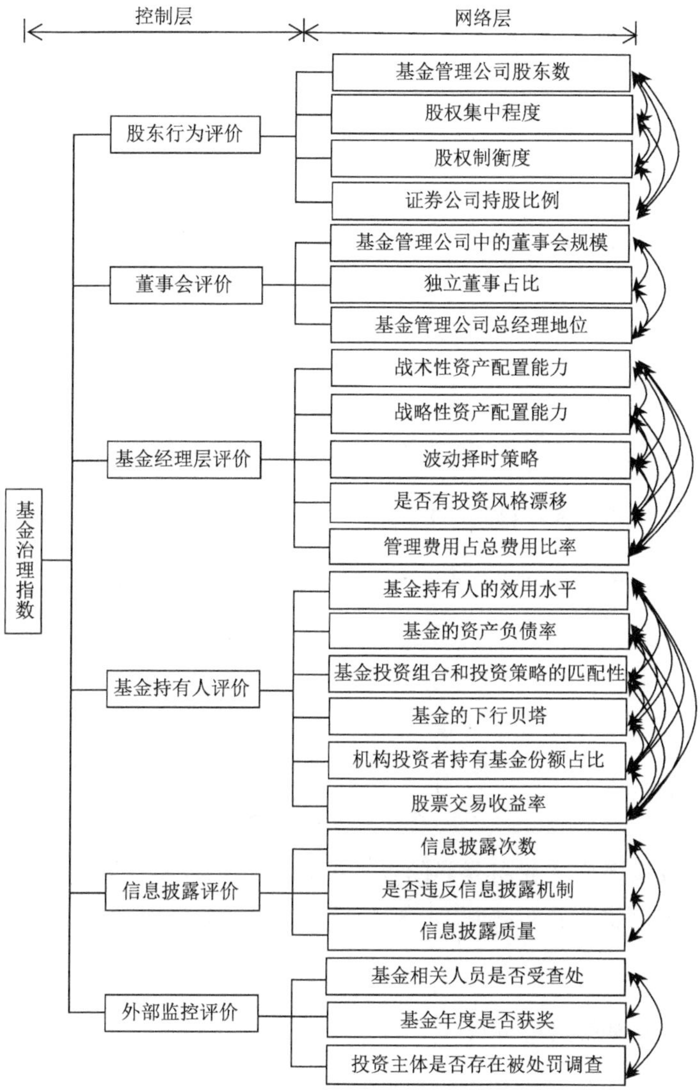

图 3.1　基金治理指数 ANP 结构图

二、建立超矩阵

根据特征根法计算出排序向量，汇总得到超矩阵 W：

$$
W = \begin{array}{c} \\ \\ C_1 \\ \vdots \\ C_N \end{array}
\begin{array}{c} \\ \\ e_{11} \\ \vdots \\ e_{1N} \\ \vdots \\ e_{N1} \\ \vdots \\ e_{NN} \end{array}
\overset{\begin{array}{ccc} C_1 & \cdots & C_N \\ e_{11} \cdots e_{1N} & & e_{N1} \cdots e_{NN} \end{array}}{\begin{bmatrix} W_{11} & \cdots & W_{1N} \\ \vdots & & \vdots \\ W_{N1} & \cdots & W_{NN} \end{bmatrix}} \tag{3.16}
$$

其中，W_{ij}为元素组C_j与元素组C_i两两比较的特征向量；e_{ik}为C_i集群中第k个元素。矩阵内每个元素可以表征同一集群内元素之间的内部相依关系或不同集群间元素的外部相依关系，若没有影响关系则特征向量用0表示。

三、一致性检定

比较矩阵要素之间重要性符合$A > B$且$B > C$，则$A > C$的一致性。

四、计算加权超矩阵和极限超矩阵

将超矩阵W每一列归一化，得到加权超矩阵$\bar{W}$。

$$
\bar{W}_{ij} = \frac{\bar{w}_{ij}}{\sum_{i=1}^{n} \bar{w}_{ij}}, \quad i = 1,2,\cdots,n \tag{3.17}
$$

$$
\bar{W} = \begin{bmatrix} \bar{W}_{11} & \cdots & \bar{W}_{1N} \\ \vdots & & \vdots \\ \bar{W}_{N1} & \cdots & \bar{W}_{NN} \end{bmatrix} \tag{3.18}
$$

对加权超矩阵$\bar{W}$进行足量的自乘运算，直到每一行的数字一致且稳定不变，即得到极限超矩阵W'，极限超矩阵中的数值即为各二级指标的指标权重值。

五、分项指标和综合指标打分

使用国际上常用的量化治理评分方法，对于定量指标，采用分层打分法，即将同一指标层下的各个基金治理数据从小到大排序，根据样本均分成三组，若指标大小对基金治理产生正向影响，从优到差赋值 1、0.5 和 0；若产生负向影响，从优到差赋值 0、0.5 和 1。对于定性指标，人为对各指标状态赋值：当衡量某种情况存在与否时，对基金治理有利的情况存在取 1，反之取 0，对基金治理不利的情况存在取 0，反之取 1；正相关指标从优到差赋值 1、0.5 和 0，负相关指标从优到差赋值 0、0.5 和 1。分项指标和综合指标计算公式如下：

$$\text{基金治理分项指标得分} = \sum\begin{pmatrix}\text{该一级指标组内二级指标赋值} \\ \times\text{该二级指标权重值}\end{pmatrix}$$

$$\text{基金治理综合指标得分} = \sum\begin{pmatrix}\text{基金治理分项指标得分} \\ \times\text{该分项指标的一级指标权重值}\end{pmatrix} \tag{3.19}$$

最后，对基金治理指数进行计算和排名。

第三节 几个概念

开放式证券投资基金由于在发行设立时，基金单位总规模不固定，可视投资者需求灵活申购和赎回在外发行的基金份额，因此开放式基金的治理更具有主动性和行业代表性。开放式证券投资基金治理可能会受到基金投资类型、基金公司以及基金投资风格等因素的影响。因此，本书有必要对数据统计和指数计算过程中所涉及的相关概念进行界定，这有利于对基金治理指数展开全面和准确的对比分析。

一、基金投资类型

证券投资基金根据投资标的所占比例的不同，可以分为股票型基金、债券型基金和混合型基金等类型。《公开募集证券投资基金运作管理办法》（2014 年 7 月 7 日证监会令第 104 号公布）的第三十条规定如下："基金合同和基金招募说明书应当按照下列规定载明基金的类别：（一）百分之八十以上的基金资产投资于股票的，为股票基金；（二）百分之八十以上的基金资产投资于债券的，为债券基金；（三）仅投资于货币市场工具的，为货币市场基金；（四）百分之八十以上的基金资产投资于其他基金份额的，为基金中基金；（五）投资于股票、债券、货币市场工具或其他基金份额，并且股票投资、债券投资、基金投资的比例不符合第（一）项、第（二）项、第（四）项规定的，为混合基金；（六）中国证监会规定的其他基金类别。"

参照上述规定，本书选取 2018 年国内基金市场 4924 只契约型开放式基金为研究样本，其中包括股票型基金 454 只、债券型基金 1797 只、混合型基金 2673 只，在后续章节会进行分类比较。

二、基金公司

根据中国证券投资基金业协会2019年9月23日公布的数据，截至2019年8月底，我国境内共有基金公司 126 家，其中，中外合资公司 44 家，内资公司 82 家；取得公募基金管理资格的证券公司或证券公司资产管理子公司共 13 家，保险资产管理公司 2 家。以上机构管理的公募基金资产合计 13.84 万亿元。

由于各家基金公司在成立年限、组织结构、所管理基金数量、管理团队投资风格等方面差异较大，因此基金公司也是影响证券投资基金治理水平的基本因素之一。本书研究的证券投资基金归属于 2001～2019 年相继成立的 129 家基金公司。

三、基金投资风格

证券投资基金按照投资风格的不同可以分为：成长型基金、收益型基金和平衡型基金。成长型基金主要以追求长期资本增值为目的，偏向于持有高市盈率和高增长业绩的股票，在适度控制风险并保持基金资产良好流动性的前提下，为基金份额持有人谋求长期、稳定的资本增值；收益型基金以当期收益最大化为目的，主要追求经常性收入的稳定性，偏向于持有收入比较稳定的有价债券，成长性较弱的同时收益风险低；平衡型基金努力为投资者实现中、长期资本增值的目标，同时维持当期收入的稳定性，从而使投资组合的收益和增值相对平衡，基金着重考虑具有可持续增长能力的上市公司，注重风险搭配和保障资金安全。本书对基金的投资风格标准进一步细化，将样本基金分为收益型基金、保本增值型基金、平衡型基金、稳健增值型基金、增值型基金、稳健成长型基金、成长型基金、积极成长型基金和价值型基金九类。本书共研究证券投资基金 4924 只，其中包含收益型基金 1727 只、保本增值型基金 12 只、平衡型基金 1483 只、稳健增值型基金 34 只、增值型基金 671 只、稳健成长型基金 582 只、成长型基金 303 只、积极成长型基金 52 只和价值型基金 60 只。

第四章　契约型基金治理指标体系与已有指标的比较

第一节　已有指标的缺陷

基于证券投资基金自身的特征，目前学界与业界在研究评价证券投资基金治理水平时存在两个重要分支：从自身性质上看，证券投资基金既是一种为基金持有人运作资金赚取收益的“服务”，同时也是一种投资者进行投资理财的“产品”，因而其表现的孰优孰劣就成为对其进行评价的一个重要维度，并由此产生了“基金绩效”角度的指标，具体来看大致可以分为三类，一是基于风险的调整收益［如夏普（Sharpe）比率、特雷诺（Treynor）比率、信息比率等］，二是基于回撤的调整收益［如卡玛（Calmar）比率、（斯特林）Sterling 比率］，三是基于超额收益（即 alpha）的评价指标（如评估比率）。

从组织形式上看，契约型证券投资基金由基金公司发行、运作与管理，而公司型基金本身即为公司，因而其背靠公司管理的孰好孰坏就成为另一个评价的重要维度，并由此产生了“公司治理”角度的指标，以南开大学中国公司治理研究院发布的中国上市公司治理指数（CCGINK）为例，其指标体系囊括了股东、董事会治理、监事会、经理层治理以及信息披露等角度，偏重公司内部治理的完整性和有效性。

然而，对于基金治理而言，上述两类指标虽然都能够在一定程度上反映证券投资基金的运作与管理水平，但却存在三个方面的问题。其一，鉴于证券投资基金自身所具备的“双重特征”，基金治理也就同样是一个涵盖了“绩效”与“管理”的综合事项，由此已有体系中从“基金绩效”角度进行评价的指标就过于狭隘，忽略了基金公司的管理状况对基金治理的影响，存在“不全面”的问题；而“公司治理”的相关指标则又过于宽泛，特别是我国证券投资基金普遍采取契约型而非公司型的组织形式，因此仅从“公司治理”考察基金治理就在基金本身和中国特色两个方面都存在“不准确”的问题。其二，已有指标体系（特别是“基金绩效”角度的指标）普遍忽略了不同维度指标以及同一维度不同指标之间存在的相互影响关系，且对不同指标对基金治理水平的影响力的判断也并无统一的标准或科学的评判方法，而只是将不同指标同时套用在基金上并从不同角度分别评判其治理水平，存在“科学性”与“综合性”不足的问题。其三，在我国大力推进“普惠金融高质量发展”的背景下，“满足居民多元化资产管理需求”与“拓宽居民财产性收入渠道”是公募基金行业发展的一项重要任务，因而为持有人提供的“财富管理”服务的质与量也就应当成为考量证券投资基金治理水平的一项重要内容，但遗憾的是目前已有的指标体系中并没有将基金持有人角度的评价纳入其中，从而产生了“不完整”的问题。

第二节　契约型基金治理指标体系的优势

本书所建立的基金治理指标体系以及指数计算方法致力于针对性地解决上述问题，从而形成相较于已有指标的优势。

其一，针对“不全面”与“不准确”的问题，本书建立的基金治理指标体系一是将“基金绩效”与“公司治理”两个角度均纳入其中，从而兼顾了基金自身与背靠公司对基金治理水平的双重影响，并与基金的内部与外部治理综合形成四个维度，更好地覆盖基金治理的各个方面；二是在纳入的过程中对已有指标进行了筛选、特化与融合并开发了部分新指标，使之更准确地契合“契约型”与“基金”各自的特征。具体来看，在本书提出的基金内部与外部治理的基础上，指标体系中的股东行为、董事会、信息披露和外部监控四类评价指标侧重于考察基金公司层面的管理水平，注重基金背靠公司运行过程中的各方相互制衡、依法依规与主动履责，考察基金治理水平是否具有良好的“背景环境”（而非基金公司自身的治理水平，从而也就区别于“公司型”基金治理水平）；而指标体系中的基金经理层评价与基金持有人评价则侧重于考察基金自身层面的“绩效”水平，且不同于传统意义上狭义的“绩效”，本指标体系通过对对应二级指标的筛选、特化与开发，使得基金经理层评价注重基金的“专业性”（体现在考察基金经理的运作能力与受监管程度而非单纯的基金收益），基金持有人评价注重基金的“服务性”（同时相对“公司型”基金来说这也将基金持有人与基金公司股东相分离），从而更好地服务于对基金治理水平（而非单纯的基金赚钱能力）的度量，并更加契合我国基金行业的特征。

其二，针对“科学性”与“综合性”不足的问题，本书在指数计算过程中引入了 ANP 来解决不同指标对基金治理水平的贡献和不同指标之间相互影响的度量问题。ANP 基于层次分析法（analytic hierarchy process，AHP），是一种扩展的多准则决策方法，其基本思想是：通过构建一个依赖网络模型来分析各个因素之间的相互依赖关系，首先确定决策问题的层次结构，并定义各个元素之间的依赖关系；然后，通过主观判断或问卷调查等方式，得到各个元素之间的两两比较矩阵；接下来，通过特征向量法或特征值法计算出每个元素的权重，并进行一致性检验来验证比较矩阵的合理性以及进行调整；最后，根据各个元素的权重得出最优的决策方案，并进行敏感性分析，评估不同情况下的决策结果，进行模拟和预测。由此，通过引入 ANP，本书得以更全面地考虑各个子指标之间的相互影响及其对总体的贡献水平，并通过不断地模拟进行改进，从而将不同子指标有机融入整体体系，进一步确保指数计算结果的科学性与综合性。

其三，针对“不完整”的问题，本书在指标体系中开创式地引入了“基金持有人评价”这一级指标并选取了具有代表性的二级指标来量化“服务”水平，将其作为基金治理水平整体评价体系中的重要一环。这里需要指出的是，基金服务持有人的质与量与基金的绩效并不能笼统地混为一谈，前者注重持有人投资基金在多大程度上满足了其投资需求与持有人权益的保障，后者则比较单一地注重获利水平。因此，通过纳入与计算基金持有人的效用水平、基金投资组合与投资策略的匹配、基金的下行贝塔、股票交易收益率等不同子指标，本指标体系得以真正地站在基金持有人的视角，从获得资产收益、管控风险、保障个人权益不受基金运作方侵害等需求出发考察基金治理水平，从而丰富了基金治理的内涵，并更加契合“普惠金融”建设下对基金行业发展提出的要求。

第五章　我国契约型基金治理指数排名及比较

本章以2018年中国基金市场上契约型开放式基金为基础，剔除当年因成立时间短而数据信息不全的基金，共获得4924只样本基金。依据第三章设计的基金治理指标体系和指数计算方法，对4924只基金的治理指数进行计算和排名，分别从基金公司、基金投资类型和基金投资风格三个角度对基金治理指数进行分类汇总和排名，旨在全样本、全方位地评估中国基金市场的基金治理水平。

第一节　证券投资基金治理指数总体分布及排名

本章首先根据独创的基金治理指标体系和ANP，计算出4924只契约型开放式基金的治理指数，得到2018年中国证券投资基金治理指数总体排名情况表。

一、证券投资基金治理指数总体分布

在所研究的4924只基金中，基金治理指数最大值为75.002分，最小值为16.368分，平均值为45.018分，中位值为44.784分，标准差为9.114分。整体而言，样本的绝对差距相对较大，最大值高出最小值58.634分；偏度系数为0.155，峰度系数为−0.170，稍正偏态，平峰分布（表5.1）。

表5.1　2018年证券投资基金治理指数总体情况

统计值	平均值	中位值	最大值	最小值	标准差	偏度	峰度
数值	45.018	44.784	75.002	16.368	9.114	0.155	−0.170

为进一步了解证券投资基金治理指数在各得分区间的分布情况，本章将证券投资基金治理指数划分为[0,10)、[10,20)、[20,30)、[30,40)、[40,50)、[50,60)、[60,70)、[70,80)、[80,90)、[90,100)共 10 个区间，每个得分区间的企业数目和所占比例如表 5.2 和图 5.1 所示。

表 5.2　2018 年证券投资基金治理指数分布情况

得分区间	基金数目/只	占比	累计占比
[0,10)	0	0	0
[10,20)	6	0.12%	0.12%
[20,30)	219	4.45%	4.57%
[30,40)	1252	25.43%	30.00%
[40,50)	2029	41.21%	71.20%
[50,60)	1149	23.33%	94.54%
[60,70)	250	5.08%	99.61%
[70,80)	19	0.39%	100.00%
[80,90)	0	0	100.00%
[90,100)	0	0	100.00%

注：本表数据经过四舍五入，存在运算不等的情况

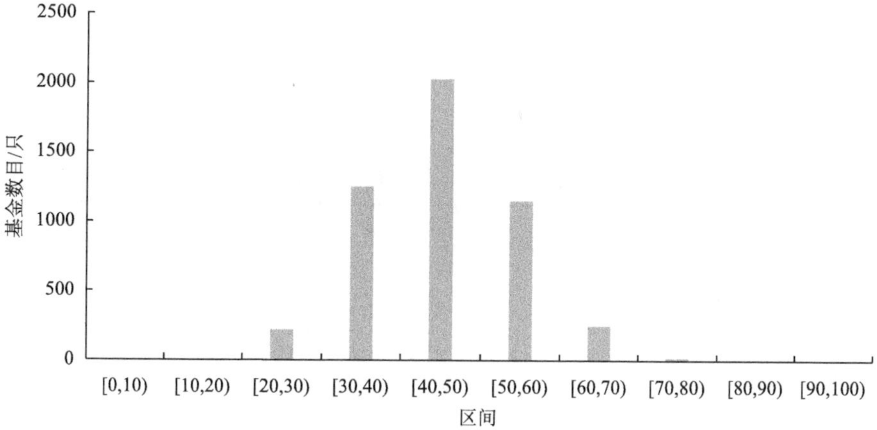

图 5.1　2018 年证券投资基金治理指数按得分区间分布情况

由表 5.2 可见，证券投资基金治理指数在得分区间[30,40)、[40,50)、[50,60)最为集中，分别占比 25.43%、41.21%和 23.33%。2018 年有 269 只基金的治理指数不低于 60 分，及格率仅为 5.46%，这说明我国证券投资基金治理水平亟须提高。

从图 5.1 可以看出，2018 年证券基金治理指数主要分布在区间[20,70)，占比 99.49%，其中不低于 50 分的较高分集中在[50,60)，低于 50 分的较低分集中在[40,50)；70 分及以上的基金有 19 只，占比仅为 0.39%，这表明我国证券投资基金治理水平良莠不齐，大多分布在及格分数以下，各得分区间基金的治理水平均有较大提升空间。

二、证券投资基金治理指数排名前后 100 名

将 4924 个基金治理指数由大到小进行排序，表 5.3 给出了前 100 名和后 100 名基金的治理指数得分情况。从平均值来看，前 100 名证券投资基金治理指数均值为 67.689 分；后 100 名证券投资基金治理指数均值为 24.939 分。从标准差来看，后 100 名基金比前 100 名基金治理指数得分差异更大。

表 5.3　2018 年证券投资基金治理指数排名前后 100 名情况

项目	平均值	中位值	最大值	最小值	标准差
前 100 名	67.689	67.244	75.002	64.794	2.410
后 100 名	24.939	25.761	27.538	16.368	2.476
前 100 名与后 100 名	46.314	64.794	75.002	16.368	21.580

表 5.4 给出了基金治理指数排在前 100 名的基金得分情况。排名第一的是中欧瑾通灵活配置混合 A（002009），得分为 75.002。

表 5.4　2018 年证券投资基金治理指数总体排名——前 100 名

排名	基金代码	基金名称	指数值
1	002009.OF	中欧瑾通灵活配置混合 A	75.002
2	004442.OF	中欧康裕混合 A	74.412
3	002618.OF	中银裕利混合 A	73.770
4	001405.OF	东方红策略精选混合 A	73.056
5	450009.OF	国富中小盘股票 A	72.957
6	160602.OF	鹏华普天债券 A	72.486
7	001810.OF	中欧潜力价值灵活配置混合 A	71.526
8	001500.OF	泓德远见回报混合	71.500
9	166005.OF	中欧价值发现混合 A	71.209
10	002869.OF	融通通裕定开债券发起式	71.115

续表

排名	基金代码	基金名称	指数值
11	000054.OF	鹏华双债增利债券 A	71.071
12	519969.OF	长信新利混合	71.054
13	002018.OF	鹏华弘安混合 A	71.035
14	519069.OF	汇添富价值精选混合	70.804
15	160612.OF	鹏华丰收债券	70.741
16	002361.OF	国富恒瑞债券 A	70.712
17	519768.OF	交银优选回报灵活配置混合 A	70.183
18	519770.OF	交银优择回报灵活配置混合 A	70.183
19	206018.OF	鹏华产业债债券 A	70.010
20	005831.OF	鹏华尊悦发起式定开债券	69.929
21	163804.OF	中银收益混合 A	69.923
22	001470.OF	融通通鑫灵活配置混合	69.729
23	000215.OF	广发趋势优选灵活配置混合 A	69.184
24	002734.OF	泓德裕荣纯债债券 A	69.031
25	160617.OF	鹏华丰润债券（LOF）	68.995
26	000839.OF	摩根纯债丰利债券 A	68.767
27	002095.OF	博时新收益混合 A	68.715
28	003746.OF	广发汇瑞 3 个月定期开放债券	68.677
29	001802.OF	易方达瑞财混合 I	68.614
30	003547.OF	鹏华丰禄债券	68.510
31	240003.OF	华宝宝康债券 A	68.476
32	005340.OF	兴业 6 个月定开债券	68.437
33	003983.OF	鹏华丰惠债券	68.402
34	003313.OF	中银睿享定开债券	68.166
35	450002.OF	国富弹性市值混合 A	68.163
36	005407.OF	华夏鼎泰六个月定开债 A	68.005
37	004979.OF	华夏鼎诺三个月定开债 A	67.923
38	004463.OF	鹏华丰玉债券 A	67.891
39	003345.OF	安信新成长混合 A	67.750
40	005745.OF	广发汇康定期开放债券	67.655
41	002838.OF	华夏新锦程混合 A	67.624
42	002227.OF	长城新优选混合 A	67.607

续表

排名	基金代码	基金名称	指数值
43	003832.OF	中银丰润定期开放债券	67.572
44	005436.OF	圆信永丰兴瑞	67.572
45	001329.OF	鹏华弘实混合 A	67.535
46	000973.OF	新华增盈回报债券	67.453
47	004038.OF	中银富享定期开放债券	67.427
48	002624.OF	广发优企精选混合 A	67.351
49	000171.OF	易方达裕丰回报债券 A	67.313
50	002685.OF	中欧丰泓沪港深灵活配置混合 A	67.259
51	001190.OF	鹏华弘润混合 A	67.229
52	001938.OF	中欧时代先锋股票 A	67.147
53	004499.OF	鹏华丰瑞债券 A	67.032
54	000436.OF	易方达裕惠定开混合 A	67.019
55	006412.OF	平安合锦定开债	66.952
56	166020.OF	中欧成长优选混合 A	66.830
57	519188.OF	万家信用恒利债券 A	66.808
58	160627.OF	鹏华策略优选混合	66.544
59	005072.OF	中银丰进定期开放债券	66.516
60	000191.OF	富国信用债债券 A/B	66.316
61	001367.OF	德邦新添利债券 A	66.277
62	450018.OF	国富恒久信用债券 A	66.238
63	004503.OF	鹏华永泰定期开放债券	66.198
64	002128.OF	广发鑫惠纯债定期开放债券	66.190
65	004723.OF	中银丰实定期开放债券	66.190
66	005740.OF	易方达恒信定开债券	66.190
67	470010.OF	汇添富多元收益债券 A	66.058
68	004911.OF	中加纯债定开债券 A	66.049
69	450005.OF	国富强化收益债券 A	66.006
70	001776.OF	中欧兴利债券 A	65.940
71	004127.OF	鹏华丰康债券 A	65.940
72	003741.OF	鹏华丰盈债券 A	65.927
73	005388.OF	兴业安弘 3 个月定开债券发起式	65.867
74	005442.OF	兴业安和 6 个月定开债券发起式	65.867

续表

排名	基金代码	基金名称	指数值
75	005488.OF	天弘尊享	65.867
76	519226.OF	海富通瑞利债券	65.804
77	005366.OF	摩根丰瑞债券 A	65.644
78	004334.OF	博时广利 3 个月定开债发起式	65.596
79	002868.OF	鹏华丰茂债券	65.519
80	161616.OF	融通医疗保健行业混合 A/B	65.481
81	003300.OF	华夏圆和混合 A	65.480
82	003179.OF	山证资管裕利 3 个月定开债券发起式	65.423
83	003848.OF	中银广利混合 A	65.394
84	206008.OF	鹏华丰盛债券 B	65.356
85	004921.OF	华夏鼎瑞三个月定期开放债券 A	65.352
86	166002.OF	中欧新蓝筹混合 A	65.343
87	001147.OF	中欧瑾源灵活配置混合 C	65.214
88	004920.OF	富国泓利纯债债券型发起式 A	65.204
89	002019.OF	鹏华弘安混合 C	65.185
90	270002.OF	广发稳健增长混合 A	65.169
91	005024.OF	南方兴利半年定开债券发起	65.143
92	002138.OF	泓德裕泰债券 A	65.137
93	003673.OF	中加丰裕纯债债券 A	65.137
94	005322.OF	中银丰禧定期开放债券	65.085
95	002767.OF	泰康宏泰回报混合 A	65.079
96	006029.OF	鹏华尊享定期开放发起式债券	64.952
97	420009.OF	天弘安康颐养混合 A	64.941
98	000552.OF	中加纯债一年 A	64.930
99	001371.OF	富国沪港深价值精选灵活配置混合 A	64.874
100	001122.OF	鹏华弘利混合 A	64.794

注：LOF 即 listed open-ended fund，上市型开放式基金

根据前 100 名基金所属的基金公司来看，有 22 只基金来自鹏华基金管理有限公司，10 只基金来自中欧基金管理有限公司，9 只来自中银基金管理有限公司；从基金投资类型来看，前 100 名包含 59 只债券型基金和 39 只混合型基金；从基金投资风格来看，收益型基金占比最大，高达 61%，其次是稳健成长型基金，占比 15%。

表 5.5 给出了证券投资基金治理指数排在后 100 名的基金得分情况。

表 5.5　2018 年证券投资基金治理指数总体排名——后 100 名

排名	基金代码	基金名称	指数值
1	610005.OF	信澳红利回报混合	16.368
2	233008.OF	大摩消费领航混合	18.522
3	002707.OF	大摩科技领先混合 A	18.525
4	001273.OF	民生加银新动力混合	19.046
5	004741.OF	农银汇理区间策略混合	19.146
6	005825.OF	申万菱信智能驱动股票 A	19.595
7	000866.OF	华宝制造股票	20.341
8	004745.OF	长盛创新驱动混合 A	20.681
9	005746.OF	国泰聚利价值定期开放灵活配置混合	21.035
10	005638.OF	农银汇理量化智慧动力混合	21.213
11	005661.OF	嘉实资源精选股票 C	21.221
12	001967.OF	华宝转型升级混合	21.331
13	620007.OF	金元顺安优质精选混合 A	22.130
14	005810.OF	南方瑞祥一年混合 A	22.286
15	005844.OF	东方人工智能主题混合 A	22.400
16	001780.OF	诺安改革趋势灵活配置混合	22.556
17	168104.OF	九泰锐丰灵活配置混合（LOF）A	22.747
18	001403.OF	招商国企改革主题混合基金	22.790
19	005146.OF	兴银丰润灵活配置混合	22.824
20	002292.OF	诺安益鑫灵活配置混合 A	22.991
21	004784.OF	招商稳健优选股票 A	23.009
22	002190.OF	农银新能源主题 A	23.126
23	001531.OF	招商安益灵活配置混合 A	23.353
24	004913.OF	中银证券聚瑞混合 A	23.394
25	001723.OF	华商新动力混合 A	23.548
26	005729.OF	南方人工智能混合	23.652
27	003610.OF	南方荣安 A	23.688
28	004576.OF	新华恒益量化灵活配置混合	23.719
29	005741.OF	南方君信混合 A	23.746
30	002173.OF	东方大健康混合	23.808

续表

排名	基金代码	基金名称	指数值
31	202019.OF	南方策略优化混合	24.130
32	160522.OF	博时睿益事件驱动混合（LOF）	24.135
33	005535.OF	泰信竞争优选混合	24.189
34	000462.OF	农银主题轮动混合 A	24.397
35	004142.OF	招商盛合灵活混合 A	24.617
36	005953.OF	人保转型新动力混合 A	24.672
37	005444.OF	光大多策略精选混合	24.882
38	350008.OF	天治新消费混合	24.981
39	005007.OF	景顺景瑞睿利回报混合	25.068
40	001915.OF	宝盈医疗健康沪港深股票 A	25.204
41	001143.OF	华商量化进取混合	25.319
42	001197.OF	长盛转型升级主题灵活配置混合	25.397
43	005977.OF	中信保诚至兴混合 A	25.399
44	002181.OF	华安大安全主题混合 A	25.428
45	161225.OF	国投瑞银瑞盈混合（LOF）A	25.477
46	001708.OF	东兴改革精选混合 A	25.522
47	002453.OF	九泰久稳灵活配置混合 A	25.571
48	487016.OF	工银瑞信灵活配置混合 A	25.624
49	002885.OF	大摩万众创新混合 A	25.705
50	540008.OF	汇丰晋信低碳先锋股票 A	25.761
51	006158.OF	博时荣享回报混合 A	25.810
52	001707.OF	诺安高端制造股票 A	25.827
53	006240.OF	国联医疗健康混合 A	25.845
54	005777.OF	广发科技动力股票	25.918
55	610004.OF	信澳中小盘混合	25.940
56	620002.OF	金元顺安成长动力混合	25.976
57	005689.OF	中银医疗保健混合 A	25.987
58	006136.OF	广发估值优势混合 A	26.015
59	005126.OF	银河量化稳进混合	26.043
60	620006.OF	金元顺安消费主题混合	26.056
61	001228.OF	国联安鑫享灵活配置混合 A	26.071
62	002844.OF	金鹰多元策略混合 A	26.178

续表

排名	基金代码	基金名称	指数值
63	270022.OF	广发内需增长混合 A	26.241
64	002383.OF	大成趋势回报灵活配置混合 A	26.322
65	001771.OF	南方量化混合	26.391
66	005445.OF	华宝价值发现混合 A	26.481
67	002577.OF	南方新兴龙头灵活配置混合	26.489
68	110025.OF	易方达资源行业混合	26.494
69	001007.OF	国联安鑫安灵活配置混合	26.620
70	005759.OF	中融量化精选（FOF）C	26.699
71	003208.OF	东兴量化多策略混合	26.717
72	005758.OF	中融量化精选（FOF）A	26.741
73	003598.OF	华商润丰灵活配置混合 A	26.808
74	001856.OF	易方达环保主题混合 A	26.888
75	003670.OF	国联物联网主题 A	26.967
76	004726.OF	先锋聚优 A	26.973
77	320020.OF	诺安策略精选股票 A	27.080
78	004683.OF	建信高端医疗股票 A	27.166
79	002167.OF	南方顺康混合	27.182
80	002249.OF	招商境远灵活配置混合	27.182
81	005000.OF	泰康泉林量化价值精选混合 A	27.194
82	161224.OF	国投瑞银新丝路混合（LOF）	27.204
83	165531.OF	中信保诚多策略混合(LOF)A	27.206
84	005492.OF	农银汇理研究驱动混合	27.209
85	002938.OF	中银证券健康产业混合	27.238
86	001421.OF	南方量化成长	27.249
87	160726.OF	嘉实瑞享定期混合	27.252
88	005111.OF	泰康泉林量化价值精选混合 C	27.260
89	001156.OF	申万菱信新能源汽车主题灵活配置混合 A	27.260
90	004397.OF	长盛信息安全量化策略混合	27.262
91	006103.OF	凯石淳行业精选混合 A	27.292
92	003458.OF	嘉实稳宏债券 A	27.318
93	004756.OF	国寿安保稳吉混合 A	27.372
94	005381.OF	泰康睿利量化多策略混合 A	27.399

续表

排名	基金代码	基金名称	指数值
95	005382.OF	泰康睿利量化多策略混合 C	27.399
96	002567.OF	大成国家安全主题灵活配置混合 A	27.437
97	005701.OF	摩根香港精选港股通混合 A	27.482
98	005960.OF	博时量化价值股票 A	27.488
99	004065.OF	中融量化多因子混合 A	27.495
100	168106.OF	九泰盈华量化混合（LOF）A	27.538

从基金公司分布来看，后 100 名基金中有 9 只基金来自南方基金管理股份有限公司，5 只来自农银汇理基金管理有限公司，5 只来自招商基金管理有限公司，3 只来自中融基金管理有限公司；从基金投资类型来看，混合型基金占比最高，达到 87%，其余几乎全部为股票型基金（仅有 1 只债券型基金）；此外，平衡型是后 100 名中占比最高的基金投资风格，占比达到 62%，其次是成长型和增值型基金，分别占 9%和 17%。

下面将分别从不同基金公司、不同投资风格及不同基金类别三个角度对 2018 年证券投资基金治理指数进行分析。

第二节　不同基金公司基金治理指数排名及比较

我国目前设立的证券投资基金均为契约型基金，其治理机制本质上是基于基金公司的投资运作层面，基金公司作为大多数基金的发起人和部分份额持有人，在成立年限、组织结构、管理基金数量、管理团队投资风格等方面存在显著差异。因此，基金公司是影响证券投资基金治理的基本因素之一。本节对基金治理指数区分不同基金公司进行比较，结果如表 5.6 所示。

表 5.6　2018 年不同基金公司证券投资基金治理指数比较

排名	基金公司	指数均值
1	国海富兰克林基金管理有限公司	55.936
2	中国人保资产管理有限公司	55.835
3	东方阿尔法基金管理有限公司	53.686

续表

排名	基金公司	指数均值
4	鹏华基金管理有限公司	53.336
5	上银基金管理有限公司	53.323
6	中欧基金管理有限公司	52.760
7	泓德基金管理有限公司	52.547
8	长江证券（上海）资产管理有限公司	51.925
9	国开泰富基金管理有限责任公司	51.608
10	安信基金管理有限责任公司	50.864
11	中银基金管理有限公司	50.405
12	中加基金管理有限公司	50.261
13	上海东方证券资产管理有限公司	50.155
14	天弘基金管理有限公司	50.121
15	兴全基金管理有限公司	50.113
16	红塔红土基金管理有限公司	49.955
17	融通基金管理有限公司	49.574
18	交银施罗德基金管理有限公司	49.468
19	兴业基金管理有限公司	49.324
20	富国基金管理有限公司	49.085
21	海富通基金管理有限公司	48.952
22	永赢基金管理有限公司	48.792
23	摩根基金管理（中国）有限公司	48.738
24	鑫元基金管理有限公司	48.467
25	华夏基金管理有限公司	48.347
26	广发基金管理有限公司	48.329
27	财通证券资产管理有限公司	48.248
28	德邦基金管理有限公司	48.091
29	易方达基金管理有限公司	47.885
30	万家基金管理有限公司	47.738
31	博时基金管理有限公司	47.584
32	英大基金管理有限公司	47.126
33	长城基金管理有限公司	46.905
34	汇添富基金管理股份有限公司	46.623
35	新疆前海联合基金管理有限公司	46.464

续表

排名	基金公司	指数均值
36	方正富邦基金管理有限公司	46.343
37	银河基金管理有限公司	46.158
38	江信基金管理有限公司	45.995
39	华宸未来基金管理有限公司	45.950
40	长安基金管理有限公司	45.887
41	华安基金管理有限公司	45.842
42	中邮创业基金管理股份有限公司	45.499
43	渤海汇金证券资产管理有限公司	45.386
44	华富基金管理有限公司	45.210
45	浦银安盛基金管理有限公司	45.054
46	华泰柏瑞基金管理有限公司	44.997
47	平安基金管理有限公司	44.847
48	景顺长城基金管理有限公司	44.655
49	泰康资产管理有限责任公司	44.620
50	前海开源基金管理有限公司	44.580
51	华泰保兴基金管理有限公司	44.397
52	诺德基金管理有限公司	44.321
53	汇安基金管理有限责任公司	44.212
54	圆信永丰基金管理有限公司	44.171
55	富安达基金管理有限公司	44.146
56	益民基金管理有限公司	43.951
57	中金基金管理有限公司	43.920
58	鹏扬基金管理有限公司	43.898
59	山西证券股份有限公司	43.893
60	长信基金管理有限责任公司	43.859
61	泰达宏利基金管理有限公司	43.851
62	金鹰基金管理有限公司	43.830
63	西部利得基金管理有限公司	43.795
64	财通基金管理有限公司	43.756
65	银华基金管理股份有限公司	43.553
66	中银国际证券股份有限公司	43.331
67	工银瑞信基金管理有限公司	43.321

续表

排名	基金公司	指数均值
68	中信保诚基金管理有限公司	43.261
69	民生加银基金管理有限公司	43.194
70	嘉实基金管理有限公司	43.148
71	国泰基金管理有限公司	43.000
72	太平基金管理有限公司	42.981
73	国投瑞银基金管理有限公司	42.931
74	中信建投基金管理有限公司	42.920
75	富荣基金管理有限公司	42.879
76	华宝基金管理有限公司	42.863
77	南华基金管理有限公司	42.615
78	新沃基金管理有限公司	42.583
79	东吴基金管理有限公司	42.572
80	华润元大基金管理有限公司	42.564
81	新华基金管理股份有限公司	42.473
82	创金合信基金管理有限公司	42.315
83	金信基金管理有限公司	42.213
84	宝盈基金管理有限公司	42.202
85	弘毅远方基金管理有限公司	42.119
86	中海基金管理有限公司	41.955
87	建信基金管理有限责任公司	41.909
88	泰信基金管理有限公司	41.823
89	光大保德信基金管理有限公司	41.589
90	兴银基金管理有限责任公司	41.575
91	浙江浙商证券资产管理有限公司	41.463
92	北信瑞丰基金管理有限公司	41.390
93	国寿安保基金管理有限公司	41.380
94	浙商基金管理有限公司	41.225
95	申万菱信基金管理有限公司	41.132
96	汇丰晋信基金管理有限公司	40.887
97	南方基金管理股份有限公司	40.617
98	恒越基金管理有限公司	40.385
99	大成基金管理有限公司	40.321

续表

排名	基金公司	指数均值
100	国联安基金管理有限公司	40.264
101	长盛基金管理有限公司	40.214
102	红土创新基金管理有限公司	40.191
103	招商基金管理有限公司	40.071
104	诺安基金管理有限公司	39.798
105	东方基金管理股份有限公司	39.653
106	国金基金管理有限公司	39.555
107	信达澳亚基金管理有限公司	39.521
108	农银汇理基金管理有限公司	39.273
109	中融基金管理有限公司	38.685
110	嘉合基金管理有限公司	38.667
111	国都证券股份有限公司	38.271
112	金元顺安基金管理有限公司	37.490
113	东海基金管理有限责任公司	37.347
114	摩根士丹利华鑫基金管理有限公司	37.334
115	博道基金管理有限公司	37.233
116	中科沃土基金管理有限公司	36.632
117	国新证券股份有限公司	36.409
118	先锋基金管理有限公司	36.242
119	中航基金管理有限公司	36.220
120	国融基金管理有限公司	36.181
121	华商基金管理有限公司	35.499
122	华泰证券（上海）资产管理有限公司	34.222
123	恒生前海基金管理有限公司	34.023
124	格林基金管理有限公司	33.814
125	天治基金管理有限公司	33.705
126	合煦智远基金管理有限公司	33.327
127	九泰基金管理有限公司	33.131
128	凯石基金管理有限公司	31.453
129	东兴证券股份有限公司	30.573

注：公司名称以研究时间内的名称为准

总体来看，各基金公司的基金治理指数均值在30分到56分之间，在

4924只基金所属的129家基金公司中，基金治理指数均值由大到小排名前十的基金公司分别为国海富兰克林基金管理有限公司、中国人保资产管理有限公司、东方阿尔法基金管理有限公司、鹏华基金管理有限公司、上银基金管理有限公司、中欧基金管理有限公司、泓德基金管理有限公司、长江证券（上海）资产管理有限公司、国开泰富基金管理有限责任公司、安信基金管理有限责任公司。

第三节　不同投资风格基金治理指数排名及比较

由于不同投资风格存在明显的差异，因此有必要对不同投资风格基金治理指数进行比较。基金投资风格可以分为价值型、收益型、稳健成长型、积极成长型、稳健增值型、增值型、成长型、平衡型和保本增值型，九种风格基金治理指数情况如表5.7所示。

表5.7　2018年不同投资风格基金治理指数比较

投资风格	基金数目	平均值	中位数	最大值	最小值
价值型	60	48.348	48.853	63.150	24.130
收益型	1727	48.063	47.840	75.002	26.071
稳健成长型	582	46.389	46.201	72.957	16.368
积极成长型	52	46.000	45.850	60.921	29.994
稳健增值型	34	44.607	43.731	60.520	30.098
增值型	671	44.428	43.868	73.056	19.046
成长型	303	42.139	41.881	71.209	19.595
平衡型	1483	41.672	41.450	74.412	18.525
保本增值型	12	39.857	40.877	45.856	29.926
总体	4924	45.018	44.784	75.002	16.368

从数量上看，收益型和平衡型基金数量较多，分别占35.07%和30.12%。

从均值上看，各投资风格基金治理指数均值由大到小分别为价值型>收益型>稳健成长型>积极成长型>稳健增值型>增值型>成长型>平衡型>保本增值型，全量的均值为45.018分，高于均值的基金风格为价值型、收益型、稳健成长型和积极成长型。由此可见，我国契约型基金治理指数普遍较低，不同投资风格的指数差异较大。

图 5.2 更加直观地体现了九种投资风格基金治理指数的差异。可以明显看到，价值型和收益型的基金治理水平明显高于均值。

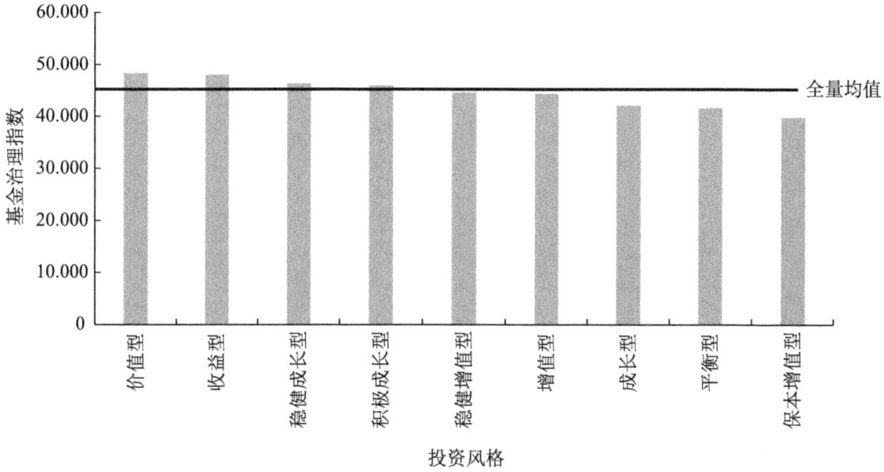

图 5.2　分投资风格基金治理指数均值比较

第四节　不同基金类别基金治理指数排名及比较

根据投资标的不同的标准，我国契约型开放式基金主要分为股票型、混合型和债券型基金，由于三者的基金治理情况存在较大差异，因此有必要对不同类别基金治理指数进行比较。三大类别基金治理指数情况如表 5.8 所示。

表 5.8　2018 年不同类别基金治理指数比较

基金类别	基金数目	平均值	中位数	最大值	最小值
股票型	416	40.891	40.717	72.957	19.595
混合型	2715	43.363	42.962	75.002	16.368
债券型	1793	48.482	47.947	72.486	27.318
总体	4924	45.018	44.784	75.002	16.368

总体来看，不同类别基金治理指数均值由小到大分别为股票型基金（40.891 分）、混合型基金（43.363 分）、债券型基金（48.482 分），其中混合型与股票型均值水平相近。混合型基金数目占比最高，为 55.14%，三种

类型的基金中只有债券型基金的治理指数均值高于总体均值，而混合型和股票型基金治理指数均低于总体均值，说明不同类型基金间治理水平存在一定差距。

图 5.3 更加直观地体现出了这三个类别的基金之间的差异，可以明显地对比出，债券型基金治理指数在各项指标中都处于领先水平，且其基金数目在市场中的占比为 36.41%。因此，债券型基金治理水平的提高对整体市场有着较强的支撑作用。

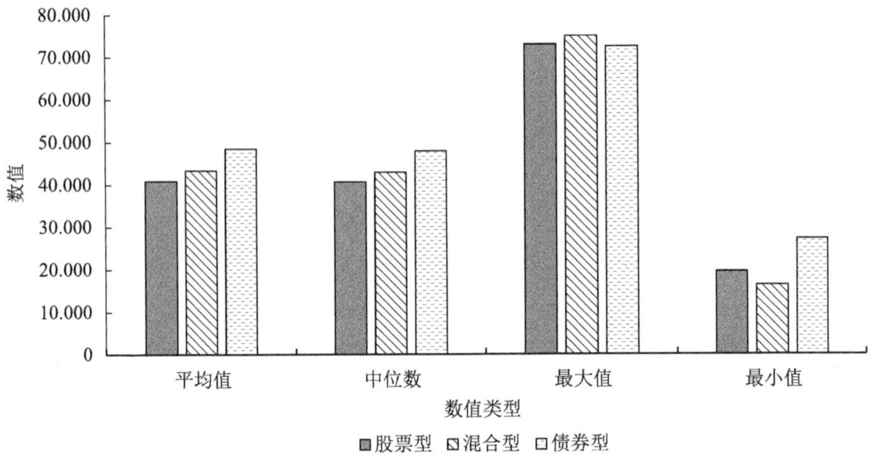

图 5.3　2018 年分类别基金治理指数比较

第五节　本 章 小 结

本章从总体、基金公司、投资风格、基金类别等多角度全面评价了 2018 年中国契约型基金的基金治理水平。总体来看，在 4924 只基金样本中，基金治理指数最大值为 75.002 分，最小值为 16.368 分，平均值为 45.018 分，2018 年有 269 只基金的治理指数不低于 60 分，及格率仅为 5.46%。

具体而言，从基金公司层面看，国海富兰克林基金管理有限公司、中国人保资产管理有限公司、东方阿尔法基金管理有限公司、鹏华基金管理有限公司、上银基金管理有限公司等基金公司基金治理水平较高，但各基金公司治理指数存在明显差异；价值型基金治理水平较高，平衡型和保本增值型基金的治理水平相对较低，且各投资风格基金治理指数差异较明显；从基金类别层面看，债券型基金的治理水平整体高于混合型基金和股票型基金。总结来看，整体基金市场的治理指数差异较大。

第六章　我国契约型基金治理指数分项排名比较与分析

本章从基金治理综合指数、股东行为评价、董事会评价、基金经理层评价、基金持有人评价、信息披露评价和外部监控评价七个方面对基金治理指数分项指标进行排名和比较，以2018年中国基金市场的4924只契约型开放式基金为研究样本，旨在全面、具体地衡量我国契约型开放式基金不同维度下的基金治理水平，进而分析我国基金治理存在的长短板问题。

第一节　基金治理综合指数排名和比较

本章选取2018年市场存续的4924只证券投资基金作为评价对象，基金治理分项指数按照基金治理指标体系中的六个一级指标来划分，分别为股东行为评价、董事会评价、基金经理层评价、基金持有人评价、信息披露评价和外部监控评价。2018年基金治理综合指数和基金治理分项指数的描述性统计结果如表6.1所示。

表6.1　2018年基金治理综合指数和基金治理分项指数描述性统计

分项指标	基金数量	平均值	中位数	最大值	最小值	标准差
股东行为评价	4924	54.882	54.208	100.000	0	22.755
董事会评价	4924	50.600	50.000	100.000	0	26.356
基金经理层评价	4924	43.012	41.372	94.245	0	13.986
基金持有人评价	4924	38.765	37.307	91.016	0	15.729
信息披露评价	4924	16.066	0	100.000	0	26.949
外部监控评价	4924	71.087	80.000	100.000	0	18.460
基金治理综合指数	4924	45.018	44.784	75.002	16.368	9.114

从表 6.1 可以看出，在基金治理的六个分项指标中，外部监控评价指数的平均值最大，信息披露评价指数的平均值最小，这说明我国基金目前的信息披露质量仍然有待提高；除了外部监控评价，其余分项指标的平均值均低于 60 分，这也导致我国契约型基金治理综合指数平均值低于 60 分，在及格线以下；从极值看，股东行为评价、董事会评价、信息披露评价和外部监控评价的最大值均能达到 100 分，而所有分项指标的最小值均为 0 分，这说明，不同基金在分项治理水平上存在较大差异，一部分基金在某一维度的治理水平上较高，还有一部分基金在某些维度的治理水平上非常低；从标准差看，信息披露评价和董事会评价的标准差较大，结合极值分析，我国契约型基金在董事会和信息披露上存在较为明显的差异。

图 6.1 直观地反映了六个分项指标之间的差异，可以明显看到，六个分项指数的平均值和中位数的得分排序略有差别，外部监控评价指数的平均值和中位数最高，信息披露评价指数的平均值和中位数最低，而股东行为评价和董事会评价的平均值和中位数排名处于中间水平。

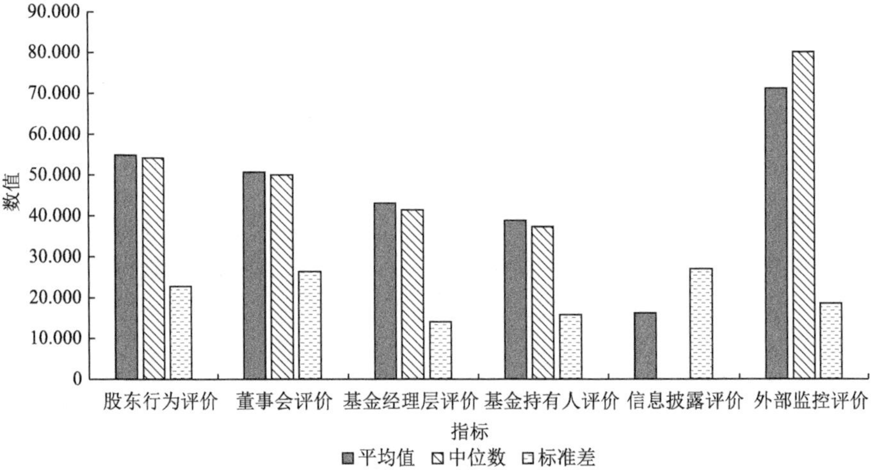

图 6.1　2018 年中国契约型基金治理指数六个分项指标比较

下面将对股东行为评价、董事会评价、基金经理层评价、基金持有人评价、信息披露评价和外部监控评价这六个分项指标做具体的比较和分析，以期找到我国基金治理的长短板。

第二节　股东行为评价排名比较

股东行为评价主要考察基金股东权力情况，避免因股东权力过大而使基金公司面临较大风险。该分项指标由基金公司股东数、股权集中程度、股权制衡度和证券公司持股比例四个二级指标组成，本节主要对这一分项指标进行比较分析。

一、股东行为评价总体比较

基于 4924 只证券投资基金的各项指标计算得出每只基金的股东行为评价分项指标。以 10 分为间隔将基金股东行为评价分项指数划分为 10 个得分区间，各得分区间分布情况如表 6.2 和图 6.2 所示。

表 6.2　2018 年证券投资基金股东行为评价分项指数区间分布

得分区间	基金数目/只	占比	累计占比
[0,10)	56	1.14%	1.14%
[10,20)	250	5.08%	6.21%
[20,30)	430	8.73%	14.95%
[30,40)	612	12.43%	27.38%
[40,50)	746	15.15%	42.53%
[50,60)	892	18.12%	60.64%
[60,70)	656	13.32%	73.96%
[70,80)	535	10.87%	84.83%
[80,90)	362	7.35%	92.18%
[90,100]	385	7.82%	100.00%
总计	4924	100.00%	100.00%

注：本表数据经过四舍五入，存在运算不等的情况

从表 6.2 可以看出，2018 年股东行为评价分项指数在 [0,100] 区间均有分布，60 分及以上的基金共 1938 只，及格率达到 39.36%；股东行为评价得分集中在 [30,80)，占比 69.88%。得分分布在 [50,60) 的基金最多，有 892 只，占比 18.12%；其次是 [40,50) 区间，有 746 只基金，占比为 15.15%。图 6.2 则更加清晰地体现出了这种分布。

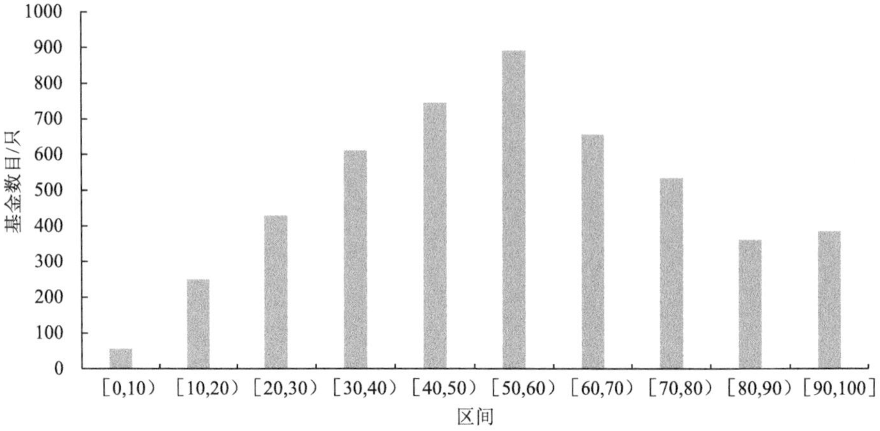

图 6.2　2018 年证券投资基金股东行为评价分项指数的分布

二、按基金公司股东行为评价指数比较

由于股东行为评价与基金公司息息相关，因此，本章在表 6.3 中统计了 4924 只基金所属的 129 家基金公司 2018 年的股东行为评价指标平均得分情况，排名和比较分析结果如下。

表 6.3　2018 年不同基金公司股东行为评价指数排名及比较

排名	基金公司	股东行为评价平均得分
1	永赢基金管理有限公司	93.790
2	中加基金管理有限公司	86.530
3	恒越基金管理有限公司	84.990
4	方正富邦基金管理有限公司	83.374
5	鹏扬基金管理有限公司	79.402
6	华润元大基金管理有限公司	77.427
7	中金基金管理有限公司	77.382
8	安信基金管理有限责任公司	76.861
9	东方阿尔法基金管理有限公司	76.573
10	兴业基金管理有限公司	75.458
11	新疆前海联合基金管理有限公司	75.361
12	万家基金管理有限公司	74.460
13	南华基金管理有限公司	74.153
14	德邦基金管理有限公司	73.504
15	平安基金管理有限公司	72.776

续表

排名	基金公司	股东行为评价平均得分
16	天弘基金管理有限公司	72.711
17	泓德基金管理有限公司	71.942
18	浦银安盛基金管理有限公司	71.819
19	中信建投基金管理有限公司	71.566
20	财通基金管理有限公司	71.346
21	华安基金管理有限公司	70.989
22	海富通基金管理有限公司	70.756
23	鑫元基金管理有限公司	70.246
24	先锋基金管理有限公司	70.080
25	长安基金管理有限公司	69.485
26	英大基金管理有限公司	69.049
27	汇安基金管理有限责任公司	68.983
28	金信基金管理有限公司	68.765
29	兴银基金管理有限责任公司	68.091
30	益民基金管理有限公司	67.989
31	鹏华基金管理有限公司	67.972
32	红塔红土基金管理有限公司	67.727
33	长江证券（上海）资产管理有限公司	67.478
34	国开泰富基金管理有限责任公司	66.928
35	融通基金管理有限公司	66.856
36	中欧基金管理有限公司	66.700
37	光大保德信基金管理有限公司	66.681
38	华泰保兴基金管理有限公司	66.654
39	金鹰基金管理有限公司	66.601
40	华泰证券（上海）资产管理有限公司	66.165
41	创金合信基金管理有限公司	65.955
42	中银国际证券股份有限公司	65.316
43	北信瑞丰基金管理有限公司	65.263
44	上银基金管理有限公司	64.991
45	上海东方证券资产管理有限公司	64.888
46	财通证券资产管理有限公司	64.534
47	中科沃土基金管理有限公司	64.232

续表

排名	基金公司	股东行为评价平均得分
48	国都证券股份有限公司	64.232
49	富荣基金管理有限公司	64.202
50	中国人保资产管理有限公司	63.965
51	长信基金管理有限责任公司	63.078
52	前海开源基金管理有限公司	63.037
53	富国基金管理有限公司	63.009
54	格林基金管理有限公司	62.794
55	中邮创业基金管理股份有限公司	61.981
56	诺德基金管理有限公司	61.280
57	中航基金管理有限公司	60.918
58	太平基金管理有限公司	60.858
59	红土创新基金管理有限公司	60.522
60	金元顺安基金管理有限公司	59.856
61	交银施罗德基金管理有限公司	59.619
62	浙江浙商证券资产管理有限公司	58.519
63	中银基金管理有限公司	58.431
64	广发基金管理有限公司	58.159
65	汇添富基金管理股份有限公司	57.987
66	博时基金管理有限公司	57.690
67	民生加银基金管理有限公司	56.349
68	新沃基金管理有限公司	56.159
69	易方达基金管理有限公司	55.868
70	山西证券股份有限公司	55.855
71	中融基金管理有限公司	55.707
72	国融基金管理有限公司	54.145
73	渤海汇金证券资产管理有限公司	53.852
74	国联安基金管理有限公司	53.824
75	浙商基金管理有限公司	53.293
76	国海富兰克林基金管理有限公司	52.519
77	江信基金管理有限公司	52.385
78	东吴基金管理有限公司	51.821
79	华富基金管理有限公司	51.521

续表

排名	基金公司	股东行为评价平均得分
80	银华基金管理股份有限公司	51.329
81	圆信永丰基金管理有限公司	50.997
82	信达澳亚基金管理有限公司	50.635
83	摩根基金管理（中国）有限公司	50.611
84	恒生前海基金管理有限公司	50.392
85	长盛基金管理有限公司	50.284
86	泰康资产管理有限责任公司	49.723
87	中信保诚基金管理有限公司	49.451
88	国新证券股份有限公司	49.375
89	长城基金管理有限公司	49.212
90	摩根士丹利华鑫基金管理有限公司	47.800
91	华商基金管理有限公司	47.516
92	中海基金管理有限公司	47.099
93	弘毅远方基金管理有限公司	46.184
94	泰达宏利基金管理有限公司	45.171
95	西部利得基金管理有限公司	44.657
96	九泰基金管理有限公司	43.981
97	东方基金管理股份有限公司	43.554
98	兴全基金管理有限公司	43.204
99	凯石基金管理有限公司	42.431
100	招商基金管理有限公司	42.406
101	嘉合基金管理有限公司	42.374
102	南方基金管理股份有限公司	41.909
103	东兴证券股份有限公司	41.654
104	华泰柏瑞基金管理有限公司	41.565
105	华夏基金管理有限公司	41.295
106	国金基金管理有限公司	41.183
107	华宸未来基金管理有限公司	40.726
108	银河基金管理有限公司	40.601
109	嘉实基金管理有限公司	40.281
110	国寿安保基金管理有限公司	40.200
111	诺安基金管理有限公司	39.311

续表

排名	基金公司	股东行为评价平均得分
112	工银瑞信基金管理有限公司	38.704
113	汇丰晋信基金管理有限公司	38.388
114	建信基金管理有限责任公司	38.153
115	景顺长城基金管理有限公司	37.288
116	宝盈基金管理有限公司	36.975
117	国泰基金管理有限公司	36.873
118	申万菱信基金管理有限公司	36.750
119	大成基金管理有限公司	36.193
120	国投瑞银基金管理有限公司	36.192
121	新华基金管理股份有限公司	34.565
122	天治基金管理有限公司	34.526
123	博道基金管理有限公司	34.471
124	合煦智远基金管理有限公司	34.471
125	农银汇理基金管理有限公司	34.123
126	华宝基金管理有限公司	33.944
127	泰信基金管理有限公司	33.822
128	富安达基金管理有限公司	28.188
129	东海基金管理有限责任公司	23.771

从表 6.3 中可以看到，2018 年股东行为评价分项指标均值排名前 10 的基金公司分别是：永赢基金管理有限公司、中加基金管理有限公司、恒越基金管理有限公司、方正富邦基金管理有限公司、鹏扬基金管理有限公司、华润元大基金管理有限公司、中金基金管理有限公司、安信基金管理有限责任公司、东方阿尔法基金管理有限公司和兴业基金管理有限公司。在 129 家基金公司中，有 71 家公司的基金股东行为评价指数高于总体平均值。

第三节 董事会评价排名比较

董事会评价主要考察基金公司董事会结构和运作模式，反映其对基金公司管理层的监督控制。该分项指标由基金公司中的董事会规模、独立董事占比和基金公司总经理地位三个二级指标组成，本节主要对这一分项指标进行比较分析。

一、董事会评价总体比较

基于 4924 只证券投资基金的各项指标计算得出每只基金的董事会评价分项指标。以 10 分为间隔将基金董事会评价分项指数划分为 10 个得分区间，各得分区间分布情况如表 6.4 和图 6.3 所示。

表 6.4　2018 年证券投资基金董事会评价分项指数区间分布

得分区间	基金数目/只	占比	累计占比
[0,10)	283	5.75%	5.75%
[10,20)	301	6.11%	11.86%
[20,30)	517	10.50%	22.36%
[30,40)	416	8.45%	30.81%
[40,50)	815	16.55%	47.36%
[50,60)	787	15.98%	63.34%
[60,70)	534	10.84%	74.19%
[70,80)	563	11.43%	85.62%
[80,90)	410	8.33%	93.95%
[90,100]	298	6.05%	100.00%
总计	4924	100.00%	100.00%

注：本表数据经过四舍五入，存在运算不等的情况

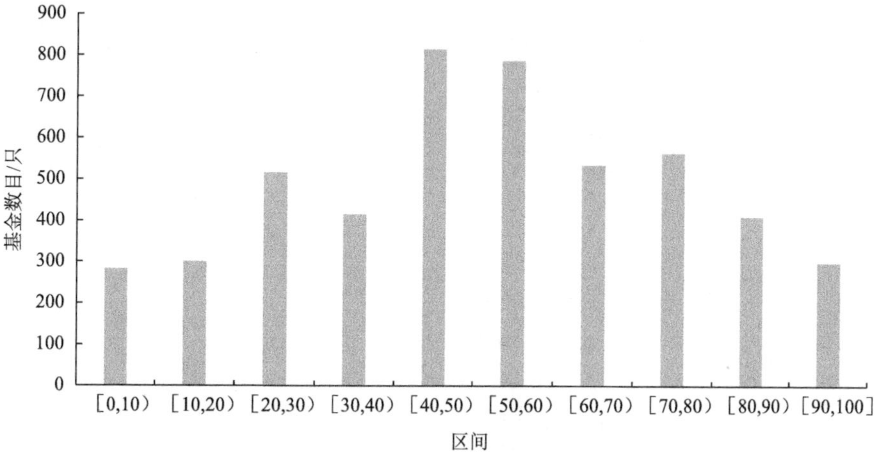

图 6.3　2018 年证券投资基金董事会评价分项指数的分布

从表 6.4 可以看出，2018 年董事会评价分项指数在［0,100］区间均有分布，60 分及以上的基金共 1805 只，及格率达到 36.66%；董事会评价得分集中在［20,90），占比 82.09%。得分分布在［40,50）的基金最多，有 815 只，占比 16.55%；其次是［50,60）区间，有 787 只基金，占比 15.98%。图 6.3 则更加清晰地体现出了这种分布。

二、按基金公司分董事会评价指数比较

由于董事会评价与基金公司息息相关，因此，本章在表 6.5 中统计了 4924 只基金所属的 129 家基金公司 2018 年的基金董事会评价指标平均得分情况，排名和比较分析结果如下。

表 6.5 2018 年不同基金公司董事会评价指数排名及比较

排名	基金公司	董事会评价平均得分
1	国海富兰克林基金管理有限公司	68.852
2	景顺长城基金管理有限公司	66.223
3	交银施罗德基金管理有限公司	65.894
4	中银基金管理有限公司	64.466
5	华安基金管理有限公司	64.413
6	中信保诚基金管理有限公司	64.338
7	民生加银基金管理有限公司	62.866
8	华泰柏瑞基金管理有限公司	62.040
9	国投瑞银基金管理有限公司	62.026
10	广发基金管理有限公司	61.789
11	上海东方证券资产管理有限公司	61.578
12	泰信基金管理有限公司	61.479
13	安信基金管理有限责任公司	61.269
14	嘉合基金管理有限公司	60.047
15	兴全基金管理有限公司	59.787
16	博时基金管理有限公司	59.773
17	海富通基金管理有限公司	58.990
18	银河基金管理有限公司	57.863
19	工银瑞信基金管理有限公司	57.486
20	汇添富基金管理股份有限公司	57.388
21	鹏华基金管理有限公司	57.227

续表

排名	基金公司	董事会评价平均得分
22	天弘基金管理有限公司	56.668
23	新华基金管理股份有限公司	56.618
24	华富基金管理有限公司	56.394
25	易方达基金管理有限公司	56.354
26	财通基金管理有限公司	56.192
27	嘉实基金管理有限公司	55.080
28	兴业基金管理有限公司	55.060
29	建信基金管理有限责任公司	54.509
30	国寿安保基金管理有限公司	54.439
31	信达澳亚基金管理有限公司	54.252
32	南方基金管理股份有限公司	53.741
33	国联安基金管理有限公司	53.615
34	摩根基金管理（中国）有限公司	53.384
35	中邮创业基金管理股份有限公司	53.322
36	摩根士丹利华鑫基金管理有限公司	53.158
37	融通基金管理有限公司	53.128
38	华宝基金管理有限公司	52.528
39	农银汇理基金管理有限公司	52.465
40	长信基金管理有限责任公司	52.174
41	浦银安盛基金管理有限公司	51.940
42	泰康资产管理有限责任公司	51.388
43	大成基金管理有限公司	50.580
44	中加基金管理有限公司	50.312
45	诺安基金管理有限公司	50.164
46	国泰基金管理有限公司	50.112
47	华宸未来基金管理有限公司	50.000
48	长盛基金管理有限公司	49.680
49	长城基金管理有限公司	49.653
50	申万菱信基金管理有限公司	49.327
51	长安基金管理有限公司	49.119
52	中欧基金管理有限公司	48.228
53	富国基金管理有限公司	47.566

续表

排名	基金公司	董事会评价平均得分
54	江信基金管理有限公司	47.313
55	西部利得基金管理有限公司	47.170
56	华夏基金管理有限公司	47.034
57	万家基金管理有限公司	46.963
58	东吴基金管理有限公司	45.919
59	泰达宏利基金管理有限公司	45.888
60	华商基金管理有限公司	45.150
61	鑫元基金管理有限公司	44.973
62	前海开源基金管理有限公司	44.730
63	招商基金管理有限公司	44.724
64	新疆前海联合基金管理有限公司	44.663
65	红塔红土基金管理有限公司	44.536
66	方正富邦基金管理有限公司	44.159
67	中海基金管理有限公司	44.045
68	德邦基金管理有限公司	44.031
69	上银基金管理有限公司	44.019
70	东海基金管理有限责任公司	43.692
71	汇丰晋信基金管理有限公司	43.560
72	光大保德信基金管理有限公司	43.075
73	中银国际证券股份有限公司	42.835
74	天治基金管理有限公司	42.226
75	泓德基金管理有限公司	42.190
76	东方基金管理股份有限公司	41.383
77	银华基金管理股份有限公司	41.183
78	东方阿尔法基金管理有限公司	41.122
79	富安达基金管理有限公司	40.981
80	国开泰富基金管理有限责任公司	39.252
81	新沃基金管理有限公司	39.252
82	中科沃土基金管理有限公司	38.318
83	中融基金管理有限公司	37.940
84	华润元大基金管理有限公司	37.893
85	山西证券股份有限公司	37.850

续表

排名	基金公司	董事会评价平均得分
86	平安基金管理有限公司	37.399
87	浙商基金管理有限公司	37.060
88	兴银基金管理有限责任公司	36.661
89	永赢基金管理有限公司	36.590
90	英大基金管理有限公司	35.684
91	金鹰基金管理有限公司	35.436
92	圆信永丰基金管理有限公司	34.284
93	长江证券（上海）资产管理有限公司	33.879
94	宝盈基金管理有限公司	33.664
95	益民基金管理有限公司	33.236
96	诺德基金管理有限公司	32.985
97	红土创新基金管理有限公司	30.997
98	国金基金管理有限公司	30.374
99	鹏扬基金管理有限公司	29.769
100	中国人保资产管理有限公司	28.638
101	金信基金管理有限公司	27.995
102	渤海汇金证券资产管理有限公司	27.477
103	华泰证券（上海）资产管理有限公司	27.103
104	中金基金管理有限公司	26.898
105	北信瑞丰基金管理有限公司	26.324
106	国新证券股份有限公司	26.168
107	金元顺安基金管理有限公司	26.132
108	创金合信基金管理有限公司	25.915
109	东兴证券股份有限公司	25.779
110	浙江浙商证券资产管理有限公司	25.514
111	九泰基金管理有限公司	25.341
112	汇安基金管理有限责任公司	25.317
113	华泰保兴基金管理有限公司	23.531
114	富荣基金管理有限公司	20.935
115	中信建投基金管理有限公司	20.467
116	太平基金管理有限公司	20.405
117	格林基金管理有限公司	20.327

续表

排名	基金公司	董事会评价平均得分
118	中航基金管理有限公司	18.575
119	财通证券资产管理有限公司	17.103
120	南华基金管理有限公司	12.617
121	博道基金管理有限公司	11.215
122	国融基金管理有限公司	11.215
123	合煦智远基金管理有限公司	11.215
124	恒越基金管理有限公司	11.215
125	弘毅远方基金管理有限公司	11.215
126	凯石基金管理有限公司	11.215
127	国都证券股份有限公司	10.467
128	先锋基金管理有限公司	10.374
129	恒生前海基金管理有限公司	10.012

注：公司名称以研究时间内的名称为准

从表 6.5 中可以看到，2018 年董事会评价分项指标均值排名前 10 的基金公司分别是：国海富兰克林基金管理有限公司、景顺长城基金管理有限公司、交银施罗德基金管理有限公司、中银基金管理有限公司、华安基金管理有限公司、中信保诚基金管理有限公司、民生加银基金管理有限公司、华泰柏瑞基金管理有限公司、国投瑞银基金管理有限公司和广发基金管理有限公司。在 129 家基金公司中，有 42 家公司的基金董事会评价指数高于总体平均值。

第四节　基金经理层评价排名比较

基金经理层评价主要考察如何激励和约束基金管理人的行为，该分项指标包括战术性资产配置能力、战略性资产配置能力、波动择时策略、是否有投资风格漂移和管理费用占总费用比率五个二级指标，本节主要对这一分项指标进行比较分析。

一、基金经理层评价总体比较

基于 4924 只证券投资基金的各项指标计算得出每只基金的基金经理层评价分项指标。以 10 分为间隔将基金经理层分项指数划分为 10 个得分区间，各得分区间分布情况如表 6.6 和图 6.4 所示。

表 6.6　2018 年证券投资基金基金经理层评价分项指数区间分布

得分区间	基金数目/只	占比	累计占比
[0,10)	36	0.73%	0.73%
[10,20)	196	3.98%	4.71%
[20,30)	440	8.94%	13.65%
[30,40)	1497	30.40%	44.05%
[40,50)	1145	23.25%	67.30%
[50,60)	994	20.19%	87.49%
[60,70)	422	8.57%	96.06%
[70,80)	110	2.23%	98.29%
[80,90)	79	1.60%	99.90%
[90,100)	5	0.10%	100.00%
总计	4924	100.00%	100.00%

注：本表数据经过四舍五入，存在运算不等的情况

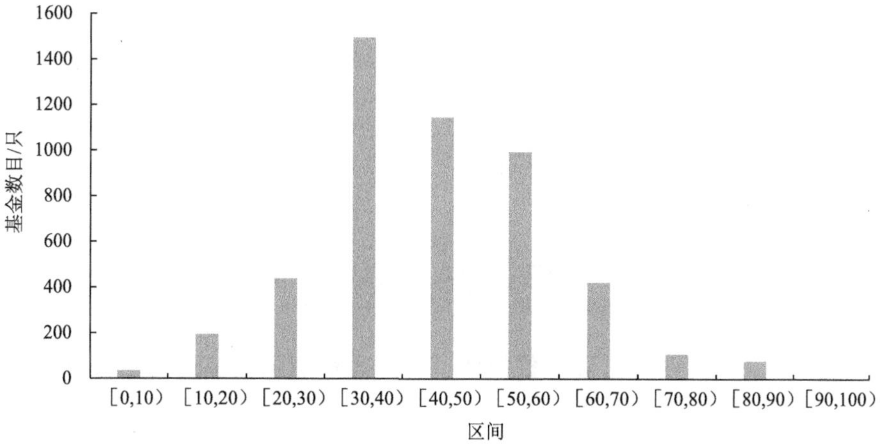

图 6.4　2018 年证券投资基金基金经理层评价分项指数的分布

从表 6.6 可以看出，2018 年基金经理层评价分项指数在 [0,100) 区间均有分布，60 分及以上的基金共 616 只，及格率达到 12.51%；基金经理层评价得分集中在 [30,50)，占比 53.66%。得分分布在 [30,40) 的基金最多，有 1497 只，占比 30.40%；其次是 [40,50) 区间，有 1145 只基金，占比 23.25%。图 6.4 则更加清晰地体现出了这种分布。

二、按投资风格分基金经理层评价指数比较

由于基金经理层评价与基金投资风格息息相关，因此，本章在表 6.7 中统计了 4924 只基金所属的 9 种基金投资风格在 2018 年的基金经理层评价指标平均得分情况，排名和比较分析结果如下。

表 6.7　2018 年不同投资风格基金基金经理层评价指数排名及比较

排名	投资风格	基金经理层评价平均得分
1	保本增值型	53.735
2	价值型	46.342
3	增值型	43.811
4	收益型	43.378
5	稳健成长型	43.089
6	平衡型	42.825
7	稳健增值型	42.595
8	积极成长型	40.156
9	成长型	39.385

从表 6.7 中可以发现，保本增值型基金经理层评价平均得分最高，而成长型基金经理层评价平均得分最低。此外，平衡型、稳健增值型、积极成长型、成长型的基金经理层评价得分均低于平均值。

第五节　基金持有人评价排名比较

基金持有人评价主要考察如何改善基金治理机制从而保障持有人利益，该分项指标包括基金持有人的效用水平、基金的资产负债率、基金投资组合和投资策略的匹配性、基金的下行贝塔、机构投资者持有基金份额占比和股票交易收益率六个二级指标，本节主要对这一分项指标进行比较分析。

一、基金持有人评价总体比较

基于 4924 只证券投资基金的各项指标计算得出每只基金的基金持有人评价分项指标。以 10 分为间隔将基金持有人分项指数划分为 10 个得分区间，各得分区间分布情况如表 6.8 和图 6.5 所示。

表 6.8 2018 年证券投资基金基金持有人评价分项指数区间分布

得分区间	基金数目/只	占比	累计占比
[0,10)	79	1.60%	1.60%
[10,20)	486	9.87%	11.47%
[20,30)	962	19.54%	31.01%
[30,40)	1218	24.74%	55.75%
[40,50)	1083	21.99%	77.74%
[50,60)	641	13.02%	90.76%
[60,70)	298	6.05%	96.81%
[70,80)	110	2.23%	99.05%
[80,90)	45	0.91%	99.96%
[90,100)	2	0.04%	100.00%
总计	4924	100.00%	100.00%

注：本表数据经过四舍五入，存在运算不等的情况

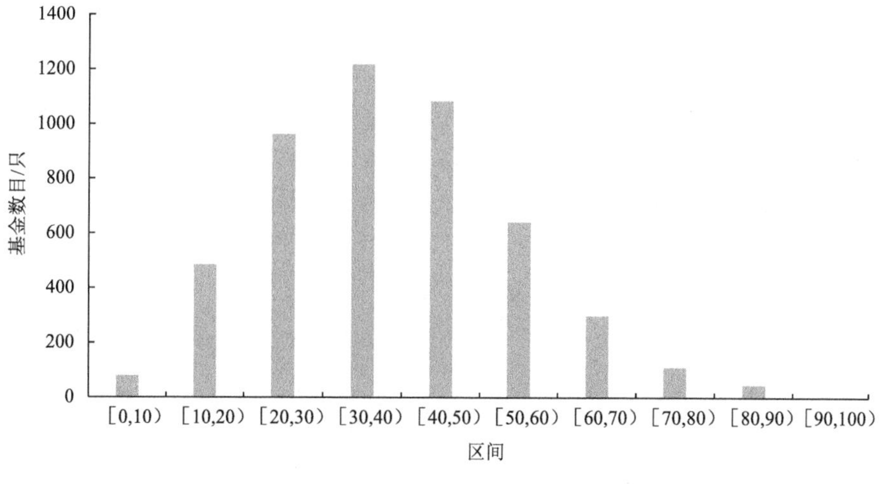

图 6.5 2018 年证券投资基金基金持有人评价分项指数的分布

从表 6.8 可以看出，2018 年基金持有人评价分项指数在 [0,100) 区间均有分布，60 分及以上的基金共 455 只，及格率达到 9.24%；基金持有人评价得分集中在 [30,50)，占比 46.73%。得分分布在 [30,40) 的基金最多，有 1218 只，占比 24.74%；其次是 [40,50) 区间，有 1083 只，占比 21.99%。图 6.5 则更加清晰地体现出了这种分布。

二、按投资风格分基金持有人评价指数比较

由于基金持有人评价与基金投资风格息息相关，因此，我们在表 6.9 中统计了 4924 只基金所属的 9 种基金投资风格在 2018 年的基金持有人评价指标平均得分情况，排名和比较分析结果如下。

表 6.9　2018 年不同投资风格基金基金持有人评价指数排名及比较

排名	投资风格	基金持有人评价平均得分
1	价值型	52.325
2	积极成长型	52.165
3	稳健成长型	44.139
4	稳健增值型	43.399
5	成长型	42.695
6	增值型	41.770
7	平衡型	36.881
8	收益型	35.817
9	保本增值型	29.086

从表 6.9 中可以发现，价值型基金持有人评价平均得分最高，而保本增值型基金持有人评价平均得分最低。此外，平衡型、收益型、保本增值型的基金持有人评价得分均低于平均值。其中，平衡型的基金经理层评价指数和基金持有人评价指数均低于平均值，而保本增值型基金的两种指数排名差异较大，分列第一名和最后一名。

第六节　信息披露评价排名比较

信息披露评价主要考察基金的信息披露次数和质量，以保障投资者权益。该分项指标包括信息披露次数、是否违反信息披露机制和信息披露质量三个二级指标。本节主要对这一分项指标进行比较分析。

一、信息披露评价排名分布

基于 4924 只证券投资基金的各项指标计算得出每只基金的信息披露评价分项指标。以 10 分为间隔将信息披露分项指数划分为 10 个得分区间，各得分区间分布情况如表 6.10 和图 6.6 所示。

表 6.10　2018 年证券投资基金信息披露评价分项指数区间分布

得分区间	基金数目/只	占比	累计占比
[0,10)	3516	71.41%	71.41%
[10,20)	0	0	71.41%
[20,30)	0	0	71.41%
[30,40)	12	0.24%	71.65%
[40,50)	551	11.19%	82.84%
[50,60)	686	13.93%	96.77%
[60,70)	0	0	96.77%
[70,80)	0	0	96.77%
[80,90)	2	0.04%	96.81%
[90,100]	157	3.19%	100.00%
总计	4924	100.00%	100.00%

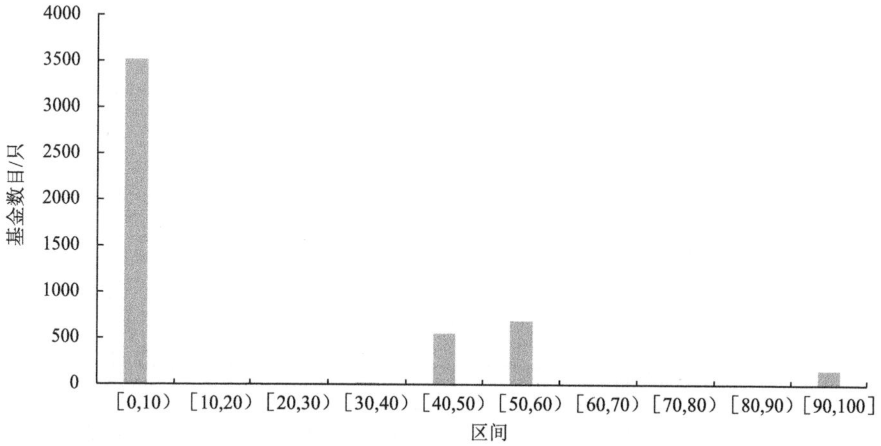

图 6.6　2018 年证券投资基金信息披露评价分项指数的分布

二、信息披露评价排名简析

从表 6.10 可以看出，2018 年信息披露评价分项指数在［0,10）区间有较大分布，60 分及以上的基金共 159 只，及格率达到 3.23%；基金持有人评价得分集中在［0,10），占比 71.41%；其次是［50,60）区间，有 686 只基金，占比为 13.93%。图 6.6 较为清晰地体现了这种分布。

第七节　外部监控评价排名比较

外部监控主要考察第三方机构对于基金治理水平的评价，该分项指标主要包括基金相关人员是否受查处、基金年度是否获奖和投资主体是否存在被处罚调查三个二级指标。本节主要对这一分项指标进行比较分析。

一、外部监控评价排名分布

基于 4924 只证券投资基金的各项指标计算得出每只基金的外部监控评价分项指标。以 10 分为间隔将外部监控分项指数划分为 10 个得分区间，各得分区间分布情况如表 6.11 和图 6.7 所示。

表 6.11　2018 年证券投资基金外部监控评价分项指数区间分布

得分区间	基金数目/只	占比	累计占比
[0,10)	72	1.46%	1.46%
[10,20)	0	0	1.46%
[20,30)	0	0	1.46%
[30,40)	530	10.76%	12.23%
[40,50)	436	8.85%	21.08%
[50,60)	8	0.16%	21.24%
[60,70)	15	0.30%	21.55%
[70,80)	0	0	21.55%
[80,90)	3802	77.21%	98.76%
[90,100]	61	1.24%	100.00%
总计	4924	100.00%	100.00%

注：本表数据经过四舍五入，存在运算不等的情况

二、外部监控评价排名简析

从表 6.11 可以看出，2018 年外部监控评价分项指数在 [80,90) 区间有较大分布，60 分及以上的基金共 3878 只，及格率达到 78.76%；基金持有人评价得分集中在 [80,90)，占比 77.21%；其次是 [30,40) 区间，有 530 只基金，占比 10.76%。图 6.7 较为清晰地体现了这种分布。

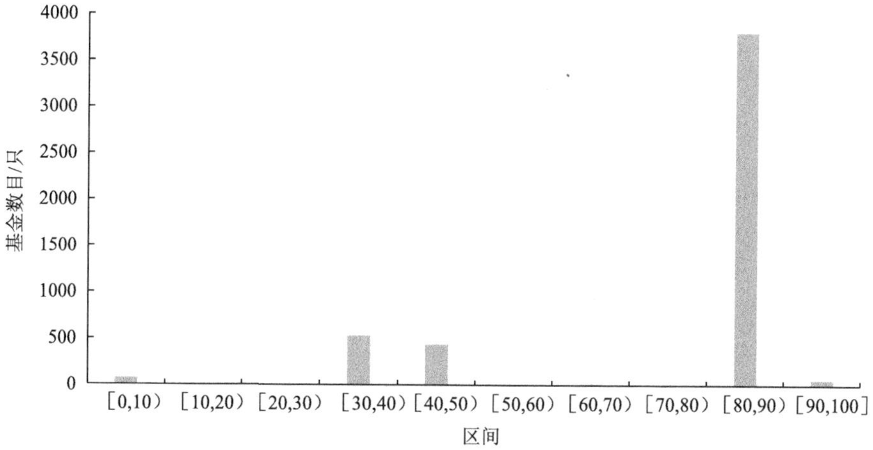

图 6.7　2018 年证券投资基金外部监控评价分项指数的分布

第八节　我国基金治理的长短板分析

本章对于基金治理的六个分项指标股东行为评价、董事会评价、基金经理层评价、基金持有人评价、信息披露评价和外部监控评价的得分值进行了比较分析，发现我国在外部监控评价方面具有较高的水平，但在基金经理层评价及基金持有人评价上仍然有所欠缺，股东行为评价和董事会评价得分值也在 60 分及格线以下。

具体而言，我国基金治理在外部监控方面有着较高的治理水平，外部监控治理指数均值达到 71.087 分，是唯一一个均值超过 60 分的分项指标，这说明我国第三方机构、监管部门等对于基金的监管措施比较严格，从而能够在一定程度上保障投资者的权益。但相反的是，我国基金治理在基金经理层评价和基金持有人评价上的水平并不高，分项指标得分集中在[30,40)，这一方面反映出我国基金经理在战术、战略择股能力上有所欠缺，其投资风格变化较为频繁，容易出现投资风格漂移现象；另一方面也说明我国基金治理结构仍然需要进一步完善，目前，我国基金持有人的效用水平仍然不高，基金治理水平不高导致投资者权益不能够被很好地保障。

第七章 我国契约型基金治理指数的变动趋势分析

第五章和第六章分别从基金治理总体指数排名和基金治理分项指数排名两个方面对基金治理水平进行了测度。本章将从基金治理指数的总体、区分不同基金公司、区分不同投资风格和区分不同基金类型等多个角度比较分析 2016～2018 年三个年度中国证券投资基金的治理水平，以便了解基金治理水平是否有所提高以及提高的速度，以期对基金治理的完善有所启示。

第一节 证券投资基金治理指数总体变动比较

2016 年，样本契约型开放式基金共 2618 只；2017 年，样本契约型开放式基金共 3728 只；2018 年，样本契约型开放式基金共 4924 只。本节比较 2016～2018 年样本证券投资基金的总体治理指数、基金基本信息指数、基金绩效评估指数、基金财务数据质量指数和基金分红及奖惩情况指数，并按照均值从大到小进行排序。

表 7.1 2016～2018 年中国证券投资基金治理指数均值比较

年份	基金数量	总体指数均值	分项指数均值			
			基金基本信息指数	基金绩效评估指数	基金财务数据质量指数	基金分红及奖惩情况指数
2016	2618	50.374	39.000	55.386	58.688	25.641
2017	3728	49.903	46.511	53.792	46.971	8.240
2018	4924	45.018	64.853	61.415	63.125	9.411

由表7.1可知，2017年证券投资基金的总体治理指数均值为49.903分，低于2016年的50.374分，2018年得分更是降低到37.642分；其中基金基本信息指数连续两年明显提高，基金绩效评估指数和基金财务数据质量指数先略微降低后明显提高，而基金分红及奖惩情况指数在2017年存在较大幅度的下降，在2018年虽然有所恢复，但仍处于极低的水平。

图7.1更加直观地描绘了三个年度的证券投资基金治理指数均值变化情况。可以看出，总体指数先是基本持平，后明显下降；基金基本信息指数连续上升，且2018年上升幅度较大；基金绩效评估指数、基金财务数据质量指数和基金分红及奖惩情况指数先降后升，其中基金分红及奖惩情况指数在2017年大幅下降，2018年的指标表现没有得到明显的提升。

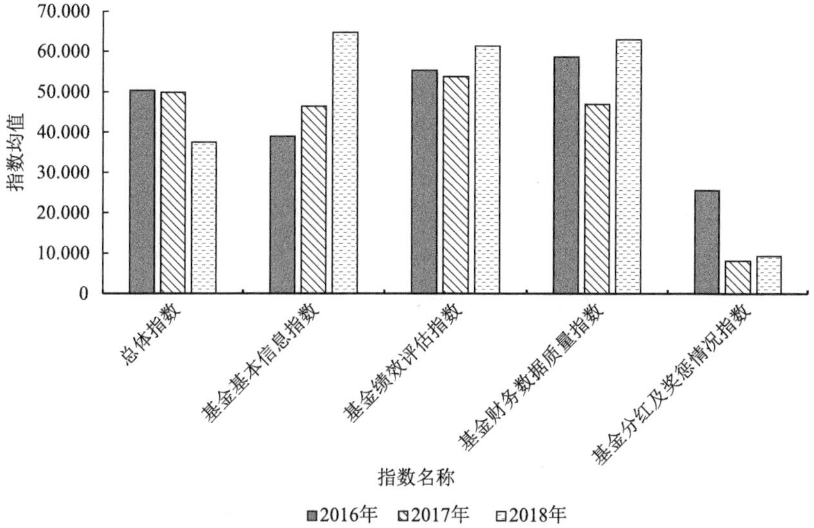

图7.1　2016～2018年中国证券投资基金治理总体指数及分项指数均值比较

为了研究导致基金治理分项指数变动的原因，表7.2比较了2016～2018年中国证券投资基金治理指数的具体指标。

表7.2　2016～2018年中国证券投资基金治理指数具体指标均值比较

一级指标	二级指标	2016年	2017年	2018年
基金基本信息	1. 基金规模/亿元	13.691	10.005	9.842
	2. 基金算术平均年化收益率	5.698%	5.524%	5.636%
	3. 基金管理费率	1.030%	0.967%	0.949%
	4. 基金交易费用/万元	622.1	343.5	355.7

续表

一级指标	二级指标	2016 年	2017 年	2018 年
基金基本信息	5. 是否召开持有人大会	0.040	0.046	0.050
	6. 机构投资者持有比例	48.139%	52.283%	51.829%
	7. 基金管理人持有比例	6.476%	8.805%	12.409%
	8. 团队稳定性	0.280	0.268	0.257
	9. 基金经理学历	0.528	0.527	0.525
	10. 基金经理成熟度	0.676	0.668	0.673
	11. 基金经理任职基金数	8.827	9.177	9.173
	12. 基金经理任职平均年限/年	4.829	4.578	4.405
基金绩效评估	13. 基金经理选股能力	−0.407	−6.398	3.159
	14. 基金经理择时能力	−0.417	3.380	−1.137
	15. 基金申赎净额	5 429.034	−20 063.619	2 443.486
	16. 基金平均收益率	−5.837%	8.343%	−8.807%
	17. 基金平均持仓时间	0.662	0.483	0.416
	18. 基金收益率标准差	0.326	0.314	0.603
	19. 夏普比率	0.282	0.346	0.099
	20. 基金下行风险	9.673	4.095	9.213
	21. 投资集中度	0.334	0.148	0.150
	22. 基金资产配置贡献有效性	0.310	0.300	0.201
基金财务数据质量	23. 基金业绩增长率	0.511	0.485	0.225
	24. 基金加权平均净值利润率	−0.065	0.064	−0.086
	25. 资产负债率	0.062	0.071	0.095
	26. 资产管理费收益比	−2.575	−2.792	14.582
基金分红及奖惩情况	27. 基金年度分红数量	0.036	0.016	0.012
	28. 基金年度分红频率	0.290	0.296	0.319
	29. 基金年度是否获奖	0.042	0.031	0.017
	30. 投资主体是否存在被处罚调查	−0.109	−0.171	−0.170
	31. 基金相关人是否受查处	−0.151	−0.123	−0.146

由表 7.2 可知，2016～2018 年，在基金基本信息分项指标的 12 个二级指标中，有 5 个指标连续下降，2 个指标连续上升，2 个指标先升后降，3 个指标先降后升，2018 年下降幅度最大的指标是“8. 团队稳定性”，上升幅度最大的是“7. 基金管理人持有比例”；在基金绩效评估分项指数的 10

个二级指标中，有 2 个指标连续下降，3 个指标先升后降，5 个指标先降后升，2018 年下降幅度最大的指标是“16. 基金平均收益率”；在基金财务数据质量分项指标的 4 个二级指标中，有 1 个指标连续下降，1 个指标连续上升，1 个指标先升后降，1 个指标先降后升，2018 年上升幅度最大的指标是“28. 资产管理费收益比”；在基金分红及奖惩情况分项指标的 5 个二级指标中，有 2 个指标连续下降，1 个指标连续上升，1 个指标先升后降，1 个指标先降后升，2018 年下降幅度最大的指标是“31. 基金年度是否获奖”。总体来看，二级指标下降的幅度比上升的幅度更大。

第二节　按基金公司分类的基金治理指数变动比较

为体现不同基金公司的平均基金治理水平，本章统计了各家基金公司的基金治理总体指数的均值，同时计算了基金基本信息指数、基金绩效评估指数、基金财务数据质量指数和基金分红及奖惩情况指数的均值，用以分别比较不同基金公司 2016～2018 年基金治理指数的差异，结果如表 7.3 所示。

表 7.3　2016～2018 年不同基金公司证券投资基金治理指数均值

基金公司	年份	管理基金数目	总体指数均值	分项指数均值				总指数排名
				基金基本信息指数	基金绩效评估指数	基金财务数据质量指数	基金分红及奖惩情况指数	
博时基金管理有限公司	2016	105	60.040	50.452	60.646	61.412	23.130	28
	2017	154	47.991	38.566	58.868	46.827	7.572	72
	2018	179	47.522	71.204	67.120	65.702	10.122	14
北信瑞丰基金管理有限公司	2016	10	63.580	49.326	56.501	65.408	22.024	20
	2017	13	46.542	53.092	54.116	44.973	1.810	82
	2018	17	37.830	70.050	57.715	63.064	8.785	54
宝盈基金管理有限公司	2016	20	44.224	36.866	43.118	45.174	46.111	83
	2017	21	54.748	68.600	37.640	50.934	2.208	31
	2018	24	23.742	62.127	48.433	58.062	8.940	104

续表

基金公司	年份	管理基金数目	总体指数均值	分项指数均值				总指数排名
				基金基本信息指数	基金绩效评估指数	基金财务数据质量指数	基金分红及奖惩情况指数	
鹏华基金管理有限公司	2016	91	48.579	29.747	60.864	63.573	20.007	65
	2017	109	45.966	39.775	56.902	44.665	12.470	87
	2018	130	36.957	59.449	64.537	64.317	8.842	59
平安基金管理有限公司	2016	16	46.556	47.323	53.283	49.098	23.325	78
	2017	26	50.440	49.252	57.346	47.416	4.359	56
	2018	58	45.409	71.526	64.263	65.869	8.574	18
浦银安盛基金管理有限公司	2016	28	61.137	41.259	58.379	58.966	34.011	25
	2017	39	53.675	46.500	56.690	46.903	5.526	36
	2018	53	45.061	70.149	66.296	65.486	7.668	20
摩根士丹利华鑫基金管理有限公司	2016	25	48.705	36.011	53.537	61.812	21.349	64
	2017	26	56.125	55.633	54.361	46.619	12.856	26
	2018	29	31.987	62.081	57.709	60.178	9.873	80
民生加银基金管理有限公司	2016	27	53.743	51.894	53.955	58.041	24.066	42
	2017	35	43.037	41.908	55.072	43.370	4.994	100
	2018	44	40.532	67.159	63.729	64.235	9.575	40
方正富邦基金管理有限公司	2016	2	31.213	32.356	47.097	43.062	28.854	105
	2017	6	44.679	43.231	58.357	36.303	9.271	93
	2018	6	53.141	78.273	67.671	65.869	8.922	6
富国基金管理有限公司	2016	60	47.823	23.915	52.152	55.955	42.209	72
	2017	76	44.403	41.556	51.292	47.236	3.743	94
	2018	105	31.553	54.100	60.642	61.248	9.918	84
富安达基金管理有限公司	2016	7	31.472	25.755	52.201	53.038	19.098	104
	2017	9	39.466	44.077	49.693	43.696	1.810	105
	2018	11	24.241	54.651	52.917	60.364	7.987	103
大成基金管理有限公司	2016	45	53.478	40.062	50.526	57.253	42.284	44
	2017	57	56.032	49.058	51.457	50.376	7.500	27
	2018	62	33.277	68.502	58.070	58.823	12.675	72
德邦基金管理有限公司	2016	10	64.050	54.188	61.812	65.333	20.972	17
	2017	16	58.563	50.488	57.560	43.878	9.070	15
	2018	20	38.403	69.554	60.733	63.233	8.705	50

续表

基金公司	年份	管理基金数目	总体指数均值	分项指数均值				总指数排名
				基金基本信息指数	基金绩效评估指数	基金财务数据质量指数	基金分红及奖惩情况指数	
东方基金管理股份有限公司	2016	26	50.471	54.412	52.816	54.480	20.693	58
	2017	38	49.395	44.883	55.559	43.318	14.174	65
	2018	46	40.817	72.510	58.408	63.315	6.791	37
东海基金管理有限责任公司	2016	3	47.777	43.299	60.398	50.236	22.024	73
	2017	3	49.498	52.995	61.931	44.729	1.810	63
	2018	4	35.783	65.139	62.499	63.229	7.642	63
东兴证券股份有限公司	2016	5	42.087	50.932	50.247	46.927	22.024	89
	2017	6	60.889	52.680	49.956	50.390	8.891	9
	2018	7	38.552	77.386	53.062	62.964	6.665	49
东吴基金管理有限公司	2016	20	35.328	24.464	51.331	54.963	24.546	99
	2017	23	44.892	44.209	47.211	45.637	10.636	91
	2018	29	24.608	56.336	54.127	60.461	8.912	102
太平基金管理有限公司	2016	1	48.370	43.588	63.588	56.364	22.024	67
	2017	1	45.493	76.828	53.146	40.672	1.810	89
	2018	3	36.574	70.677	58.324	62.841	8.906	62
泰达宏利基金管理有限公司	2016	34	47.226	42.594	53.624	54.008	22.652	74
	2017	48	55.297	52.000	53.967	49.303	3.966	28
	2018	56	38.870	73.240	58.873	60.283	8.868	46
泰康资产管理有限责任公司	2016	16	62.526	45.689	53.179	67.622	20.744	22
	2017	23	47.674	53.344	61.952	32.562	5.837	74
	2018	36	47.260	71.641	65.705	66.707	8.638	15
泰信基金管理有限公司	2016	17	45.398	40.682	53.359	50.627	21.982	80
	2017	20	48.845	46.242	52.604	48.366	8.080	66
	2018	21	29.804	64.436	56.279	60.537	7.743	91
天弘基金管理有限公司	2016	22	54.278	43.376	53.092	62.062	23.323	41
	2017	27	43.112	42.881	59.071	41.721	4.482	99
	2018	31	43.788	69.367	64.556	65.106	12.621	27
天治基金管理有限公司	2016	10	40.128	47.866	54.782	44.128	21.466	93
	2017	10	56.935	53.921	52.829	52.297	9.431	21
	2018	10	33.494	72.487	55.503	58.149	4.674	71

续表

基金公司	年份	管理基金数目	总体指数均值	分项指数均值				总指数排名
				基金基本信息指数	基金绩效评估指数	基金财务数据质量指数	基金分红及奖惩情况指数	
南方基金管理股份有限公司	2016	61	50.640	34.929	57.283	62.005	25.106	56
	2017	103	44.806	45.594	56.956	42.263	6.418	92
	2018	133	38.747	61.482	63.897	64.355	7.717	47
诺德基金管理有限公司	2016	7	35.805	34.885	46.295	53.577	34.837	96
	2017	10	60.345	56.932	47.452	49.926	16.558	10
	2018	17	32.235	65.812	53.928	62.131	9.941	79
诺安基金管理有限公司	2016	33	54.346	35.420	55.652	61.207	35.836	40
	2017	38	51.095	47.300	50.501	46.807	13.782	49
	2018	52	32.896	60.285	60.101	62.543	7.871	75
农银汇理基金管理有限公司	2016	28	35.347	30.120	49.704	55.558	19.740	98
	2017	44	51.755	48.169	49.153	49.401	10.593	43
	2018	51	28.174	55.855	53.738	61.186	7.188	95
国都证券股份有限公司	2016	1	66.498	41.599	58.161	65.868	26.178	12
	2017	3	62.657	64.580	41.477	51.803	4.951	5
	2018	5	22.260	64.776	42.640	58.420	7.642	105
国泰基金管理有限公司	2016	31	50.199	40.132	52.180	61.851	29.270	60
	2017	48	60.170	49.871	44.443	54.015	14.239	12
	2018	66	27.411	61.728	53.266	57.429	10.869	97
国投瑞银基金管理有限公司	2016	30	51.692	36.817	54.350	61.586	26.192	51
	2017	35	48.430	47.848	49.998	45.070	10.478	69
	2018	57	37.424	66.121	61.991	62.557	10.652	57
国联安基金管理有限公司	2016	21	51.609	43.870	56.261	57.830	20.690	52
	2017	31	62.138	47.905	54.585	53.046	30.224	7
	2018	34	37.724	70.923	59.367	59.960	7.757	55
国海富兰克林基金管理有限公司	2016	25	35.632	25.684	55.530	57.844	15.592	97
	2017	27	51.679	46.321	54.195	49.805	8.451	44
	2018	33	30.010	52.735	62.339	62.151	13.512	89
国金基金管理有限公司	2016	2	73.950	40.581	69.356	67.921	30.067	4
	2017	3	64.104	51.899	58.666	55.669	10.050	2
	2018	6	29.197	62.681	58.759	59.872	8.946	92

续表

基金公司	年份	管理基金数目	总体指数均值	分项指数均值				总指数排名
				基金基本信息指数	基金绩效评估指数	基金财务数据质量指数	基金分红及奖惩情况指数	
国寿安保基金管理有限公司	2016	13	60.119	43.644	61.715	63.232	22.024	27
	2017	37	45.681	42.406	60.873	44.019	4.143	88
	2018	46	47.786	73.400	64.446	66.673	8.586	13
光大保德信基金管理有限公司	2016	31	51.542	41.780	53.997	60.619	26.837	54
	2017	50	46.700	47.148	57.347	41.602	5.659	81
	2018	61	41.925	69.089	63.591	63.643	9.439	35
广发基金管理有限公司	2016	65	59.463	47.179	55.651	57.177	39.271	30
	2017	100	46.837	40.781	52.084	48.068	4.665	79
	2018	135	36.723	64.165	61.717	62.489	9.957	60
工银瑞信基金管理有限公司	2016	70	46.210	34.434	55.323	58.020	20.973	79
	2017	87	46.102	43.844	52.743	43.113	14.048	86
	2018	102	31.571	57.756	59.183	63.152	9.271	83
海富通基金管理有限公司	2016	26	51.695	44.842	56.462	55.520	21.324	50
	2017	32	53.079	46.314	53.292	47.415	15.106	40
	2018	39	37.994	67.792	60.515	61.978	9.797	52
华宝基金管理有限公司	2016	30	29.492	29.176	48.800	48.230	21.486	106
	2017	36	61.741	53.184	47.569	54.335	17.571	8
	2018	41	25.058	59.344	53.260	57.042	8.528	101
华富基金管理有限公司	2016	21	53.257	40.145	56.430	58.846	23.087	45
	2017	30	47.810	45.149	53.680	49.040	2.722	73
	2018	37	38.178	69.989	59.679	63.264	10.498	51
华泰柏瑞基金管理有限公司	2016	27	46.610	40.758	56.387	56.464	23.330	76
	2017	37	52.948	45.757	51.169	52.613	7.047	41
	2018	43	31.798	61.734	56.104	61.724	15.379	81
华夏基金管理有限公司	2016	57	43.193	26.230	54.749	60.228	22.273	86
	2017	86	51.532	44.151	49.764	51.818	7.508	46
	2018	119	32.371	56.781	61.433	61.203	9.259	78
华商基金管理有限公司	2016	42	43.359	41.968	50.628	54.867	18.005	85
	2017	46	50.754	50.906	45.305	46.101	17.547	53
	2018	50	26.473	63.215	51.699	59.846	6.209	99

续表

基金公司	年份	管理基金数目	总体指数均值	分项指数均值				总指数排名
				基金基本信息指数	基金绩效评估指数	基金财务数据质量指数	基金分红及奖惩情况指数	
华润元大基金管理有限公司	2016	6	56.889	60.321	56.117	56.690	22.510	35
	2017	7	53.182	50.691	54.298	51.208	14.589	39
	2018	9	41.055	72.216	63.230	62.258	7.642	36
国新证券股份有限公司	2016	2	58.535	50.176	49.743	66.670	22.024	32
	2017	2	56.573	62.469	53.399	51.047	1.810	23
	2018	2	29.057	67.531	50.108	61.472	7.642	93
华安基金管理有限公司	2016	49	42.183	30.355	54.427	57.068	25.890	88
	2017	68	50.554	45.988	54.873	50.781	7.087	55
	2018	90	32.649	56.398	61.420	62.446	11.427	77
汇丰晋信基金管理有限公司	2016	19	41.462	37.921	49.632	57.704	20.946	91
	2017	22	57.805	52.397	38.758	55.874	11.300	18
	2018	22	20.744	61.377	46.165	55.779	14.573	106
汇添富基金管理股份有限公司	2016	49	52.975	32.502	53.839	56.417	42.402	46
	2017	71	46.413	44.188	50.543	48.986	7.218	84
	2018	94	35.149	58.129	61.728	63.031	10.798	66
红塔红土基金管理有限公司	2016	5	69.948	51.910	64.870	64.519	23.020	6
	2017	9	46.978	58.528	62.940	28.932	5.565	77
	2018	13	40.612	68.174	57.121	66.725	8.166	38
红土创新基金管理有限公司	2016	1	32.793	55.991	39.667	43.044	22.024	102
	2017	1	58.711	65.851	41.495	52.624	1.810	14
	2018	3	37.363	65.190	57.368	64.609	7.642	58
泓德基金管理有限公司	2016	14	63.852	44.234	58.862	67.596	22.498	18
	2017	27	42.125	46.301	60.673	33.965	4.830	101
	2018	28	44.790	69.651	64.596	66.057	9.315	23
嘉合基金管理有限公司	2016	2	50.617	49.307	66.635	46.171	22.024	57
	2017	2	44.342	33.985	69.785	30.808	8.088	95
	2018	4	62.114	76.505	75.039	70.865	7.072	1
嘉实基金管理有限公司	2016	62	48.122	38.331	53.749	59.541	25.922	68
	2017	90	49.408	44.765	47.229	50.961	4.484	64
	2018	111	29.973	58.512	56.917	60.864	10.432	90

续表

基金公司	年份	管理基金数目	总体指数均值	分项指数均值				总指数排名
				基金基本信息指数	基金绩效评估指数	基金财务数据质量指数	基金分红及奖惩情况指数	
交银施罗德基金管理有限公司	2016	49	59.218	37.356	54.161	63.461	41.153	31
	2017	68	48.619	42.896	52.830	45.166	11.364	67
	2018	76	39.610	64.227	65.419	62.780	13.796	42
九泰基金管理有限公司	2016	5	62.052	43.398	53.771	62.265	34.514	23
	2017	9	59.406	53.000	47.533	49.367	10.863	13
	2018	14	34.128	68.391	52.978	62.346	5.984	69
建信基金管理有限责任公司	2016	53	46.826	40.098	54.114	57.674	23.759	75
	2017	73	46.827	44.299	54.538	45.053	10.609	80
	2018	93	33.235	62.988	60.052	62.205	8.828	73
金信基金管理有限公司	2016	3	49.051	77.037	45.596	56.407	22.024	63
	2017	9	39.822	46.931	51.621	46.109	1.810	104
	2018	11	39.344	73.691	55.051	62.476	12.314	43
金鹰基金管理有限公司	2016	22	49.142	41.763	50.787	56.931	25.143	62
	2017	39	46.325	47.418	54.490	43.653	4.167	85
	2018	50	42.983	71.649	61.949	63.889	8.872	31
金元顺安基金管理有限公司	2016	7	57.863	42.999	54.345	51.406	33.914	33
	2017	9	55.130	54.840	55.525	44.485	11.442	29
	2018	12	45.349	75.738	62.481	64.511	5.080	19
江信基金管理有限公司	2016	6	77.260	66.650	63.848	71.122	25.003	3
	2017	12	38.542	45.876	60.055	36.943	2.133	106
	2018	12	49.673	78.561	65.912	64.952	8.674	10
景顺长城基金管理有限公司	2016	53	52.337	40.377	57.301	59.167	24.290	48
	2017	64	48.171	41.898	49.892	51.067	11.888	71
	2018	73	37.847	66.449	61.392	60.685	9.719	53
前海开源基金管理有限公司	2016	47	51.229	42.720	51.919	62.179	22.838	55
	2017	74	47.219	47.881	49.699	48.043	3.237	75
	2018	103	34.506	65.237	58.665	62.853	8.651	68
西部利得基金管理有限公司	2016	14	64.118	59.882	59.261	65.605	19.098	16
	2017	30	51.400	48.590	61.257	48.460	3.292	47
	2018	35	50.249	75.560	68.202	66.543	9.191	9

续表

基金公司	年份	管理基金数目	总体指数均值	分项指数均值				总指数排名
				基金基本信息指数	基金绩效评估指数	基金财务数据质量指数	基金分红及奖惩情况指数	
新华基金管理股份有限公司	2016	33	48.379	40.961	53.709	57.056	26.415	66
	2017	43	51.375	50.406	51.106	50.787	5.720	48
	2018	44	30.576	63.216	56.699	61.378	13.156	86
新沃基金管理有限公司	2016	1	71.315	66.204	47.227	66.090	38.989	5
	2017	3	43.919	35.906	65.775	34.914	3.904	97
	2018	3	47.233	70.937	68.474	65.783	3.326	16
鑫元基金管理有限公司	2016	10	82.957	63.235	66.754	68.814	39.880	2
	2017	13	40.844	29.454	66.784	40.654	4.895	102
	2018	32	54.335	78.270	70.799	67.107	9.978	4
信达澳亚基金管理有限公司	2016	14	47.928	54.929	52.328	53.094	19.507	71
	2017	16	54.677	43.575	49.703	50.211	25.013	32
	2018	19	30.929	66.035	54.507	61.213	5.821	85
兴全基金管理有限公司	2016	11	39.674	25.642	44.116	61.180	34.609	94
	2017	16	57.404	52.429	42.595	54.680	8.900	20
	2018	18	28.178	50.477	59.610	52.713	20.183	94
兴业基金管理有限公司	2016	24	60.373	43.085	63.654	63.596	22.226	26
	2017	30	60.297	47.538	64.035	45.846	6.342	11
	2018	40	54.775	75.184	72.657	67.677	10.398	3
兴银基金管理有限责任公司	2016	7	65.848	54.552	61.504	64.555	20.284	14
	2017	10	50.929	47.710	62.188	42.541	3.282	51
	2018	12	49.238	75.318	66.045	65.828	7.581	11
浙江浙商证券资产管理有限公司	2016	5	51.605	53.608	51.431	48.237	22.024	53
	2017	5	40.365	52.363	49.541	37.430	1.810	103
	2018	14	42.245	62.304	65.796	66.518	7.642	33
浙商基金管理有限公司	2016	6	61.189	38.543	61.200	65.454	28.299	24
	2017	13	53.615	50.397	58.076	45.564	5.960	37
	2018	15	46.881	71.544	66.114	65.435	10.876	17
招商基金管理有限公司	2016	63	55.896	47.662	59.285	59.865	20.084	38
	2017	98	54.468	47.307	59.557	45.579	15.092	33
	2018	131	43.280	71.633	63.991	64.292	6.987	30

续表

基金公司	年份	管理基金数目	总体指数均值	分项指数均值				总指数排名
				基金基本信息指数	基金绩效评估指数	基金财务数据质量指数	基金分红及奖惩情况指数	
长江证券（上海）资产管理有限公司	2016	1	69.878	83.447	66.581	62.883	22.024	7
	2017	2	57.605	50.427	64.522	51.834	1.810	19
	2018	6	58.033	77.986	72.755	68.708	10.354	2
长信基金管理有限责任公司	2016	42	53.672	43.702	57.298	58.017	24.935	43
	2017	52	49.614	46.294	56.657	47.862	6.296	61
	2018	66	44.218	70.067	64.752	65.583	9.264	26
长城基金管理有限公司	2016	33	37.595	21.507	52.198	57.634	23.933	95
	2017	38	52.613	50.779	50.961	48.782	4.996	42
	2018	47	26.775	50.398	58.748	61.232	8.354	98
长盛基金管理有限公司	2016	42	40.196	33.944	53.805	54.021	23.698	92
	2017	60	46.430	45.901	53.703	48.229	4.584	83
	2018	64	33.786	64.972	57.711	61.741	7.387	70
长安基金管理有限公司	2016	5	54.738	33.971	62.750	65.243	22.024	39
	2017	10	54.118	54.909	50.522	51.064	2.818	35
	2018	23	31.675	50.961	57.721	65.081	6.948	82
中科沃土基金管理有限公司	2016	1	83.309	79.807	67.684	72.388	22.024	1
	2017	2	62.387	51.163	70.851	50.691	4.951	6
	2018	7	37.565	70.235	59.917	62.749	6.990	56
中海基金管理有限公司	2016	28	41.990	37.869	53.280	53.521	23.169	90
	2017	31	50.892	48.824	49.616	50.267	4.713	52
	2018	34	30.366	64.733	55.521	59.902	10.836	87
中加基金管理有限公司	2016	10	66.498	45.365	64.867	65.610	22.729	11
	2017	21	46.979	42.670	66.947	34.239	4.415	76
	2018	38	52.850	71.158	73.386	68.163	11.109	7
中金基金管理有限公司	2016	3	49.810	43.876	60.489	55.516	22.024	61
	2017	8	58.413	58.332	57.008	50.335	1.810	17
	2018	14	42.392	71.252	61.978	64.821	5.889	32
中信保诚基金管理有限公司	2016	37	44.808	35.751	59.637	58.619	18.289	82
	2017	63	45.420	39.720	58.599	44.508	10.592	90
	2018	74	42.058	63.784	66.490	65.776	7.559	34

续表

基金公司	年份	管理基金数目	总体指数均值	分项指数均值				总指数排名
				基金基本信息指数	基金绩效评估指数	基金财务数据质量指数	基金分红及奖惩情况指数	
中信建投基金管理有限公司	2016	3	46.586	45.297	53.006	56.082	22.024	77
	2017	8	63.490	57.569	57.020	48.599	5.682	3
	2018	12	44.794	75.759	61.898	64.697	9.870	22
中融基金管理有限公司	2016	11	43.778	44.707	54.080	57.492	22.024	84
	2017	32	53.316	56.200	57.888	43.075	6.130	38
	2018	51	43.703	72.941	61.714	64.908	6.342	28
中欧基金管理有限公司	2016	41	47.964	29.712	55.702	63.510	24.960	70
	2017	53	48.503	48.466	53.457	43.623	6.881	68
	2018	82	32.865	55.040	61.552	63.707	10.060	76
中邮创业基金管理股份有限公司	2016	25	34.668	27.086	50.166	51.816	23.381	100
	2017	35	44.316	48.471	48.594	43.320	5.648	96
	2018	38	35.291	59.136	61.178	64.088	8.744	64
中银国际证券股份有限公司	2016	1	57.572	76.062	53.090	61.469	22.024	34
	2017	7	58.482	64.920	59.906	41.312	13.551	16
	2018	18	50.275	75.454	68.787	66.971	8.010	8
中银基金管理有限公司	2016	77	52.244	42.148	55.400	58.179	23.047	49
	2017	101	49.702	43.086	54.805	49.194	5.376	60
	2018	117	40.524	67.809	62.087	64.157	9.981	41
创金合信基金管理有限公司	2016	12	63.203	51.757	60.324	65.990	19.615	21
	2017	24	51.065	52.841	54.900	45.740	9.124	50
	2018	47	39.244	68.219	59.836	64.508	8.622	44
申万菱信基金管理有限公司	2016	12	56.114	43.980	51.834	50.616	43.058	37
	2017	19	56.374	54.637	43.252	54.740	11.810	25
	2018	23	30.352	67.133	51.907	58.862	9.265	88
摩根基金管理（中国）有限公司	2016	47	32.036	22.408	50.708	50.775	25.060	103
	2017	53	49.867	46.236	44.953	51.393	6.067	59
	2018	65	25.524	53.663	55.266	59.759	9.375	100
上海东方证券资产管理有限公司	2016	29	63.826	46.304	60.356	65.821	22.050	19
	2017	33	43.513	39.452	56.033	38.551	11.068	98
	2018	39	40.570	61.680	65.204	65.411	8.559	39

续表

基金公司	年份	管理基金数目	总体指数均值	分项指数均值				总指数排名
				基金基本信息指数	基金绩效评估指数	基金财务数据质量指数	基金分红及奖惩情况指数	
上银基金管理有限公司	2016	2	64.444	54.502	60.548	69.374	22.024	15
	2017	3	66.016	54.649	47.654	53.103	16.485	1
	2018	5	44.986	70.224	65.772	64.418	12.344	21
融通基金管理有限公司	2016	39	47.993	39.818	55.567	56.560	21.878	69
	2017	53	49.903	43.749	55.048	47.939	7.676	58
	2018	61	43.595	68.554	64.256	65.076	11.322	29
财通基金管理有限公司	2016	7	50.457	52.177	53.499	50.042	23.920	59
	2017	9	51.576	49.863	53.084	45.490	18.212	45
	2018	16	38.677	68.280	60.403	63.377	9.026	48
财通证券资产管理有限公司	2016	3	56.841	86.082	49.925	61.826	22.024	36
	2017	5	50.351	67.128	64.866	33.643	2.833	57
	2018	15	53.194	72.576	69.745	69.259	8.282	5
安信基金管理有限责任公司	2016	30	68.938	45.289	60.908	68.160	22.581	8
	2017	36	54.375	50.289	55.437	45.157	9.949	34
	2018	48	44.567	70.127	65.020	65.767	8.169	24
易方达基金管理有限公司	2016	74	52.603	35.158	57.554	59.793	23.030	47
	2017	98	48.381	44.579	53.863	47.353	10.306	70
	2018	122	35.225	60.261	62.045	62.782	10.358	65
益民基金管理有限公司	2016	5	33.370	48.582	40.855	41.011	21.144	101
	2017	7	55.104	65.096	54.422	39.571	5.341	30
	2018	8	34.684	68.239	55.728	61.813	7.642	67
银河基金管理有限公司	2016	42	43.067	31.219	56.236	55.249	25.749	87
	2017	59	46.928	39.036	55.012	50.241	4.802	78
	2018	76	33.128	59.122	61.962	61.836	9.820	74
银华基金管理股份有限公司	2016	41	44.869	32.820	54.054	57.777	26.396	81
	2017	56	49.537	49.907	53.050	48.181	6.108	62
	2018	85	28.120	58.557	54.798	60.220	11.639	96
英大基金管理有限公司	2016	7	68.644	48.657	59.723	65.312	26.217	10
	2017	11	63.049	52.454	55.409	52.449	6.687	4
	2018	11	39.056	72.525	59.707	62.757	12.591	45

续表

基金公司	年份	管理基金数目	总体指数均值	分项指数均值				总指数排名
				基金基本信息指数	基金绩效评估指数	基金财务数据质量指数	基金分红及奖惩情况指数	
万家基金管理有限公司	2016	27	68.761	49.029	62.629	66.573	27.001	9
	2017	49	50.566	49.428	59.871	43.308	7.076	54
	2018	69	44.296	71.109	65.632	64.817	9.475	25
圆信永丰基金管理有限公司	2016	13	59.678	45.849	58.008	64.266	22.471	29
	2017	17	56.411	51.531	52.986	48.055	15.624	24
	2018	23	36.585	66.646	59.139	63.146	9.136	61
永赢基金管理有限公司	2016	5	66.362	43.984	64.139	66.945	40.150	13
	2017	18	56.628	52.116	55.045	50.331	2.559	22
	2018	49	49.233	68.731	69.866	66.800	8.698	12

由表 7.3 可见，第一，从基金治理总体指数均值来看，仅有方正富邦基金管理有限公司 1 家基金公司连续三年基金治理总体指数持续上升，有 47 家基金公司的基金治理总体指数连续三年下降；第二，从基金基本信息指数均值来看，有 75 家基金公司的基金基本信息指数连续三年上升；第三，从基金绩效评估指数均值来看，红塔红土基金管理有限公司的基金绩效评估指数连续三年下降，其余有 32 家基金公司的基金绩效评估指数连续三年上升；第四，从基金财务数据质量指数均值来看，汇丰晋信基金管理有限公司和兴全基金管理有限公司的基金财务数据质量指数连续三年下降，宝盈基金管理有限公司、东兴证券股份有限公司、天治基金管理有限公司、华宝基金管理有限公司、红土创新基金管理有限公司、申万菱信基金管理有限公司和摩根基金管理（中国）有限公司的基金财务数据质量指数连续三年上升；第五，从基金分红及奖惩情况指数均值来看，有 35 家基金公司的基金分红及奖惩情况指数连续三年下降，69 家基金公司的基金分红及奖惩情况指数先降后升，2018 年最大下降幅度达到 76.73%。

第三节　按投资风格分类的基金治理指数变动比较

投资风格不同可能会导致基金治理水平的差异，用基金基本信息分项指数、基金绩效评估分项指数、基金财务数据质量分项指数和基金分红及奖惩情况分项指数的平均值表示各投资风格基金治理情况，分别比较不同投资风格基金在2016～2018年基金治理的差异，结果如表7.4所示。

表7.4　2016～2018年分投资风格基金治理指数均值比较

投资风格	年份	总体指数均值	分项指数均值				总体指数排名
			基金基本信息指数	基金绩效评估指数	基金财务数据质量指数	基金分红及奖惩情况指数	
增值型	2016	45.300	37.771	52.583	55.725	25.074	5
	2017	51.476	49.293	47.399	50.088	8.147	5
	2018	28.950	61.085	54.700	60.554	9.305	6
稳健增值型	2016	51.860	41.196	52.872	61.717	26.108	2
	2017	49.766	46.888	48.203	47.483	7.151	6
	2018	30.664	63.926	55.528	60.238	9.869	4
稳健成长型	2016	47.911	37.333	52.954	56.513	28.425	4
	2017	52.608	47.514	49.507	49.158	12.868	4
	2018	29.668	59.881	57.773	58.702	13.113	5
收益型	2016	59.218	42.688	61.017	62.862	24.669	1
	2017	47.227	42.549	62.694	41.817	6.412	8
	2018	50.729	70.904	71.545	67.014	9.889	1
平衡型	2016	51.067	39.680	57.348	60.793	23.205	3
	2017	48.531	46.892	53.798	47.541	6.848	7
	2018	34.315	64.063	57.789	63.681	7.421	3
价值型	2016	33.268	27.517	43.868	50.256	31.029	7
	2017	63.832	58.219	35.211	62.830	13.993	1
	2018	12.386	46.010	46.359	44.101	13.446	9
积极成长型	2016	28.624	28.361	44.184	49.723	25.042	8
	2017	60.593	56.549	36.541	59.815	16.040	2
	2018	14.070	48.968	45.899	48.400	11.835	8
成长型	2016	44.413	36.188	49.842	57.757	26.016	6
	2017	53.061	51.595	41.750	52.408	9.495	3
	2018	23.503	58.510	49.523	58.891	8.342	7
保本增值型	2017	44.468	47.399	72.529	33.390	1.810	9
	2018	43.296	69.472	63.412	66.956	7.958	2

注：由于保本增值型基金2016年数据缺失，因此该类风格的基金只计算了2017年和2018年的治理指数

从表 7.4 可以得出以下结论。

第一，从基金治理总体指数均值来看，2016～2018 年三个年度中，保本增值型基金保持平稳；成长型基金、积极成长型基金、价值型基金、稳健成长型基金和增值型基金都是先升后降的趋势；平衡型基金、稳健增值型基金保持下降的趋势；收益型基金呈现出先降后升的趋势。2016～2018 年三年总体指数均值最高的基金分别是收益型基金、价值型基金和收益型基金。

第二，从基金基本信息指数均值来看，2016～2018 年三个年度中，保本增值型基金、成长型基金、平衡型基金、稳健成长型基金、稳健增值型基金、增值型基金保持上升趋势；积极成长型基金、价值型基金呈现出先升后降的趋势。2016～2018 年三年基金基本信息指数均值最高的基金分别是收益型基金、价值型基金和收益型基金。

第三，从基金绩效评估指数均值来看，2016～2018 年三个年度中，收益型基金保持上升趋势；成长型基金、积极成长型基金、价值型基金、平衡型基金、稳健成长型基金、稳健增值型基金、增值型基金呈现出先降后升的趋势；保本增值型基金呈现出持续下降的趋势。2016 年和 2018 年基金绩效评估指数均值最高的基金是收益型基金，2017 年则是保本增值型基金。

第四，从基金财务数据质量指数均值来看，2016～2018 年三个年度中，保本增值型基金保持上升趋势；积极成长型基金、价值型基金呈现出先升后降的趋势；成长型基金、平衡型基金、收益型基金、稳健成长型基金、稳健增值型基金、增值型基金呈现出先降后升的趋势。2016～2018 年三年基金财务数据质量指数均值最高的基金分别是收益型基金、价值型基金和收益型基金。

第五，从基金分红及奖惩情况指数均值来看，2016～2018 年三个年度中，保本增值型基金保持上升趋势；平衡型基金、收益型基金、稳健成长型基金、稳健增值型基金、增值型基金呈现出先降后升的趋势；成长型基金、积极成长型基金、价值型基金呈现出持续下降的趋势。2016～2018 年三年基金分红及奖惩情况指数均值最高的基金分别是价值型基金、积极成长型基金和价值型基金。

图 7.2 显示了在三个年度中不同投资风格基金治理总体指数均值变化情况。从排名中看到收益型基金曾经在 2016 年和 2018 年分别排名第一，反映了该投资风格基金治理水平较高且相对稳定；价值型基金在 2017 年排名第一，但是在 2018 年排名最后，反映了该投资风格基金治理水平很不稳定。

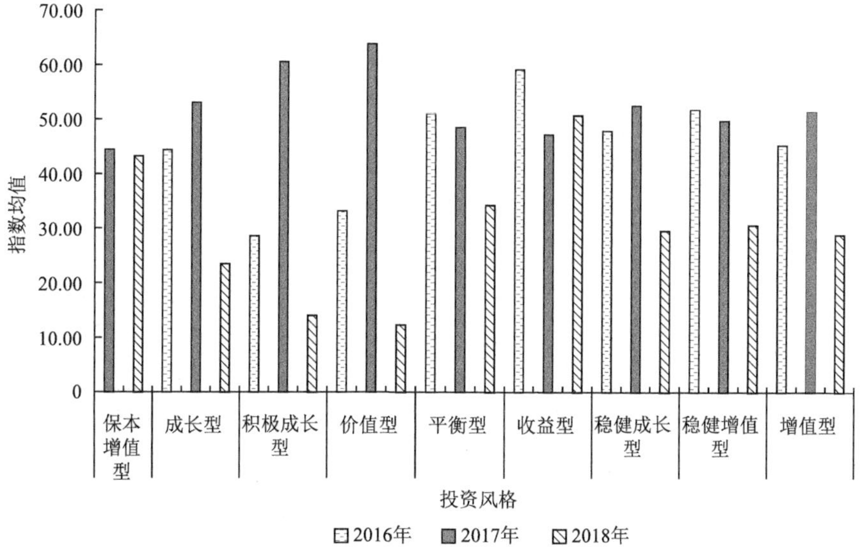

图 7.2　2016～2018 年不同投资风格基金治理总体指数均值变化

第四节　按基金类别分类的基金治理指数的变动比较

用基金治理总体指数以及基金基本信息指数、基金绩效评估指数、基金财务数据质量指数、基金分红及奖惩情况指数的平均值测评不同类型基金的治理水平，分别比较 2016～2018 年不同类型基金治理水平的差异，结果如表 7.5 所示。

表 7.5　2016～2018 年不同类别基金治理指数均值比较

基金类别	年份	总体指数均值	分项指数均值				总体指数排名
			基金基本信息指数	基金绩效评估指数	基金财务数据质量指数	基金分红及奖惩情况指数	
股票型基金	2016	32.624	31.954	44.768	51.037	24.053	3
	2017	53.817	54.055	36.088	53.638	8.563	1
	2018	17.801	55.946	44.324	57.255	8.601	3
混合型基金	2016	43.380	36.564	51.397	55.743	25.524	2
	2017	52.201	49.488	48.292	50.708	9.395	2
	2018	29.645	61.332	55.131	60.721	8.657	2
债券型基金	2016	66.848	45.044	65.187	65.798	26.159	1
	2017	45.494	40.377	67.123	39.486	6.065	3
	2018	54.548	72.341	75.082	68.183	10.736	1

从表 7.5 可以得出以下结论。

第一，从基金治理总体指数均值看，除了债券型基金外，股票型基金和混合型基金都是先升后降，2017 年相比 2016 年分别上升 21.193 分和 8.821 分；2018 年相比 2017 年分别下降 36.016 分和 22.556 分。三个年度的第一名有两年均为债券型基金，混合型基金在三年中都排名第二，股票型基金在 2017 年总体指数略高于混合型基金，排名第一。

第二，从基金基本信息指数均值看，在三个年度中除债券型基金外，股票型基金和混合型基金都是持续上升的，两者中上升幅度最大的为混合型基金，共计提升 24.768 分。债券型基金在 2017 年小幅下降后，在 2018 年迎来了较大的增长，涨幅为 31.964 分。这说明我国基金的基本信息在不断完善，市场在逐渐规范。

第三，从基金绩效评估指数均值看，股票型基金和混合型基金都在三个年度中先降后升，2017 年相比 2016 年下降幅度分别为 8.680 分、3.105 分，在 2018 年回升。仅债券型基金保持稳定增长，三年涨幅为 9.895 分，综合整体指数的排名来看，说明绩效评估指数的提升对其基金治理水平有一定的推动作用。

第四，从基金财务数据质量指数均值看，股票型基金是唯一保持增长的基金类型，三年中涨幅累计 6.218 分。混合型基金和债券型基金都是先降后升，降幅最大的债券型基金，2017 年相比 2016 年下降幅度达 26.312 分。

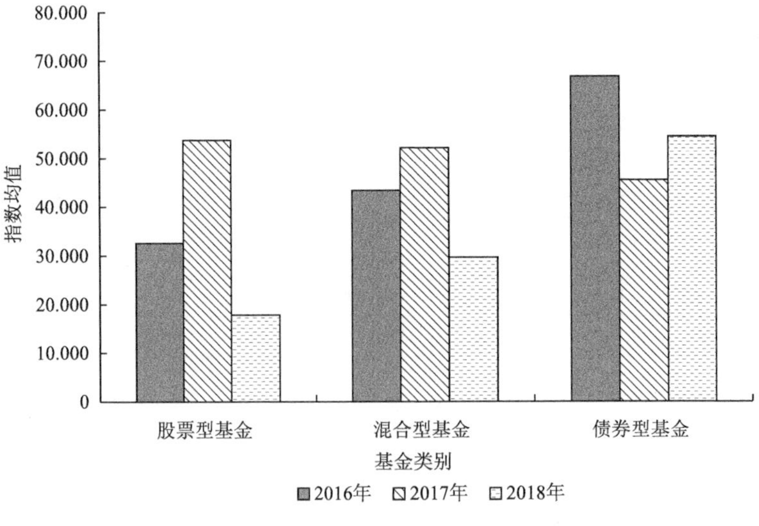

图 7.3　2016～2018 年不同类别基金治理总体指数均值的变化

第五，从基金分红及奖惩情况指数均值看，2017 年相比 2016 年所有类型基金均为大幅下降，2018 年相比 2017 年，股票型基金与债券型基金有小幅上升，混合型基金继续下降，三年累计下降幅度为 16.867 分。

图 7.3 显示了三个类型的基金治理总体指数均值的变化。从基金治理总体指数排名看，2016 年和 2018 年都是债券型基金排名第一，2017 年股票型基金排名第一，三个年度排名第二的都是混合型基金。

第五节　本章小结

本章从总体、基金公司、基金投资风格和基金类型的角度出发，分别比较了 2016～2018 年中国证券投资基金治理水平，研究结论如下。

第一，从总体来看，基金治理总体指数先是基本持平，后明显下降；基金基本信息指数连续上升，且 2018 年上升幅度较大；基金绩效评估指数、基金财务数据质量指数和基金分红及奖惩情况指数先降后升，其中基金分红及奖惩情况指数先在 2017 年大幅下降，在 2018 年没有得到明显的提升。

第二，从基金公司来看，在 2016～2018 年，仅有 1 家基金公司的基金治理总体指数连续三年持续上升，而基金公司总体的治理水平均值处于下降状态。分项指数方面，有 75 家基金公司的基金基本信息指数连续三年上升；1 家基金公司的基金绩效评估指数连续三年下降，另有 32 家管理公司的基金绩效评估指数连续三年上升；2 家公司的基金财务数据质量指数连续三年下降，7 家公司连续三年上升；35 家基金公司的基金分红及奖惩情况指数连续三年下降，69 家基金公司的基金分红及奖惩情况指数先降后升，2018 年最大下降幅度达到 76.73%。

第三，从投资风格来看，在 2016～2018 年三个年度中，保本增值型基金保持平稳，成长型基金、积极成长型基金、价值型基金、稳健成长型基金和增值型基金的基金治理总体指数都是先升后降，平衡型基金、稳健增值型基金保持下降的趋势，收益型基金在 2016 年和 2018 年分别排名第一，呈现出先降后升的趋势；保本增值型基金、成长型基金、平衡型基金、稳健成长型基金、稳健增值型基金、增值型基金的基金基本信息指数连续上升，收益型基金先降后升，其余类型呈现出先升后降的趋势；在三个年度中，收益型基金的基金绩效评估指数保持上升趋势，保本增值型基金持续下降，其他类型基金呈现出先降后升的趋势；从基金财务数据质量指数来看，保本增值型基金保持上升趋势，积极成长型基金、价值型基金呈现出先升后降的趋势，其他类型基金呈现出先降后升的趋势；从基金分红及奖惩情况指数来看，保本增值型基金在三个年度中保持上升趋势，平衡型基金、收益型基金、稳健成长型基金、稳健增值型基金和增值型基金呈现出先降后升的趋势，成长型基金、积极成长型基金和价值型基金呈现出持续下降的趋势。

第四，从基金类型看，三年内，债券型基金的基金治理总体指数先降后升，股票型基金和混合型基金都是先升后降，2018 年相比 2017 年下降幅度最大的为股票型基金，降低了 36.016 分；从基金基本信息指数来看，除债券型基金外，股票型基金和混合型基金在三个年度中都是持续上升的，两者中上升幅度最大的为混合型基金，共计提升 24.768 分；从基金绩效评估指数来看，股票型基金和混合型基金都在三个年度中先降后升，仅债券型基金保持稳定增长，三年上涨 9.895 分；从基金财务数据质量指数来看，股票型基金是唯一保持增长的基金类型，三年中累计提升 6.218 分，混合型基金和债券型基金都是先降后升，降幅最大的为债券型基金；从基金分红及奖惩情况指数来看，所有类型基金 2017 年相比 2016 年均大幅下降，2018 年相比 2017 年，股票型基金与债券型基金有小幅上升，混合型基金则继续下降。

第八章　共同激励下的契约型基金治理

之前的各章我们主要研究、构建并考察了我国契约型基金治理指数，本章我们将对影响基金管理人行为选择的激励因素，也是影响基金治理的更为深层的契约设计因素进行研究。这不仅可以帮助我们认识我国基金治理中存在缺陷的原因，更有助于我们提出有针对性的改进基金治理的对策建议。

第一节　引　　言

至今为止，在我国基金管理行业存在的一个难点和焦点问题是，基金经理或者基金管理人在投资管理中所表现出的投机炒作等短视性行为，这也就是现实中财经媒体大量报道的“基金行为的散户化”现象，如我国的普通股票型基金 2019 年的平均换手率达到了 463.68%[①]。

在大力发展机构投资者的政策取向下，证券投资基金被赋予了长期投资、价值投资、稳定市场等示范作用或使命，那么现实中基金管理人为何会出现投资行为的短视化现象呢？已有文献主要从两条主线对这一问题进行了研究[②]。一条主线是关注于基金运作中的显性激励，即直接展现在基金契约中的基金管理费及基金公司的薪酬激励等制度安排的激励（Elton et al.，2003；于宏凯，2003；武凯，2005；肖欣荣和田存志，2016）；另一条主线则关注基金的隐性激励，即没有体现在显性的基金契约或有关制度中，

① 根据东方财富 Choice 数据整理得到。

② 此外还有大量文献对基金经理的非理性行为进行了分析（李学峰等，2008a；刘奕飞，2010；李学峰等，2013；莫拉莱斯和阿查亚，2015），但一方面这不是本书关注的主题，另一方面如果把基金经理的短视化行为仅仅归结为非理性的原因，无疑是对问题的简单化：现实中的人都不是完全理性的而仅具有有限理性，这意味着此问题无解？或者，这个基金经理非理性那我们就更换另一个？

而是由持有人行为给基金管理者造成的市场压力（Chevalier and Ellison，1997；李学峰等，2011；彭文平和杨蓝蓝，2013；Popescu and Xu，2018；许林等，2019）。

上述两条主线的研究成果对基金经理短视化行为分别给出了原因解释并提出了大量的政策建议，但基金经理短视性问题依旧存在而且似乎并没有缓解的迹象，原因何在呢？我们注意到，在真实世界中显性激励与隐性激励是并存的，管理费计提方式给基金管理人带来了显性的激励，而开放式基金中历史业绩和持有人的行为选择也会对管理人构成隐性激励。这就对基金运作产生了一个显性与隐性并存的“共同激励”问题。但遗憾的是，至今为止却没有文献关注显性激励与隐性激励同时存在时基金的激励问题，也就无法对基金经理短视化行为给出令人信服的解释，从而也就不能有针对性地提出解决共同激励问题的对策和启示——这可能就是导致基金经理短视化问题一直是一个财经热点问题的原因所在。

在显性激励与隐性激励共同作用下所形成的激励机制（简称共同激励机制）会使得基金管理人表现出什么行为方式？该行为方式对持有人利益有何影响？这些既是已有研究所没有关注的，也是在证券投资基金的实践中值得探讨的问题，对这些问题的研究不仅可以填补已有研究的空白，推进基金治理研究的深化，而且可以揭示出我国证券投资基金的契约设计中存在的问题，并进一步给证券投资基金的治理带来启示。本章将在回顾已有的关于基金治理以及基金绩效的文献的基础上，综合显性激励和隐性激励分析我国证券投资基金的共同激励机制、基金管理人在共同激励之下产生的短视性以及短视行为对基金投资绩效的影响，以期对我国的证券投资基金业的运行现状进行探究并探索对证券投资基金发展的启示。

本章的主要边际贡献包括以下几点。

第一，在已有成果的基础上对基金激励模型进行拓展和改进，推导出了开放式基金的共同激励模型，为后续关于基金治理以及基金改革提供了更完善的理论依据。

第二，本章从共同激励机制出发，揭示出造成短视性的原因在于激励扭曲以及持有人的有限理性，也为基金业的改革提供了针对性的启示。

第三，本章进一步从长期和短期不同的角度实证考察了短视性对持有人利益的影响，从而最终完成了共同激励—短视性—投资绩效这样一个完整的理论链条，由此为现实中基金的监管、基金公司的管理以及基金持有人利益的保护等提供了有完整理论依据的政策启示。

第二节　已有文献的回顾与简评

一、对已有文献的回顾

在现实市场中，基金在宣传推广时常以较高的近一年收益率甚至近 6 月、近 3 月等短期收益率来吸引投资者。然而，市场上一些短期业绩亮眼的基金长期业绩往往出现下滑，换言之，即光鲜的短期业绩并不具有持续性[①]。国内外的学者对基金投资业绩的持续性及其影响因素进行了一系列探索（李学峰和张舰，2008；Huang and Kale，2013；Champagne et al.，2018；庞瑞芝和刘东阁，2022）。随着研究的推进，学者关注到了影响基金绩效的更为根本性的因素——包括显性激励和隐性激励的激励机制。

显性激励方面，Elton 等（2003）的研究发现有激励费机制的基金表现出更好的选股能力，Li 和 Tiwari（2006）认为激励费可以激励管理人付出更大的努力。而 Kouwenberg 和 Ziemba（2007）则提出更高水平的激励费可能会促使基金管理者选择承担更大风险。Del Guercio 等（2018）的研究表明基金经理同时管理着对冲基金时，其所管理的共同基金的业绩表现会不如同类基金。国内的很多文献则发现了我国基金在显性激励方面存在的问题，如于宏凯（2003）指出我国开放式和封闭式基金采用的都是计件契约的安排，这种契约安排没有充分考虑风险因素；武凯（2005）认为中国基金行业中高费率的固定管理费收入模式是一种低效率的制度安排，无法形成有效的激励约束；肖欣荣和田存志（2016）提出在现有的激励机制下，市场上大部分的公募基金将演进为以指数基金为主的被动式投资公司。

隐性激励方面，基金经理面临的隐性激励主要来自两个方面：基金经理的职业忧虑和资金流压力。这两个隐性激励因素均会在很大程度上影响基金经理的投资决策。首先，职业忧虑会引发基金经理和持有人间目标的偏离。学者认为，基于历史绩效表现形成的职业声誉是影响基金经理能否继续任职的一个重要因素（Chevalier and Ellison，1997）；声誉低的基金经理面临着较大的职业忧虑，他们会通过提高投资组合的风险承担水平，谋取短期超额收益，以便大幅提升职业声誉（Malliaris and Yan，2010）。资金流压力是基金经理面临的另一个主要的隐性激励来源，为了吸引更多的资金流入，基金经理会采取某些损害基金持有人利益的投资策略，导致基

① 根据东方财富 Choice 数据以股票型和混合型基金为例，截至 2020 年 6 月 30 日一年期收益率排名前 10%的基金中仅有 26%的基金五年收益率也排进前 10%，而有 54%的基金五年收益率没能进入前 20%。

金经理和持有人之间的委托代理问题的加剧（Chevalier and Ellison，1997）；Sensoy（2009）发现，基金经理会使用与自身投资风格不匹配的业绩比较基准来评估自身业绩，以吸引更多资金流入，从而偏离了持有人的最优风险收益匹配目标。此外，辛宇和芮萌（2008）探究了基金绩效差异与持有人行为之间的关系；李学峰等（2011）也首次揭示了我国证券投资基金存在“历史业绩—持有人行为—基金规模—管理人收入”的隐性激励机制；韩燕和崔鑫（2014）提出了职业关注和赎回压力可能会造成基金经理的短视性；许林等（2019）发现我国基金存在业绩-资金流非对称现象。

二、对已有研究的简评

由以上的文献回顾可见，已有对基金激励的研究成果主要是分别关注了基金的显性激励或者隐性激励，鲜少将二者结合起来进行研究，更没有构建起充分考虑显性激励和隐性激励的共同激励模型，从而不仅理论不完整，更导致了研究结果的片面性。这也就启发我们，要探究基金实际运行中的问题，应该充分考虑显性激励与隐性激励共同作用带来的影响。因此，本章基于已有成果对激励模型进行了改进，使之能充分反映各种激励因素的影响。进一步地，很多已有研究都提出了基金经理存在短视性的缺陷，但是对导致短视性的原因缺乏系统性的阐述，也就使得实践中解决短视性的问题无从下手。本章则从共同激励机制出发，从理论层面上揭示造成短视性的原因在于激励扭曲以及持有人的有限理性。此外，已有关于基金激励的研究大多探究了激励机制及其对基金经理行为的影响，但鲜少落实到基金投资绩效这个层面上，本章在共同激励模型以及基金经理的行为选择的基础上进一步实证检验了短视性对基金长短期投资绩效的影响，最终完成了共同激励—短视性—投资绩效这样一个完整的理论链条。

第三节　我国基金的共同激励模型

本节我们分析、推导出我国契约型基金共同激励的理论模型，据此提出理论假设，并对理论假设进行模拟分析。

一、模型与变量

借鉴韩燕和崔鑫（2014）的模型假设，依据委托代理理论，本章建立一个两期理论模型。假定资本市场上存在一种无风险资产和若干种风险资产，基金经理可以投资于由这两类资产组成的市场组合，获得 r 的稳定回报率。当基金经理发现某个当前价格为1，真实价值为 R 的错误定价资产之后，由于噪声交易者的存在，基金经理预期该资产的真实价值以 P 的概率在本期实现，以 $1-P$ 的概率在下一期实现。若该错误定价资产的真实价值在本期没有被实现，则其在本期末的价格为 k，在下一期末真实价值实现时的价格为 $\tilde{R}$，若错误定价资产的真实价值在本期实现，则其在下一期的回报率为 r。此外，假设基金经理管理的初始资产规模为 W_0。

为了得到充分反映管理人薪酬机制的显性激励以及持有人行为造成的市场压力的隐性激励的开放式基金的实际契约，需从基金管理费的计提方式这一名义契约出发。在我国，证券投资基金主要的管理费计提方式为固定费率制①，即按照基金资产规模和固定费率进行计提。具体来说就是每期用基金的结算规模乘以一个固定管理费率得到每一期应计提的管理费。根据这一名义契约，第 i 期基金经理的管理费收入为

$$f_i = cW_i \tag{8.1}$$

其中，f_i 为基金经理在第 i 期的管理费收入；c 为名义契约中所规定的固定费率；W_i 为区间 i 末的基金资产规模。在开放式基金中，需要引入持有人申购、赎回因素的影响。根据已有的研究成果（李学峰等，2009b；伍燕然等，2019），在模型中做出持有人的申购和赎回行为会表现出一种与基金历史收益有关的惯性特征的假设，即对于那些上一时期内业绩较好的基金，基金持有人会追加投资，并可以吸引其他持有人进行投资，而对于那些上一时期内业绩较差的基金，持有人会通过赎回减少甚至收回投资。在上述基础上更为细致地观察基金持有人的申购、赎回行为，则如 Lynch 和 Musto（2003）的研究，投资者在面临基金业绩波动时，申购和赎回行为存在严重的不对称性，业绩上升使得基金获得大量正的资金流入，业绩下滑却并没有使得基金遭受同等幅度的资金流出。中国市场也同样存在这种业绩-现金流非对称现象（许林等，2019）。根据上述分析，可以给出持有人这种非对称的惯性行为对资产规模的影响（$\Delta W(\mathrm{ER}_{i-1})$）的定义：

$$\Delta W(\mathrm{ER}_{i-1}) = \begin{cases} \lambda_p W_{i-1}\mathrm{ER}_{i-1}, & \mathrm{ER}_{i-1} \geqslant 0 \\ \lambda_n W_{i-1}\mathrm{ER}_{i-1}, & \mathrm{ER}_{i-1} < 0 \end{cases} \tag{8.2}$$

其中，ER_{i-1} 为基金上一期的超额收益，为基金本期的实际收益率减去市场

① 尽管近年来我国一些基金管理公司开始在其旗下的一些主动管理型基金中尝试浮动管理费方式，但无论从基金数量还是其资产管理规模上都还远远没有成为市场的主流。截至 2021 年 12 月，采取浮动费率制度的基金占比仍不足 2%。

组合收益率(r)；λ_p 和 λ_n 为持有人的行为敏感程度系数，根据持有人行为的惯性特征以及非对称性特征，即面对一定的正超额收益或负超额收益，持有人对正超额收益的反应程度更大，因此，假设 $\lambda_p > \lambda_n > 0$。若上一期基金的超额收益为正，则持有人会相应增加当期投资，基金资产规模增大，$\Delta W(\mathrm{ER}_{i-1}) > 0$；若上一期基金的超额收益为负，则持有人会相应减少当期投资，基金资产规模减小，$\Delta W(\mathrm{ER}_{i-1}) < 0$，则开放式基金在区间1末的基金资产规模的构成为

$$W_1 = \begin{cases} W_0(xR + (1-x)r), & 以概率P \\ W_0(xk + (1-x)r), & 以概率1-P \end{cases} \tag{8.3}$$

其中，x 为错误定价资产的持有比例。第二期初基金的资金流入（$\Delta W(\mathrm{ER}_{i-1})$）为

$$\Delta W(\mathrm{ER}_{i-1}) = \begin{cases} \lambda_a W_0 ax, & 以概率P \\ \lambda_b W_0 bx, & 以概率1-P \end{cases} \tag{8.4}$$

其中，$a = R-r$，$b = k-r$，若 $a > 0$，则 $\lambda_a = \lambda_p$，否则 $\lambda_a = \lambda_n$；若 $b > 0$，则 $\lambda_b = \lambda_p$，否则 $\lambda_b = \lambda_n$。开放式基金在区间2末的基金资产规模的构成为

$$W_2 = \begin{cases} r(1-c)W_0(ax + r) + r\lambda_a W_0 ax, & 以概率P \\ (1-c)W_0(dx + r^2) + r\lambda_b W_0 bx, & 以概率1-P \end{cases} \tag{8.5}$$

其中，$d = \tilde{R} - r^2$。假设基金经理的效用函数为CARA（constant absolute risk aversion，不变风险厌恶）形式，则其在这两期的期望效用分别为

$$E(U_1) = -P\mathrm{e}^{-\rho c W_0(ax+r)} - (1-P)\mathrm{e}^{-\rho c W_0(bx+r)} \tag{8.6}$$

$$E(U_2) = -P\mathrm{e}^{-\rho c(r(1-c)W_0(ax+r)+r\lambda_a W_0 ax)} - (1-P)\mathrm{e}^{-\rho c((1-c)W_0(dx+r^2)+r\lambda_b W_0 bx)} \tag{8.7}$$

其中，ρ 为投资者的恒定风险厌恶系数。基金经理的优化问题可表述为

$$\max_x -P\mathrm{e}^{-\rho c W_0(ax+r)} - (1-P)\mathrm{e}^{-\rho c W_0(bx+r)} + \delta(-P\mathrm{e}^{-\rho c(r(1-c)W_0(ax+r)+r\lambda_a W_0 ax)} - (1-P)\mathrm{e}^{-\rho c((1-c)W_0(dx+r^2)+r\lambda_b W_0 bx)}) \tag{8.8}$$

其中，$\delta < 1$ 为短视因子，主要取决于基金经理的职业忧虑。其经济含义为基金经理的职业生涯能否继续，这在很大程度上取决于当期的业绩表现，因此职业忧虑较大的基金经理在考虑投资时，会赋予本期回报率更大的决策权重（即 δ 更大）。

使用泰勒展开式求解方程（8.8）可得，最优错误定价资产的持有比率（x）为

$$x=\frac{ga+b+\gamma(g(1-c)ra+r\lambda_a a+(1-c)d+r\lambda_b b)}{\rho W_0 c(ga^2+b^2+\gamma(g((1-c)ra+r\lambda_a a)+(1-c)d+r\lambda_b b)^2)} \tag{8.9}$$

其中，$\gamma=\delta \mathrm{e}^{-\rho c W_0(1-c)r^2+\rho c W_0 r}$，$\frac{P}{1-P}=g$。由于上述方程的分母始终为正，因此只要分子大于0就可以保证基金经理会持有一定数量的错误定价资产，即只要投资于错误定价资产带来的本期报酬增长率的期望值$(ga+b)$与经短视因子调整后的下期报酬增长率的期望值$(\gamma(g((1-c)ra+r\lambda_a a)+(1-c)d+r\lambda_b b))$之和大于0，基金经理就会持有该资产。具体而言，$(1-c)(gra+d)$为第2期扣除固定管理费之后基金单位净值收益率的期望值，$\lambda_a agr+\lambda_b br$为基金资金净流入（净流出）引发的基金净值的预期变化率，二者之和$g((1-c)ra+r\lambda_a a)+(1-c)d+r\lambda_b b$便是基金净值总额增长率的期望值，由于是固定费率制，该式也代表了基金经理报酬增长率的期望值。简而言之，对于一只已经被高估的股票，虽然买进这只股票下期极有可能会面临巨额亏损，但只要该股票在本期内总体上还会上涨，能给基金带来正的资金流，基金经理仍有可能买进。例如，假定$\gamma=1$，$\lambda_p=1$，那么即使一只股票下期可能亏损20%，只要本期的预计回报率大于12%，基金经理就会购买这只股票，因为该股票不仅提高了基金经理的当期收益还可以吸引12%的资金净流入，增加了基金经理的报酬。同样的道理也适用于基金经理对低估股票的判断。若一只被低估的股票最近一直“跌跌不休”，那么买入这只股票就可能在本期造成亏损。尽管这只股票在下一期会强劲反弹，带来很高的回报，但基金经理完全有可能在本期放弃购买这只股票，这是因为职业忧虑和由当期负收益引发的资金净流出的增加大大降低了基金经理下期的预期报酬。这在一定程度上解释了为什么现实中基金经理会短线持有击鼓传花式的股票，而不愿意长期持有价值股票。综上分析，我们提出假设8.1。

假设8.1：在显性激励与隐性激励的共同激励下，基金经理会进行短视投资，即他们会大量持有击鼓传花式的股票，以提升基金短期业绩和管理费收入。

二、模拟分析

基于上述分析，发现在共同激励下，基金经理更倾向于进行短视投资。接下来，进行数值模拟分析，进一步分析职业忧虑和业绩-资金流非对称性对基金经理短视行为的影响。

（一）职业忧虑与短视投资

首先分析职业忧虑对基金经理短视行为的影响。在参数设置方面，初始资产规模（W_0）取500，风险厌恶系数（ρ）设为1。此外，假设错误定价的股票服从典型的击鼓传花类股票的特征，即$P=1/3$，$R=0.8$，$r=1$，$k=1.3$，$\tilde{R}=0.8$。另外，根据许林等（2019）的研究，将基金的业绩现金流敏感性设置为$\lambda_p=0.2$，$\lambda_n=0.05$，以更贴近资本市场实际情况。数值模拟结果如图8.1所示，可以看出，基金经理的职业忧虑越高（$1-\delta$越大），越倾向于持有更多击鼓传花式的股票。这是由于，基金经理面临的职业忧虑越大，越可能采取短线操作持有大量击鼓传花式的股票博取超额收益，以提高声誉保住职位，或提早享受高声誉增加带来的薪酬和职业地位的提升，因此只要被高估的股票在短时间内会继续上涨，他们就会买入这只股票，即使该股票在长期会暴跌。据此，提出假设8.2a。

假设8.2a：基金经理职业忧虑会加剧基金的短视投资行为。

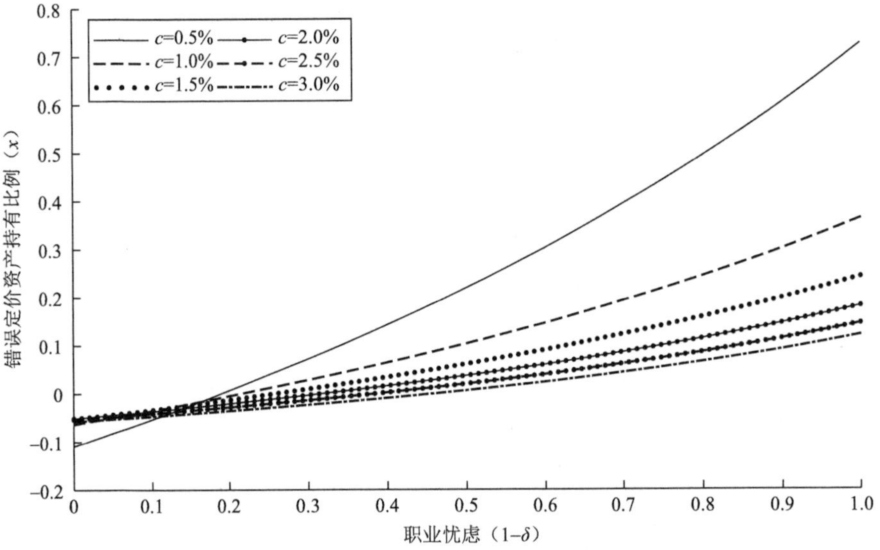

图8.1　职业忧虑和基金经理短视投资

（二）业绩-资金流非对称性与短视投资

接下来分析业绩-资金流非对称性对基金经理短视投资的影响。许林等（2019）的研究表明，持有人对业绩好的基金的业绩比对业绩差的基金的业绩更敏感，即一个单位正收益带来资金净流入要显著大于一个单位负收益带来的资金净流出。基于此，保持其他参数不变，设置 $\lambda_n \in [0,0.5]$，$\delta = 0.5$，然后通过不断增加 λ_p ($\lambda_p \in [0.5,1]$) 值来描绘业绩-资金流的非对称性①。模拟结果如图 8.2 所示，可以看出业绩-资金流非对称性 ($\lambda_p - \lambda_n$) 的增加会促使基金经理持有更多击鼓传花式的股票，加剧其短视投资行为。这是由于一个单位正收益带来的“奖励”（资金净流入）远高于一个单位负收益带来的“惩罚”（资金净流出），因此为了在短时间内增加基金资产总值，增加下期的期望报酬，基金经理会倾向于持有更多击鼓传花式的股票，进行短视投资。据此，我们提出假设 8.2b。

假设 8.2b：业绩-资金流非对称性的增加会加剧基金经理的短视投资。

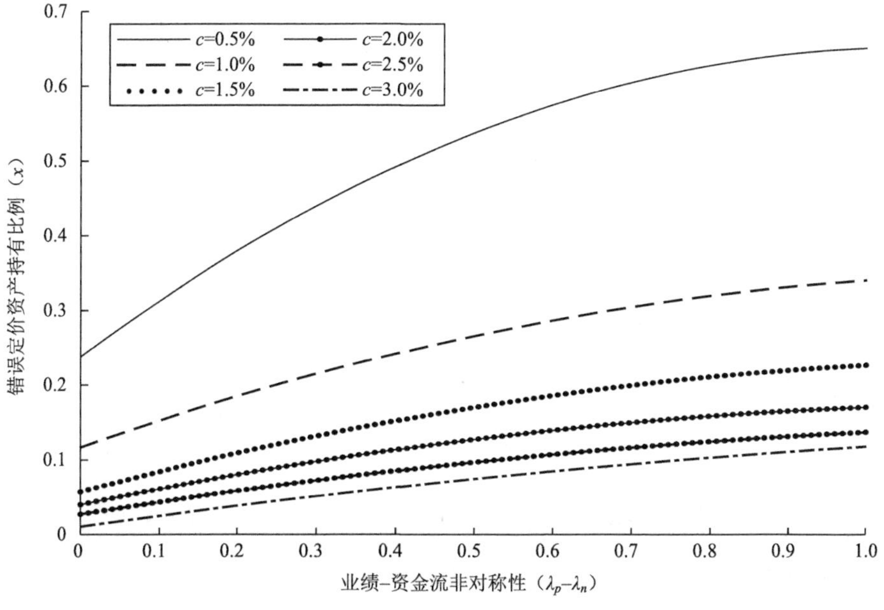

图 8.2　业绩-资金流非对称性和基金经理短视投资

最后，分析显性激励（管理费率）对基金经理短视投资的影响。根据 Grinblatt 和 Titman（1989）的论证，在基金经理人因不良表现受到的处罚比优良表现获得的奖励更大前提下，设计合理的管理费可有效激励基金经理，避免其增大投资风险。Gil-Bazo 和 Ruiz-Verdú（2008）分析管理费率发现，表现良好的基金所收取的管理费并不是最高的。那么，在固定费率

① δ 设置为 0.5 的依据如下：根据 Huang 和 Wang（2013）的统计结果，2013～2020 年，我国基金经理的年离职率为 31.2%～49.8%，实证上当 δ 取小于 1 的其他值时，模拟结果保持不变。

制度下，提升管理费率的显性激励能否缓解基金经理由隐性激励导致的短视投资呢？

图 8.2 所示的在业绩-资金流非对称性这一隐性激励保持不变的情况下，提升管理费率可降低基金经理短视行为，图 8.1 所示的在职业忧虑这一隐性激励保持不变的情况下，提升管理费率并不一定会降低基金经理短视行为。这是由于：一方面，基金经理的投资决策取决于隐性激励和显性激励之间的相对重要程度，当管理费率的增加足以提高显性激励在基金经理薪酬收入中的占比，致其超过隐性激励的重要程度，即可缓解由隐性激励引致的短视投资，反之，则不能缓解。现实中基金经理面临的职业忧虑往往存在差异，只有超过临界值，所产生的隐性激励才足以驱使其采取高风险投资策略（孟庆斌等，2015）。另一方面，基金公司提供的管理费率的提升可能会促使基金经理更渴望保住现有职位，这一“激励”反而会加剧基金经理进行短视投资。因此，本章认为固定费率制下提升管理费率对两种隐性激励导致的短视行为的影响可能存在差异。

综上分析，我们提出假设 8.2c。

假设 8.2c：固定费率制度下提升管理费率的显性激励对于业绩-资金流非对称性和职业忧虑这两种隐性激励导致的短视投资的影响存在差异。

第四节 对共同激励问题的实证检验

本节在上述理论模型和模拟分析的基础上，对我国契约型基金的共同激励问题进行实证检验。

一、数据和研究方法

（一）样本选择与数据来源

根据上文对基金短视投资的定义，我们选取 2013 年 1 月 1 日至 2020 年 12 月 31 日我国市场上的股票型和偏股混合型开放式基金作为研究样本[①]，考虑长期业绩，只保留存续 5 年以上的基金数据样本。为有效衡量基金经

① 由于这里样本为存续 5 年以上的基金数据，而 2007 年后开放式基金的发行数量才保持稳定上升的趋势，故为降低样本偏误，我们选取 2013 年之后我国市场上的股票型和偏股混合型开放式基金作为研究样本。

理的职业忧虑，删除由多名基金经理共同管理和一名基金经理同时管理多只基金的数据。由于计算基金击鼓传花式股票的持仓比例需要持股明细数据，而基金一、三季报只公布十大重仓股，仅在半年报和年报中报告资产组合明细数据，故我们的时间频率为半年度。这里基金层面以及沪深 300 相关数据来源于 Wind 数据库，基金公司、Fama-French 五因子、无风险利率数据来源于 CSMAR 数据库，基金经理特征和基金持股明细数据则由 CSMAR 数据库和锐思金融数据库二者对比结合得到。

（二）变量定义

1. 短视投资

参考韩燕和崔鑫（2014）的做法，用基金经理击鼓传花类股票持有比例（$\text{Parcel}_{i,t}$）来衡量短视投资行为。计算方法如下：首先，按照半年度原始收益率的大小对股票进行排序，将排名在前 30%的股票定义为大涨（jump），排名在后 30%的股票定义为大跌（drop）；其次，若某一期末一只股票在之前的两个半年度都大涨，而在之后的一年大跌，则将其定义为击鼓传花类股票；最后，用基金持有的击鼓传花股票的总市值除以其持仓股票的总市值便得到击鼓传花类股票的持有比例（$\text{Parcel}_{i,t}$），将 $\text{Parcel}_{i,t}$ 作为基金短视投资的代理变量。

2. 超额收益率

为检验基金短视投资对基金绩效的影响，这里采用本期超额收益率（Excess_ret）和基金未来 12 个月超额收益率（Excess_ret12）作为代理变量，分别检验短视投资对基金短期和长期绩效水平的影响。由于本章选取的是股票型和偏股混合型开放式基金，持有资产绝大多数为股票，参照李志冰和刘晓宇（2019）的研究，选取沪深 300 指数收益率作为市场基准收益率，超额收益率为基金收益率相对沪深 300 指数收益率的超额部分，计算方法如下：

$$\text{Excess\_ret}_{i,t} = R_{i,t} - \text{Ret300}_{i,t} \tag{8.10}$$

$$\text{Excess\_ret12}_{i,t} = R\_12_{i,t} - \text{Ret300\_12}_{i,t} \tag{8.11}$$

其中，$R_{i,t}$ 和 $R\_12_{i,t}$ 分别为基金半年和一年收益率；$\text{Ret300}_{i,t}$ 和 $\text{Ret300\_12}_{i,t}$ 则分别为沪深 300 指数半年和一年收益率。

3. 五因子风险调整收益率

通过如下 Fama-French 五因子模型（8.12）对收益率进行风险调整补偿（FF5_alpha），根据过去 37 个月的历史数据滚动估计各只基金与风险敞口无关的超额收益 alpha，$\tau = t-1,\cdots,t-37$ 。

$$R_{i,\tau} - R_{f,\tau} = \alpha_{i,t} + \beta_{i,t}(R_{m,\tau} - R_{f,\tau}) + S_{i,t}\text{SBM}_{\tau} + H_{i,t}\text{HML}_{\tau} + H_{i,t}\text{RMW}_{\tau} + C_{i,t}\text{CMA}_{\tau} + \varepsilon_{i,\tau} \tag{8.12}$$

其中，$R_{i,\tau}$ 为考虑红利再投资的基金原始月度回报率；无风险利率 $R_{f,\tau}$ 使用一年期定存基准利率表示；$R_{m,\tau}$ 为考虑红利再投资的月市场回报率；其余分别为市值因子（SMB）、账面市值比因子（HML）、盈利能力因子（RMW）和投资风格因子（CMA）。最后，使用累计超额收益的计算方法计算半年度 alpha，即

$$\alpha_{i,n} = (1+\alpha_{i,6n-5})(1+\alpha_{i,6n-4})(1+\alpha_{i,6n-3})(1+\alpha_{i,6n-2}) \times (1+\alpha_{i,6n-1})(1+\alpha_{i,6n}) - 1 \tag{8.13}$$

4. 基金资金净流入

与以往研究一致（伍燕然等，2019；李志冰和刘晓宇，2019），本章定义基金 i 在第 t 期的资金净流入为

$$\text{Flow}_{i,t} = \frac{\text{TNA}_{i,t} - \text{TNA}_{i,t-1}(1+R_{i,t})}{\text{TNA}_{i,t-1}} \tag{8.14}$$

其中，$\text{TNA}_{i,t}$ 为基金 i 在第 t 期所管理的所有净资产；$R_{i,t}$ 为基金 i 在第 t 期的累计收益率。

5. 业绩-资金流非对称性

参考 Lynch 和 Musto（2003）以及李志冰和刘晓宇（2019）的研究，构造如下模型衡量基金资金净流入对正负 alpha 的敏感程度，以二者之差衡量业绩-资金流非对称性程度。

$$\text{Flow}_{i,t} = \alpha + \beta_t^{+}\text{FF5\_alpha}_{i,t-1} + \gamma \times \text{Controls}_{i,t-1} + \varepsilon_{i,t}，\ \text{FF5\_alpha}_{i,t-1} > 0 \tag{8.15}$$

$$\text{Flow}_{i,t} = \alpha + \beta_t^{-}\text{FF5\_alpha}_{i,t-1} + \gamma \times \text{Controls}_{i,t-1} + \varepsilon_{i,t}，\ \text{FF5\_alpha}_{i,t-1} < 0 \tag{8.16}$$

$$\text{Asymmetry}_t = \beta_t^{+} - \beta_t^{-} \tag{8.17}$$

其中，$\text{Controls}_{i,t-1}$ 包括基金规模（Fund_size）、基金费率（Expense_ratio）及分红[①]（Fund _ div）、市场收益率［沪深 300 收益率（Ret300）］、基金收益的波动率（Fund_sigma）。采用所有基金过去 $t-1$ 期的数据对上式进行滚动回归，得到基金的业绩-资金流不对称性系数（Asymmetry_t），该指标的值为正且越大时，意味着基金业绩下降带来的资金流出小于基金业绩上升相同幅度带来的资金流入量。该指标的值为负且越小时，意味着基金业绩下降

① 参考李志冰和刘晓宇（2019）的研究，分别使用基金费用和基金分红除以基金份额。

带来的资金流出大于基金业绩上升相同幅度带来的资金流入。

6. 职业忧虑

参考孟庆斌等（2015）的研究，从基金经理能力视角构建基金经理声誉指标来衡量基金经理的职业忧虑（Reputation），并以夏普比率作为业绩的衡量，计算方法如下：

$$\begin{aligned}\text{Sharpe}_{i,t}=&\alpha+\beta_1\text{control\_M}_{i,t}+\beta_2\text{control\_C}_{i,t}+\beta_3\text{control\_F}_{i,t}+\beta_4\text{market}_{i,t}\\&+\beta_5\text{volatility}_{i,t}+\beta_6\text{fix\_M}+\beta_7\text{fix\_C}+\beta_8\text{fix\_F}+\beta_9\text{fix\_T}+\varepsilon_{i,t}\end{aligned}\tag{8.18}$$

其中，夏普比率 $\text{Sharpe}_{i,t}=\dfrac{R_{i,t}-R_f}{\sigma_{i,t}}$， $R_{i,t}$ 为基金 i 在 t 时期的收益率； $\sigma_{i,t}$ 为收益率的标准差； R_f 为无风险收益率。基金经理个人层面的控制变量 $\text{control\_M}_{i,t}$ 包括：性别（虚拟变量，$\text{Gender}=1或0$）、任职时间（Tensure，基金经理在该基金的任职时间，以半年计）、职业年限（Career，基金经理的职业年限，以半年计）、学历（虚拟变量，博士及以上 $\text{edu1}=1或0$ 、硕士及以上 $\text{edu2}=1或0$ 、本科及以上 $\text{edu3}=1或0$ ）。基金层面的控制变量（control_F）包括：基金规模（Fund_size，基金资产净值的自然对数）、基金类型（Invtype，收益型 $=1$，其他 $=0$ ）、基金存续时间（Fund_age，以半年计）、管理费率（Rate_fee）和基金成长性（Growth，基金净值变化率）。基金公司层面的控制变量（$\text{control\_C}_{i,t}$）包括：基金家族规模（Family_size，基金公司管理的所有基金资产净值之和，取对数）、管理基金的数量（Family_num）、成立年限（Family_age）。此外， $\text{volatility}_{i,t}$ 为基金收益率的标准差（Fund_sigma），$\text{market}_{i,t}$ 为沪深300收益率（Ret300），fix_M、fix_C、fix_F、fix_T 分别表示基金经理、基金公司和基金以及时间固定效应。采用基金过去 $t-1$ 期的数据对式（8.18）进行滚动回归得到的基金经理固定效应作为基金经理声誉的代理变量（Reputation）。

（三）模型设定

为检验假设 8.1，本章设定回归模型（8.19）和回归模型（8.20）：

$$\text{ER}_{i,t}=\alpha+\beta_1\text{BubbleStock}_{i,t}+\gamma\text{Controls}_{i,t}+\varepsilon_{i,t}\tag{8.19}$$

$$\text{Fee}_{i,t}=\alpha+\beta_1\text{BubbleStock}_{i,t}+\gamma\text{Controls}_{i,t}+\varepsilon_{i,t}\tag{8.20}$$

其中，ER 和 Fee 分别为超额收益和基金管理费收入。控制变量（$\text{Controls}_{i,t}$）包括基金规模（Fund_size）、基金存续时间（Fund_age）、基金家族规模（Family_size）、管理基金的数量（Family_num）、基金家族成立年限

（Family_age）、择股能力（Stock_select）和择时能力（Time_select）[①]。

为检验假设 8.2a 和假设 8.2b，设定下列回归模型：

$$\text{BubbleStock}_{i,t} = \alpha + \beta_1\text{Reputation}_{i,t} + \gamma\text{Controls}_{i,t} + \varepsilon_{i,t} \tag{8.21}$$

$$\text{BubbleStock}_{i,t} = \alpha + \beta_1\text{Asymmetry}_{i,t} + \gamma\text{Controls}_{i,t} + \varepsilon_{i,t} \tag{8.22}$$

$$\begin{aligned}\text{BubbleStock}_{i,t} = \alpha + \beta_1\text{Reputation}_{i,t} + \beta_2\text{Asymmetry}_{i,t} \\ + \gamma\text{Controls}_{i,t} + \varepsilon_{i,t}\end{aligned} \tag{8.23}$$

其中，Asymmetry 为业绩-资金流非对称性的代理变量；Reputation 为基金经理声誉的代理变量。

二、实证分析与检验

（一）描述性统计

表 8.1 为主要变量的描述性统计结果。Parcel 的均值为 0.0754，说明我国基金经理存在短视行为，此外，Parcel 的标准差为 0.0969，离散度较低，表明不同基金经理的短视程度差异不大，这意味着基金经理的短视行为可能与基金激励制度等系统性因素有关。Asymmetry 的均值大于 0，说明我国开放式基金业绩-资金流存在显著的非对称性，与许林等（2019）的研究结论类似。

表 8.1　主要变量的描述性统计

变量	样本量	均值	标准差	最小值	中位数	最大值
Parcel	5217	0.0754	0.0969	0.0000	0.0381	0.6592
Excess_ret	5217	−0.0023	0.2270	−0.7517	0.0244	0.4916
Excess_ret12	4516	−0.0194	0.7120	−2.7992	0.1284	1.0803
Mana_fee	4514	15.9735	1.6070	11.8562	16.2591	19.0746
Mana_fee12	3887	15.9932	1.5920	11.8618	16.2839	19.1353
Reputation	3360	0.0008	0.0070	−0.0360	0.0012	0.0337
Asymmetry	4777	0.0125	0.0622	−0.0865	−0.0036	0.1631
Family_num	5217	4.0846	0.7146	2.3979	4.1109	5.4553
Family_size	5217	25.3960	1.2710	21.7761	25.4229	27.5003
Family_age	5217	30.3422	6.8597	14.7778	30.4611	45.5944
Fund_age	5217	18.2612	5.8190	10.1556	17.3611	33.0944

① 基金择股能力和择时能力根据 T-M 模型[Treynor 和 Mazuy（1966）]计算得出。

续表

变量	样本量	均值	标准差	最小值	中位数	最大值
Fund_size	5217	20.3637	1.4980	16.7086	20.5801	23.5758
Rate_fee	5217	0.0129	0.0037	0.0015	0.0150	0.0200
Flow	5217	0.0208	0.6160	−0.8212	−0.0718	4.0306
FF5_alpha	5217	0.0314	0.0640	−0.1451	0.0289	0.2121
Time_select	4514	−0.0508	4.3660	−15.2788	−0.0014	31.2362
Stock_select	4514	0.0312	0.1720	−0.5935	0.0132	0.9978
Expense_ratio	5178	0.0527	0.1180	0.0013	0.0161	0.8931
Fund_div	5213	0.0103	0.0410	0.0000	0.0000	0.2666
Fund_sigma	5217	0.0628	0.0360	0.0170	0.0541	0.1843
Ret300	5217	0.0943	0.2930	−0.2857	0.1667	1.0588

注：Mana_fee 为管理费收入；Mana_fee12 为基金经理未来 12 个月的管理费收入

（二）固定费率制下的短视行为与基金业绩

在前文中，我们从基金管理费的固定费率计提方式这一名义契约出发推导出了充分反映管理人薪酬机制的显性激励和隐性激励的开放式基金共同激励模型。理论模型指出，在固定费率制度下，基金经理为了保住职位和最大化管理费收入，会进行短视投资，通过持有大量击鼓传花类的股票追逐短期的超额收益，严重地损害了基金持有人和基金公司的长期收益。那么，现实中的基金经理是否存在上述行为？接下来，用模型（8.20）和模型（8.21）对该问题（即假设 8.1）进行验证。回归结果如表 8.2 第（1）列和第（2）列所示，可以看出基金经理击鼓传花类股票持有比例（Parcel）与基金本期超额收益率（短期超额收益）（Excess_ret）和管理费收入（Mana_fee）的回归系数显著为正，与假设 8.1 的预期相符，表明基金经理的确会通过短视投资提升基金的短期业绩，在提升声誉的同时获取更多的管理费收入。

表 8.2　短视行为与基金业绩

变量	（1）	（2）	（3）	（4）
	Excess_ret	Mana_fee	Excess_ret12	Mana_fee12
Parcel	0.2960^{***}	0.2823^{**}	-0.2448^{***}	-0.5536^{***}
	（11.5262）	（2.3108）	（−4.4937）	（−4.3670）

续表

变量	(1)	(2)	(3)	(4)
	Excess_ret	Mana_fee	Excess_ret12	Mana_fee12
Family_num	−0.0123	−0.0047	−0.0140	−0.0465
	(−0.6944)	(−0.0651)	(−0.3707)	(−0.5101)
Family_size	−0.0142**	0.0280	−0.0349**	0.0598*
	(−2.1593)	(1.0661)	(−2.5492)	(1.8673)
Family_age	0.0293*	−0.0082	0.0407	0.2150**
	(1.6494)	(−0.1001)	(1.0227)	(2.2409)
Fund_age	−0.0001	0.0435	0.0153	0.0614
	(−0.0146)	(0.8327)	(0.6312)	(0.6633)
Fund_size	0.0089***	0.6005***	−0.0401***	0.3061***
	(2.6274)	(41.5740)	(−5.3927)	(16.3428)
Time_select	0.0007	0.0042*	−0.0008	−0.0013
	(1.1635)	(1.7446)	(−0.6523)	(−0.4119)
Stock_select	−0.0088	0.1440**	0.0047	0.1336
	(−0.5375)	(2.1457)	(0.1353)	(1.6015)
常数项	−0.5473	2.9052	0.6772	3.4232
	(−1.2531)	(1.4247)	(0.6889)	(1.3449)
基金固定效应	Yes	Yes	Yes	Yes
时间固定效应	Yes	Yes	Yes	Yes
样本数	4514	4514	4514	3887
调整后的 R^2	0.747	0.369	0.903	0.116

注：括号内为聚类稳健 t 值；基金固定效应设置为 Yes 意味着模型控制了每个基金的个体特征，这些特征在时间上是不变的；时间固定效应用于控制时间层面的不可观测因素，设置为 Yes 表明这些因素对所有基金在同一时间点的影响是相同的

***、**和*分别表示 1%、5%和 10%显著性水平

若基金经理的击鼓传花的行为并非源自基金经理的短视，而是基金经理凭借信息优势进行的一种理性的正反馈投资策略，体现了基金经理相对优秀的决策能力而非短视交易（Abreu and Brunnermeier，2003；李科等，2014）。此时，基金经理的击鼓传花行为有益于提升投资者收益。为排除这一可能性，将基金经理未来 12 个月的超额收益率（基金长期收益）（Excess_ret12）和管理费收入（Mana_fee12）作为被解释变量引入模型（8.20）和模型（8.21）进行回归分析。如表 8.2 第（3）列和第（4）列所

示，可以看出基金经理击鼓传花类股票持有比例与基金经理未来 12 个月的超额收益率 Excess_ret12、管理费收入 Mana_fee12 显著负相关，表明基金经理的击鼓传花行为降低了基金的长期绩效表现，侵蚀了持有人和基金公司的长期收益，是一种不折不扣的短视行为。至此，假设 8.1 得到证实。

（三）隐性激励和基金经理短视行为

表 8.3 第（1）列为假设 8.2a 的检验结果，可以看出基金经理声誉水平（Reputation）和基金经理击鼓传花类股票持有比例（Parcel）显著负相关。从总体来看，声誉水平越低的基金经理面临的职业忧虑越大，越倾向于进行短视投资，通过持有大量的击鼓传花式的股票博取短期超额收益，达到维持其职业生涯的目的。这主要是由我国基金行业的特点决定的，据 Wind 资讯统计，我国基金经理在 2016 年的离职率为 25%，这一数据是基金经理离职的最终结果①，考虑到部分基金经理通过短视投资成功保住了职位，现实中面临严重离职忧虑的基金经理可能更多。对这部分基金经理而言，采取价值投资策略，可能并不能帮助其提高短期业绩，保住职位。此时，他们维持职业生涯需要的是短期内的超额收益，而不是为持有人谋求稳定的长期收益，因此他们更可能采取短视的投资策略。此外，基金经理的离职忧虑越高，就越需要获取超额的短期收益，以提高声誉，保住职位，其短视程度也就越高，因此基金经理职业忧虑和短视行为间呈现出显著的负相关关系。假设 8.2a 得以证实。

表 8.3　职业忧虑、业绩-资金流非对称性和短视投资

变量	（1）	（2）	（3）
	Parcel	Parcel	Parcel
Reputation	−0.1203**		−0.1140**
	（−2.2783）		（−2.3759）
Asymmetry		0.0079**	0.0102**
		（2.6285）	（2.1991）
Family_num	0.0298**	0.0116	0.0010
	（1.9976）	（0.8365）	（0.1965）

① 尽管现实中这些离职的基金经理并非都是因为职业忧虑，也许是为了追求更高的收入、更自由的投资决策而自主选择跳槽至私募基金。

续表

变量	(1)	(2)	(3)
	Parcel	Parcel	Parcel
Family_size	0.0007	0.0032	−0.0043*
	(0.1383)	(0.8209)	(−1.8222)
Family_age	−0.0070	−0.0031	−0.0003
	(−0.3031)	(−0.4683)	(−0.9347)
Fund_age	0.0004	0.0011	0.0003
	(0.0582)	(0.3307)	(1.1254)
Fund_size	0.0135***	0.0137***	0.0031***
	(4.7903)	(4.3101)	(2.9747)
常数项	−0.2146	−0.3198	0.0661
	(−0.3788)	(−1.4474)	(1.4070)
基金固定效应	Yes	Yes	Yes
时间固定效应	Yes	Yes	Yes
样本数	3360	4777	3360
调整后的 R^2	0.358	0.450	0.441

注：括号内为聚类稳健 t 值

***、**和*分别表示 1%、5%和 10%显著性水平

表 8.3 第（2）列汇报了业绩-资金流非对称性（Asymmetry）对基金经理击鼓传花行为的影响。Asymmetry 与基金经理短视投资（Parcel）显著正相关。业绩-资金流非对称性程度越高，基金经理击鼓传花类股票持有比例越高，短视程度越高，以博取短期超额收益，达到吸引资金净流入，进而提高管理费收入的目的。假设 8.2b 得到证实。第（3）列中，Reputation 与 Asymmetry 的回归系数符号不变且依然显著，再次证明了假设 8.2a 和假设 8.2b 的准确性。这说明基金经理职业忧虑和投资者有限理性导致的业绩-资金流非对称性这两种隐性激励均会加剧基金经理的短视投资行为。

（四）显性激励、隐性激励和基金经理短视行为

为了检验假设 8.2c，我们在模型（8.21）～模型（8.23）的基础上分别引入管理费率（Rate_fee）的交乘项进行回归。结果如表 8.4 所示，第（1）列中基金经理声誉（Reputation）和管理费率[①]（Rate_fee）的交乘项

① 为便于分析，这里管理费率为百分数。

（Reputation×Rate_fee）的回归系数为−0.2530 且显著，表明管理费率每提升 1%，基金经理职业忧虑对短视投资的促进作用会因此而上升 25.30%，管理费率的提升加剧了基金经理职业忧虑对短视投资的正向影响。第（2）列中业绩-资金流非对称性（Asymmetry）与管理费率（Rate_fee）的交乘项（Asymmetry×Rate_fee）的回归系数为−0.0015 且显著，表明管理费率每提升 1%，业绩-资金流非对称性对短视投资的促进作用会因此而降低 0.15%，管理费率的提升缓解了投资者有限理性导致的业绩-资金流非对称性导致的基金经理短视投资。总体而言，管理费率的提升会加剧基金经理短视行为。第（3）列 Reputation×Rate_fee 和 Asymmetry×Rate_fee 的系数依然显著为负。可见，提升管理费率对于这两种隐性激励导致的短视投资之间的影响存在差异。至此，假设 8.2c 得证，且表明固定费率制度对于短视投资的缓解并非完全有效，在该制度下一味地提升管理费率对基金经理进行显性激励是一种低效率的激励行为，同时导致了固定费率制度下的另一激励困境，即管理费率的提高虽然可以在一定程度上缓解由职业忧虑这一隐性激励带来的短视行为，但也会增加持有人的投资成本，不利于基金管理规模的扩张。故而在开放式基金中，隐性激励过度和显性激励低效是引发基金经理短视行为的根源所在。这也在一定程度上解释了在我国开放式基金大多采用固定费率制度的背景下，为何基金仍表现出明显短视投资行为。

表 8.4 显性激励、隐性激励和基金经理的短视投资

变量	（1）	（2）	（3）
	Parcel	Parcel	Parcel
Reputation	−0.1291		−0.1298
	（−1.3586）		（−1.3705）
Asymmetry		0.0116***	0.0109***
		（4.7389）	（3.4089）
Rate_fee	0.0390***	0.0352***	0.0389***
	（6.8855）	（7.4814）	（6.8494）
Reputation×Rate_fee	−0.2530**		−0.2452*
	（−2.0163）		（−1.9672）
Asymmetry×Rate_fee		−0.0015***	−0.0009*
		（−3.0026）	（−1.9489）

续表

变量	（1）	（2）	（3）
	Parcel	Parcel	Parcel
Family_num	0.0051	0.0036	0.0050
	（0.7949）	（0.7453）	（0.7973）
Family_size	−0.0036	−0.0026	−0.0035
	（−1.1318）	（−1.1237）	（−1.1253）
Family_age	0.0001	0.0002	0.0001
	（0.1286）	（0.5389）	（0.1319）
Fund_age	−0.0003	−0.0002	−0.0003
	（−0.7920）	（−0.8572）	（−0.7992）
Fund_size	0.0011	0.0012	0.0011
	（0.7566）	（1.1891）	（0.7427）
常数项	0.0230	0.0025	0.0225
	（0.3755）	（0.0529）	（0.3701）
基金固定效应	Yes	Yes	Yes
时间固定效应	Yes	Yes	Yes
样本数	3360	4777	3360
调整后的 R^2	0.416	0.409	0.416

注：括号内为聚类稳健 *t* 值

***、**和*分别表示 1%、5%和 10%显著性水平

（五）稳健性检验

1. 内生性检验

前文假设 8.1 的结果可能存在样本选择偏误，因此，我们使用 Heckman（赫克曼）两阶段模型对假设 8.1 进行检验，如表 8.5 的第（1）～（4）列所示，基金经理短视投资（Parcel）的回归系数依旧显著，且符号不变，与假设 8.1 基准回归结果基本保持一致。另外，为避免遗漏变量导致的内生性问题对基金经理声誉水平（Reputation）与基金经理击鼓传花类股票持仓比例（Parcel）之间关系造成的误差，借鉴庞瑞芝和刘东阁（2022）的思路，这里使用同一基金公司的其他基金经理的平均声誉水平（Reputation_other）作为该基金经理声誉水平（Reputation）的工具变量进行两阶段回归。选取其作为工具变量的原因在于，同一基金公司的其他基金经理的平均声誉水平反映了该基金公司的整体声誉，这可能会影响到该基金经理的声誉，满

足相关性要求，且没有证据表明其他基金经理的平均声誉水平会影响该基金经理的击鼓传花类股票持有比例，满足外生性要求。工具变量两阶段回归结果如表 8.5 中第（5）列和第（6）列所示，第（5）列中第一阶段回归结果显示，同一基金公司的其他基金经理的平均声誉水平（Reputation_other）和该基金经理声誉水平（Reputation）的回归系数为正，且在 1%水平上显著，与预期相符。第（6）列中第二阶段的回归结果显示，基金经理声誉水平（Reputation）与基金经理击鼓传花类股票持有比例（Parcel）的回归系数依然显著为负，说明在控制选择偏误和遗漏变量消除内生性问题后，本章结论依然稳健成立。

表 8.5　内生性检验：Heckman 两阶段与工具变量回归

变量	（1）	（2）	（3）	（4）	（5）	（6）
	Excess_ret	Mana_fee	Excess_ret12	Mana_fee12	Reputation	Parcel
Parcel	0.2346***	0.3711***	−0.2699***	−0.4874***		
	（8.2895）	（2.6202）	（−4.3751）	（−3.7952）		
Reputation_other					0.9999***	
					（25.0198）	
Reputation						−0.2980*
						（−1.9220）
Family_num	−0.0235	−0.0298	−0.0227	−0.0471	−0.0001	0.0129**
	（−1.0451）	（−0.35）	（−0.4663）	（−0.4666）	（−0.0510）	（2.1114）
Family_size	−0.0088	0.0244	−0.0235	0.0254	0.0001	−0.0098***
	（−1.1083）	（0.8057）	（−1.3892）	（0.7348）	（0.1076）	（−3.3317）
Family_age	0.0454	0.4684*	0.1042	0.7833***	−0.0000	−0.0007**
	（0.7066）	（1.8846）	（0.7755）	（2.9690）	（−0.0239）	（−1.9775）
Fund_age	0.0000	0.0372	0.0313	0.0311	0.0000	0.0003
	（0.0037）	（0.8007）	（0.9715）	（0.4067）	（0.1718）	（0.8264）
Fund_size	0.0134***	0.5830***	−0.0560***	0.2777***	−0.0001	0.0021*
	（2.9336）	（33.6613）	（−5.5811）	（12.7947）	（−0.4227）	（1.7086）
Time_select	0.0001	0.0032	−0.0034**	0.0001		
	（0.1427）	（1.0677）	（−2.0374）	（0.0278）		
Stock_select	0.0364	0.1352	−0.1061*	0.2218*		
	（1.4108）	（1.3869）	（−1.8960）	（1.8750）		

续表

变量	(1)	(2)	(3)	(4)	(5)	(6)
	Excess_ret	Mana_fee	Excess_ret12	Mana_fee12	Reputation	Parcel
常数项	−0.7594	−7.2528	−0.0146	−8.2501	0.0008	0.2405***
	(−0.5110)	(−1.2610)	(−0.0047)	(−1.3454)	(0.0528)	(4.2892)
IMR	−0.0261	0.2987**	−0.0288	0.1691*		
	(−0.6974)	(2.1576)	(−0.5418)	(1.9433)		
基金固定效应	Yes	Yes	Yes	Yes	Yes	Yes
时间固定效应	Yes	Yes	Yes	Yes	Yes	Yes
样本数	3712	3655	3474	3227	3360	3360

注：括号内为聚类稳健 t 值

***、**和*分别表示 1%、5%和 10%显著性水平

2. 变更基金经理短视投资的代理变量

参考曾凌和苗文龙（2017）的研究，使用击鼓传花类股票合计市值占基金净值的比重作为基金短视的代理变量（Parcel2）进行稳健性检验，结果分别如表 8.6～表 8.8 所示，相关变量的符号和显著性均与上文一致，再次验证了本章结论的稳健性。

表 8.6　短视行为与基金业绩

变量	(1)	(2)	(3)	(4)
	Excess_ret	Mana_fee	Excess_ret12	Mana_fee12
Parcel2	0.3612***	0.4395***	−0.2899***	−0.6475***
	(11.9895)	(3.0861)	(−4.4998)	(−4.2943)
Family_num	−0.0135	−0.0029	−0.0130	−0.0433
	(−0.7635)	(−0.0393)	(−0.3421)	(−0.4742)
Family_size	−0.0135**	0.0270	−0.0355***	0.0582*
	(−2.0575)	(1.0283)	(−2.5932)	(1.8167)
Family_age	0.0295*	−0.0072	0.0409	0.2158**
	(1.6652)	(−0.0875)	(1.0283)	(2.2488)
Fund_age	−0.0001	0.0450	0.0153	0.0608
	(−0.0099)	(0.8614)	(0.6319)	(0.6569)
Fund_size	0.0090***	0.6004***	−0.0402***	0.3059***
	(2.6377)	(41.5743)	(−5.4019)	(16.3324)

续表

变量	(1)	(2)	(3)	(4)
	Excess_ret	Mana_fee	Excess_ret12	Mana_fee12
Time_select	0.0006	0.0043*	−0.0008	−0.0012
	(1.0563)	(1.7792)	(−0.6109)	(−0.3772)
Stock_select	−0.0099	0.1454**	0.0054	0.1348
	(−0.6048)	(2.1658)	(0.1531)	(1.6159)
常数项	−0.5655	2.8839	0.6832	3.4416
	(−1.2968)	(1.4142)	(0.6950)	(1.3520)
基金固定效应	Yes	Yes	Yes	Yes
时间固定效应	Yes	Yes	Yes	Yes
样本数	4514	3887	3911	3360
调整后的 R^2	0.748	0.369	0.903	0.116

注：括号内为聚类稳健 t 值

***、**和*分别表示 1%、5%和 10%显著性水平

表 8.7　职业忧虑、“业绩-资金流”非对称性和短视投资

变量	(1)	(2)	(3)
	Parcel2	Parcel2	Parcel2
Reputation	−0.1090**		−0.1106***
	(−2.4038)		(−2.6814)
Asymmetry		0.0070***	0.0076*
		(2.8574)	(1.8932)
Family_num	0.0243*	0.0094	−0.0032
	(1.8959)	(0.7819)	(−0.6996)
Family_size	−0.0007	0.0012	−0.0032
	(−0.1435)	(0.3681)	(−1.4938)
Family_age	−0.0096	−0.0034	0.0000
	(−0.4868)	(−0.6569)	(0.1512)
Fund_age	0.0009	0.0008	0.0000
	(0.1586)	(0.2729)	(0.1681)
Fund_size	0.0111***	0.0105***	0.0034***
	(4.6042)	(3.4617)	(3.6518)
常数项	−0.0586	−0.1869	0.0389
	(−0.1203)	(−0.9742)	(0.9131)

续表

变量	(1)	(2)	(3)
	Parcel2	Parcel2	Parcel2
基金固定效应	Yes	Yes	Yes
时间固定效应	Yes	Yes	Yes
样本数	3360	4777	3360
调整后的 R^2	0.363	0.442	0.440

注：括号内为聚类稳健 t 值

***、**和*分别表示 1%、5%和 10%显著性水平

表 8.8　显性激励、隐性激励和基金经理的短视投资

变量	(1)	(2)	(3)
	Parcel2	Parcel2	Parcel2
Reputation	−0.1272		−0.1280
	(−1.3957)		(−1.4129)
Asymmetry		0.0095***	0.0085***
		(4.4461)	(2.8821)
Rate_fee	0.0366***	0.0339***	0.0364***
	(8.7171)	(8.6893)	(8.6157)
Reputation×Rate_fee	−0.2367**		−0.2271*
	(−2.0053)		(−1.9289)
Asymmetry×Rate_fee		−0.0012***	−0.0011***
		(−3.5156)	(−3.0875)
Family_num	0.0003	0.0005	0.0003
	(0.0610)	(0.1273)	(0.0545)
Family_size	−0.0023	−0.0018	−0.0023
	(−0.9053)	(−0.9350)	(−0.8923)
Family_age	0.0004	0.0004	0.0004
	(1.0069)	(1.4316)	(1.0102)
Fund_age	−0.0005	−0.0004*	−0.0005
	(−1.4579)	(−1.7935)	(−1.4669)
Fund_size	0.0014	0.0013	0.0014
	(1.0333)	(1.3910)	(1.0159)
常数项	−0.0004	−0.0110	−0.0010
	(−0.0084)	(−0.2732)	(−0.0197)

续表

变量	（1）	（2）	（3）
	Parcel2	Parcel2	Parcel2
基金固定效应	Yes	Yes	Yes
时间固定效应	Yes	Yes	Yes
样本数	3360	4777	3360
调整后的 R^2	0.420	0.407	0.420

注：括号内为聚类稳健 t 值

***、**和*分别表示 1%、5%和 10%显著性水平

第五节　本 章 小 结

2021 年 1 月，有关机构印发了《建设高标准市场体系行动方案》，强调培育资本市场机构投资者，完善投资者保护制度。大多数研究认为，个人投资者是资本市场泡沫的产生根源，而机构投资者则是资本市场的稳定器。而本章研究则发现，在固定费率制度下，以开放式基金为代表的部分机构投资者并非以价值投资和稳定市场为己任，反而会为了追逐短期收益进行短视投资，如此不仅会损害投资者长期利益，在严重时还会加剧资本市场泡沫。因此，为了建设更高标准的市场体系，必须要降低基金经理的短视行为，引导其进行价值投资。要有效治理基金经理的短视行为，就必须首先了解基金经理短视行为的起因。因此，我们从固定费率制的基金管理费计提方式的名义契约出发构建了一个包含显性激励和隐性激励的共同激励机制模型，以探究基金经理短视投资的起因。

本章的研究发现：第一，在显性激励与隐性激励的共同激励制度下，基金经理会进行短视投资，即他们会大量持有击鼓传花类的股票，以牺牲基金长期利益为代价，提升基金短期业绩。

第二，在固定费率制下，基金经理的职业忧虑和业绩-资金流非对称性都会加剧基金经理投资行为的短视化。

第三，显性激励的增加虽然会缓解由业绩-资金流非对称性这一隐性激励引致的短视投资，但对于职业忧虑这一隐性激励引致的短视投资却起到了推波助澜的作用，即会加剧职业忧虑导致的短视投资。可见，固定费率制度本质上是低效率的制度安排，不能为基金经理提供足够的显性激励，因此无法消除基金经理的短视行为。

第九章　共同代理下的契约型基金治理

在现实基金市场中，我们常听到基金持有人抱怨“买基金不赚钱”，甚至出现了“基金赚钱，投资者亏钱”并存的现象[①]，那么其产生的原因是什么？在第八章建立的共同激励模型的基础上，本章我们进一步从共同代理视角构建契约型基金运作过程中基金公司、基金持有人与基金经理三者之间的利益关系与博弈模型，并在数值模拟的基础上，对“基金赚钱，投资者亏钱”的问题给出了模型化解释。本章得出的主要结论是：基金经理乃至基金公司的行为选择取决于基金持有人的申购-赎回行为特性；当持有人理性或有限理性时基金经理以及基金公司净收入与基金业绩正相关，基金经理将努力获得正的基金收益；当持有人非理性时基金经理和基金公司的净收入与基金业绩负相关，基金经理与基金公司都将选择不以提升业绩为目标，即产生“买基金不赚钱”甚至“基金赚钱，投资者亏钱”并存的现象。据此我们提出了本章研究的相关启示。

第一节　相关问题概述

根据中国证券投资基金业协会的统计，截至2022年底，中国证券市场上各类公募基金超过10 000只，资产净值合计逾26万亿元，约为2022年国内生产总值的21.5%，公募基金已然成为投资者青睐的投资工具。然而，在现实证券市场中人们常常抱怨“买基金不赚钱”，当这一抱怨成为一个普遍现象的时候，我们就不能仅仅归结为是因为投资者在基金选择上出错。特别是我们看到，中国证券投资基金业协会在制订2019年下半年工作计划时就提到“正视行业问题，再塑资管行业辉煌”，首次明确指出“基金赚钱、

---

① 在第十章的专题研究中我们还将对该问题做进一步的实证考察。

投资者亏钱”的现象[①]，并且上升到“导致公募基金失去投资者信任这一发展根基”的高度，可见该问题的普遍性和严重性。

面对投资者“买基金不赚钱”的抱怨，就需要我们回答：这是由于基金经理无能还是因为他们并没有将自己的能力发挥出来[②]？而面对可能“导致公募基金失去投资者信任这一发展根基”的“基金赚钱，投资者亏钱”并存的现象，则更需要我们从理论上找到原因所在以便“对症下药”。

进一步来看，虽然基金治理方面的研究成果颇丰，但正如本书已经指出的，欧美国家主流的基金组织形式为公司型，与我国的契约型基金存在很大差异[③]，因而大部分国外的研究成果不完全适用于我国公募基金市场；同时，国内研究大多借鉴国外研究结论或研究方法，以经典双边委托代理理论的视角对中国公募基金治理问题进行实证考察，这种持有人-基金经理或持有人-基金公司的双边考察不仅忽略了中国现实中持有人和基金公司对基金经理不同且独立的影响，而且由于以实证研究为主也就相对忽略了对背后理论机制的讨论，从而导致对基金运作过程中各方主体行为选择问题的解释不准确、理论剖析深度不够，因此也限制了其结论的科学性与政策建议的针对性。

鉴于以上情况，本章从共同代理视角出发，结合我国契约型基金的实际情况，尝试从理论层面构建不同条件下基金运作过程中基金公司、持有人和基金经理之间的利益关系与博弈模型，以此对各方，特别是基金经理的行为选择机制做出解释，以期从理论机制上回答为何我国基金市场上出现“买基金不赚钱”和“基金赚钱，投资者亏钱”并存的现象，并据此提出有针对性的建议与启示。

相较于已有的研究成果，本章的贡献主要体现在如下几个方面：第一，过往研究大多只考虑了基金公司、持有人与基金经理中的两方（将持有人

---

① 显而易见，此处所指的“基金”是一个笼统的表述，其内涵既包括了基金管理公司又包括了基金经理，所以更确切的表述是基金管理公司（无特殊说明时下文表述为基金公司）和基金经理赚钱而投资者（特指投资于公募基金的人，如无其他所指下文统称为持有人）亏钱。

② 根据有效市场理论，一个有效的市场是不可战胜的。但问题在于，一个有水平的或者说把自己的投资管理能力充分发挥出来的基金经理，面对有效市场时他不能战胜这个市场，但也至少不应该败给市场。

③ 关于公司型基金与契约型基金区别的详细讨论可参见李学峰等（2022）的研究。这里我们要强调的是，对于契约型基金治理问题的研究实际上可以分为两个不同的角度，一是研究契约型基金所属的基金管理公司的治理问题，该角度的研究与对公司型基金治理问题的研究类似，都属于一般意义上的公司治理问题；二是围绕契约型基金中基金公司、持有人、基金经理等主体所形成的关系进行研究，即本章所关注的（契约型）基金治理问题（或一种特殊的公司治理问题），而非一般意义的公司治理。

与基金公司并为一体考虑或将基金公司与基金经理并为一体考虑)，本章则首次通过以基金公司和持有人为不同委托人、基金经理为代理人的共同代理理论框架将三方彼此的利益关系与对博弈的独立影响进行了反映，更加贴合中国契约型基金市场的实际，从而也真正聚焦到了基金治理问题而非一般意义上的公司治理或基金公司治理问题。第二，相较于“现象—实证”的研究成果，本章对契约型基金治理问题进行了理论化、模型化的剖析，从而尝试在更深层次上对现象产生的本质进行解释；特别是，由于共同代理理论自其诞生之时即区别于其他委托代理理论的“个人效用最大化”而采用了“个人净利润最大化”的出发点，本章得以首次从基金运作中三方“个人净收入最大化”的框架出发来构建理论模型，从而对我国公募基金行业的委托代理问题特别是其中的激励问题给出了一个全新视角的考察和分析，也为后续的研究提供了新的参考方向与初步的理论基础。第三，在基本理论模型的基础上，本章首次对市场中广泛存在的“买基金不赚钱”乃至“基金赚钱，投资者亏钱”并存的现象给出了理论解释，深化了围绕契约型基金治理问题的现实与理论研究，并为相关政策制定提供了依据与参考。

本章以下部分的结构安排是：第二节为文献综述，围绕委托代理理论和基金（公司）治理的研究对国内外已有文献进行梳理与评价，并提出本章的研究视角；第三节为基本理论模型，基于共同代理的理论视角对三方博弈及行为形成机制进行了模型化与理论化的解释，并以数值模拟的方式对模型进行了检验；第四节在第三节模型的基础上，通过放松对持有人的假设，对模型进行了符合实际的拓展并通过数值模拟提供支持，最终得到了本章的理论结果与解释；第五节为本章小结。

第二节　文献综述

Keswani 和 Stolin（2008）以及 Feng 等（2014）的研究均表明基金具有赚钱效应，然而，我国现实市场却充斥着持有人“买基金不赚钱”现象，特别是当“基金赚钱，投资者亏钱”并存时，我们就不得不考虑基金治理问题。

基金治理从大的范畴上也属于公司治理，包括内部治理与外部治理（李学峰等，2012)，但相比之下内部治理才是解决基金市场中存在的问题的根本出路——通过揭示基金运作各方主体，特别是基金直接运作者基金经理的行为选择机制，探寻基金市场焦点问题发生的根本性原因，才能从制度设计和外部监管上填补漏洞，从而切实维护市场秩序与保护投资者利益。而现代公司治理的本质则是契约理论或者说是委托代理理论（姚伟等，2003），基金运作过程本质也是一个委托代理关系下的博弈过程：不论何种类型的基金，股东（或基金公司）与持有人出资而成为委托人，基金经理受聘对基金进行实际运作而成为代理人。因此，基金治理问题实质上是委托代理关系在基金契约关系中的特化。

由此，国内外基金治理研究的主流方向即从委托代理理论出发，探寻基金各方主体利益实现过程中的行为选择问题。根据博尔顿和德瓦特里庞（2008）的研究，委托代理理论主要存在四个不同的分支：静态双边委托代理①（Mirrlees，1971；Ross，1973；Grossman and Hart，1983；Holmstrom and Milgrom，1991；Mirrlees，1999）；静态多边委托代理，即多代理人委托代理（Holmstrom，1979；Sappington，1983；Legros and Matthews，1993）；动态双边委托代理（Stokey，1981；Fudenberg and Triole，1983；Hart and Triole，1988）；不完全委托代理（Grout，1984；Grossman and Hart，1986；Hart and Moore，1990）。而由于基金运作本身的特点，目前已有基金治理研究中应用最多的是静态双边委托代理视角与动态双边委托代理视角。

根据对委托人与代理人的划分，静态双边委托代理视角下的研究又分为两个主要方向。其一是从股东委托基金经理的角度进行的研究（Basak et al.，2007；Kempf et al.，2009；Chen et al.，2013；王燕鸣和蒋运冰，2013；韩燕和崔鑫，2014）②。其二是从持有人委托基金公司的角度所进行的研究（李学峰等，2011；肖欣荣和田存志，2016）③。除此之外，也有研究认为基金运作中的委托代理关系是股东委托基金经理，但每只基金都是一个独立任务的多任务委托代理（彭文平和陈延，2015）④或是持有人委托基金公司，基金公司进一步委托基金经理的双重委托代理（曹兴和秦耀华，2013）⑤。

① 多任务委托代理、双重委托代理属于静态双边委托代理理论。

② 该角度的研究实际上是对典型的公司型基金治理问题或基金管理公司治理问题的研究，本质上可以归类到一般意义上的公司治理研究。

③ 这一角度的研究更接近于本质上的基金治理而非公司型基金治理或基金管理公司治理，但这些研究忽视了基金治理中的重要主体——基金经理。

④ 该视角的研究与前述第一个方向上的有关研究类似。

⑤ 这一角度的研究极具启发意义，但却忽视了持有人与基金经理之间的委托代理关系，详见下文分析。

动态双边委托代理视角下对基金治理的研究主要是考察基金各方主体在面临跨期博弈时基于效用最大化的行为选择问题。这方面的代表性文献有 Ou-Yang（2003）、Kyle 等（2011）、Chevalier 和 Ellison（1997）、Chan 等（2002）、罗真和张宗成（2004）、彭文平和杨蓝蓝（2013）的研究[①]。可以说伴随着对基金治理问题的研究，已有文献取得了非常丰硕的成果，内容涵盖了几乎所有影响基金各方主体行为选择的因素。

然而，正如前文所言，在契约型组织形式下，我国公募基金市场并不完全适用于上述委托代理理论：投资者通过与基金公司订立基金合同申购基金份额从而成为持有人，在基金开始运行后通过申赎行为以及持有人大会对基金运作施以影响和监督，而持有人大会又有权表决修改基金合同、调整基金管理人的报酬标准或更换基金管理人，对基金运作有相对独立且重要的影响；基金经理一方面受聘于基金公司、由基金公司发给薪酬（激励）、服务于公司的目标；另一方面又有义务服务于持有人的目标，且持有人虽不直接发给基金经理报酬，但可通过申购-赎回行为或持有人大会独立地间接或直接影响基金经理的报酬，对基金经理形成激励。由此，基金公司与基金经理之间以及持有人与基金经理之间均形成委托代理关系，而其中的关键问题在于持有人所追求的目标（持有人利益最大化）与公司所追求的目标（股东利益最大化）是不同质的[②]。因此，我国契约型基金各方主体间的博弈关系更符合共同代理理论的出发点或者说是其要解决的问题。

共同代理理论是委托代理理论发展过程中所形成的一个独立分支，其开山之作是 Bernheim 和 Whinston（1985）所做的研究。这篇论文首次明确提出了“共同代理”的概念，并依托于经典委托代理理论的研究方法构建了共同代理博弈模型框架。相较于以往的委托代理理论研究，Bernheim 和 Whinston（1985）并非从效用最大化角度出发，而是首次引入了利润最大化来构建其理论模型：若干个风险中性的委托人向风险中性的代理人宣布“合约”（目标规模与激励计划），代理人在各合约中做出选择，而这种选择行为会影响委托人的利润，委托人又会由此调整代理人的报酬，且不

① 除上文提到的基于经典委托代理理论的研究之外，也有大量基于委托代理理论发展而来的声誉理论（Scharfstein and Stein，1990；Chevalier and Ellison，1999；Brown et al.，2001；王良和冯涛，2015；孟庆斌等，2015）与“锦标赛”理论（Brown et al.，1996；肖继辉，2012；彭文平和肖继辉，2013；肖继辉等，2016；Lee et al.，2019）而展开的围绕基金治理的研究。但一方面这些理论并非本书的研究视角，另一方面如下文针对经典委托代理理论所指出的，这些理论大多也是针对公司型基金或基金管理公司的治理进行的研究。

② 在欧美市场主流的公司型基金中，持有人与股东这两大主体的身份是合一的，因此至少从法律上看持有人目标与公司目标是相同的——股东利益最大化。

同委托人的决定又会在委托人的内部产生相互的影响与制约，从而形成共同代理中的博弈，而此博弈的纳什均衡状态是委托人之间串谋，共同给出一致的合约。在此基础上，Bernheim 和 Whinston（1986）的研究进一步将共同代理博弈拓展至多个委托人独立影响代理人的情况，并进一步补充了委托人之间串谋的成本与净利润分配问题、博弈均衡的存在性问题、非效率均衡中各方行为选择的问题以及非串谋下导致的福利损失的潜在制度补救问题，从而形成了完整的共同代理理论体系与方法论。此后大量研究对共同代理关系领域的激励与约束问题进行了分析（Biglaiser and Mezzetti，1993；Aggarwal and Nanda，2004；Arribas and Urbano，2017）。遗憾的是，在围绕我国公募基金治理问题的研究中，尚未有从共同代理视角进行的理论分析与实证检验，这实际上未能对我国契约型基金运作过程中的本质性问题做出有效回答。因此，本章将借鉴 Bernheim 和 Whinston（1985，1986）的共同代理理论研究方法，结合我国契约型基金的实际，对基金运行中基金公司、持有人与基金经理的博弈与行为选择问题展开分析探讨，并由此对我们前文所提出的现实与理论问题进行分析和回答。

第三节　基本理论模型

一、前提假设与模型设定

在对基金公司、持有人与基金经理的共同代理关系进行研究之前，为了规范与简化三者之间的博弈模型分析，同时考虑到我国公募基金市场中存在的现实状况，结合已有研究成果，本章提出如下假定。

假设 9.1：本章所研究的契约型基金仅包括开放式的股票型与偏股混合型基金，并且不考虑除基金公司、持有人与基金经理以外其他的基金当事人。

在所有基金当事人中，基金公司、持有人与基金经理是利益受到基金运作结果直接影响的相关方[①]。同时，在本章的研究中，持有人制约另外两

① 按照《中华人民共和国证券投资基金法》的规定，基金当事人除上文中提到的三方外还包括基金托管人，本章出于两方面考虑不将其视作基金运作相关方：第一，托管人的收入为按各期基金规模和固定的托管费率计算得出的托管费，即托管人的收入与基金业绩（基金运作的直接结果）并不直接相关；第二，从委托代理理论来看，托管人既不直接运作基金（代理人）又不付出激励计划（委托人）。而对于托管费，本书则将其视作一项基金运作过程中的费用（详见假设 9.2）。

方的一个重要手段即通过申购和赎回行为影响基金规模，进而影响公司的管理费收入与基金经理的报酬。而根据《中华人民共和国证券投资基金法》的规定，封闭式基金在存续期间份额不变，持有人购买基金后不得赎回，只能将所持有的基金份额在二级市场出售；同时，对于主要投资于其他金融工具的基金及指数型基金，其投资限制、收益的计算、持有人对其业绩的敏感程度等方面与主要投资于股票的基金存在显著差异①，上述差异最终将导致三方的博弈形成不同的结果。因此，受限于本章的研究主题，为了规范下文的分析及结论，提出上述假设 9.1。另外需要说明的是，此处开放式基金仅指长期开放申赎的基金，包括封闭式基金依基金合同转变为长期开放的基金，但不包括定期开放式基金②。

假设 9.2：固定费率的管理费是基金公司唯一的收入；且除管理费外，基金运作过程中不产生其他费用，也不单独考虑持有人分红项。

虽然 2017 年中国证券监督管理委员会（简称中国证监会）发布的《公开募集证券投资基金收取浮动管理费指引（初稿）》允许部分公募基金申请依据业绩提取浮动管理费，但至今以浮动管理费率获批的基金数量稀少③，且大多并非股票型或偏股混合型基金。简便起见，我们的分析仅考虑固定费率的管理费。同时，基金运作过程中虽确实会产生其他费用（如税费、支付给基金托管人的报酬以及持有人的申赎费用等）及分红，但相关费用或收入均可通过系数调整的方式转换为持有人或基金公司的收益，且本章的分析并不涉及具体数据，因而忽略这部分费用以及不单独考虑持有人分红项并不会对本章结论造成影响。

假设 9.3：基金经理完全合规运作基金，但其投资行为对持有人不可视。

此处“合规”是指基金经理在运作基金的过程中不存在诸如“老鼠仓”等明确违反《中华人民共和国证券投资基金法》或《中华人民共和国刑法》等有关法律或管理规定的行为，而做出“合规”假设的目的是简化基本模型分析。而“投资行为不可视”假设则是一项符合实际的限定条件：持有

---

① 以 ETF（exchange traded fund，交易所交易基金）为例，部分 ETF 设有较高的认购金额下限，这排除了相当多的中小持有人；同时，投资者在申购 ETF 时会更多地参照标的指数与 ETF 的追踪误差，下文的分析对此并不适用（详见假设 9.5）。

② 定期开放式基金是指在每一个运作周期内封闭而在运作周期之间开放申赎的基金，持有人仅在短暂的开放期内可以“用脚投票”对基金经理形成激励，且此条件下持有人在开放期对基金经理封闭期内行为的反应敏感性较即时反应存在很大不同，基金经理由此也将形成新的行为选择。因此，本书以下分析对定期开放式基金并不适用。

③ 关于浮动管理费对基金治理的影响，我们将在第十一章进行讨论。

人委托基金经理运作基金，但一般不会直接干预具体的投资行为；基金经理也无向持有人实时报告其具体投资行为的义务。“不可视”假设对后续分析的规范体现在它限定了在本章研究中持有人不可使用直接干预具体投资行为的方式来影响另外两方。

假设 9.4：基金公司、持有人与基金经理仅专注于实现自身净收入最大化一个目标。

持有人投资基金的净收入来自各期的分红及持有人赎回其基金份额时基金净值相较于其申购时的增量，其中基金净值增量实质上是相同时期基金资产净收益的表现形式；同时根据假设 9.2，持有人的分红也可归入基金资产净收益，将其表示为基金资产净收益归属于持有人的部分。因此，持有人的净收入可以表现为基金资产净收益的函数：

$$I_{i,t}^{I}(R_{i,t})=a_{i,t}\times R_{i,t} \tag{9.1}$$

其中，$I_{i,t}^{I}(R_{i,t})$为持有人t时期在基金i上的净收入；$a_{i,t}$为t时期基金i资产净收益实际归属持有人的比例；$R_{i,t}$为t时期基金i的资产净收益。

根据假设 9.3，基金经理在基金运作过程中不存在“老鼠仓”等违规违法行为，故其管理基金所获得的净收入仅来自公司所支付的报酬。一般情况下，基金经理的报酬包含三个部分：基本工资、基于其在管基金规模的规模报酬、基于其所创造的基金业绩（基金资产净收益）的业绩报酬。而在实际中，基本工资为一个基本固定的常数，并不作为股东激励及约束基金经理的主要手段，且同样地，由于本部分分析并不涉及具体的数值（即可通过调整系数的方式将基本工资项化入规模报酬项与业绩报酬项之中），简便起见，下文分析将省略基本工资项。综上，基金经理的净收入表现为其在管基金的规模与基金资产净收益的函数，即

$$I_{i,t}^{M}(S_{i,t},R_{i,t})=b_{i,t}\times S_{i,t}+c_{i,t}\times R_{i,t} \tag{9.2}$$

其中，$I_{i,t}^{M}(S_{i,t},R_{i,t})$为基金经理$t$时期从基金$i$上获得的净收入（报酬）；$b_{i,t}$为基金经理$t$时期基于基金$i$的规模所获得的规模报酬比例；$S_{i,t}$为基金$i$在$t$时期的规模；$c_{i,t}$为基金经理$t$时期基于其为基金$i$创造的业绩所获得的业绩报酬比例（当$R_{i,t}\leqslant 0$时，$c_{i,t}=0$）；$R_{i,t}$的含义不变。

根据假设 9.2，基金公司在一只基金上的收入为固定费率的管理费，同时公司需支付基金经理的报酬，即基金公司的净收入为管理费减去基金经理报酬，表现为基金规模与基金资产净收益的函数：

$$I_{i,t}^{C}(S_{i,t},R_{i,t})=d_{i}\times S_{i,t}-I_{i,t}^{M}(S_{i,t},R_{i,t})=d_{i}\times S_{i,t}-b_{i,t}\times S_{i,t}-c_{i,t}\times R_{i,t} \tag{9.3}$$

其中，$I_{i,t}^{C}(S_{i,t},R_{i,t})$为基金公司$t$时期从基金$i$上获得的净收入；$d_i$为基金$i$的管理费率，其余符号含义不变。

假设 9.5：当期基金规模取决于当期基金规模变动，当期基金规模变动取决于当期基金资产净收益及持有人的净申赎，持有人的申赎取决于上一期基金业绩，即上一期基金业绩好本期持有人将申购，否则将进行赎回①；且持有人的申赎对基金公司与基金经理是可视的。

参考李学峰等（2016）的研究，基金i在t时期末的规模可表示为

$$S_{i,t} = S_{i,t-1} + \Delta S_{i,t} \tag{9.4}$$

其中，$\Delta S_{i,t}$为基金i在t时期的规模变动，其余符号含义不变。由于上期各变量在本期无法调整，因而本期基金规模实际上仅取决于本期的规模变动。而根据假设 9.2，在不考虑基金其他费用支出、持有人分红归入资产净收益的情况下，本期基金规模变动取决于两部分：一部分是本期基金净值的增加，另一部分是持有人的净申赎。根据式（9.1）持有人的净收入可以表现为基金资产净收益的函数，那么作为理性的追求自身净收入最大化的持有人即会买入净资产收益高或者说业绩好的基金②，再参考 Lynch 和 Musto（2003）、李学峰等（2009b）与孟庆斌等（2019）的研究，我们即可假定持有人各期的净申赎取决于基金上一期的业绩：

$$\Delta S_{i,t}^{I} = \mu_i \times R_{i,t-1} \tag{9.5}$$

其中，$\Delta S_{i,t}^{I}$为基金i在t时期的规模变动中由持有人净申赎决定的部分；μ_i为基金i的持有人的净申赎比例。

综上，基金i在t时期的规模变动最终表示为

$$\Delta S_{i,t} = (1 - a_{i,t} - c_{i,t}) \times R_{i,t} + \mu_i \times R_{i,t-1} \tag{9.6}$$

最终，基金i在t时期末的规模可表示为基金业绩的函数：

$$S_{i,t}(R_{i,t}) = S_{i,t-1} + (1 - a_{i,t} - c_{i,t}) \times R_{i,t} + \mu_i \times R_{i,t-1} \tag{9.7}$$

以上两式中各符号含义不变。至此，在假设 9.5 的限定下，持有人、基金经理与基金公司的净收入最终均表现为基金业绩的函数：

$$I_{i,t}^{I}(R_{i,t}) = a_{i,t} \times R_{i,t} \tag{9.8}$$

$$I_{i,t}^{M}(R_{i,t}) = b_{i,t} \times [S_{i,t-1} + (1 - a_{i,t} - c_{i,t}) \times R_{i,t} + \mu_i \times R_{i,t-1}] + c_{i,t} \times R_{i,t} \tag{9.9}$$

① 也有很多文献认为持有人会采取非理性的处置效应或出现所谓“赎回异象”，对此我们将在本章第四节的基本理论模型的拓展中进行考虑。

② 在本部分基本理论模型的分析中，一个重要的隐含假定即持有人的行为是理性的。对此我们将在本章第四节的基本理论模型拓展中给予放松。

$$I_{i,t}^{C}(R_{i,t})=(d_i-b_{i,t})\times[S_{i,t-1}+(1-a_{i,t}-c_{i,t})\times R_{i,t}+\mu_i\times R_{i,t-1}]-c_{i,t}\times R_{i,t} \tag{9.10}$$

以上三式中各符号含义不变。此外，由于基金公司和基金经理掌握着基金的全部信息，且二者均具有分析这些信息的专业知识与能力，因而有理由相信持有人的申赎行为特征对另外两方是可视的。

假设 9.6：基金经理为基金创造的业绩取决于基金经理的努力程度，而基金经理的努力则取决于基金经理受到的激励。

Mehran 和 Stulz（2007）、曹兴等（2012）与滕莉莉等（2013）的研究表明，基金经理的努力能够降低基金投资的风险、获得超额收益。本章也将基金经理的努力程度纳入考虑，但由于本章研究基于各方目标为净收入（而非效用）最大化，因而简便起见，这里假设基金经理的努力程度与基金业绩直接相关，即基金业绩表现为基金经理努力程度的函数：

$$R_{i,t}(H_{i,t})=e_i\times H_{i,t},\quad e_i\geqslant 0 \tag{9.11}$$

其中，e_i 为基金经理在基金 i 上努力程度的业绩转化系数；$H_{i,t}$ 为基金经理 t 时期在基金 i 上的努力程度；$R_{i,t}$ 的含义不变。进一步，我们假定基金经理的努力程度取决于基金公司与持有人的激励，即

$$H_{i,t}(b_{i,t}^{*},c_{i,t}^{*},\mu_i)=w_{i,t}^{b}\times \ln b_{i,t}^{*}+w_{i,t}^{c}\times \ln c_{i,t}^{*}+w_{i,t}^{\mu}\times \mu_i \tag{9.12}$$

其中，$w_{i,t}^{b}$、$w_{i,t}^{c}$、$w_{i,t}^{\mu}$ 分别为 t 时期基金 i 的基金经理对公司与持有人不同激励的重视程度权重；$b_{i,t}^{*}=n_b\times b_{i,t}$、$c_{i,t}^{*}=n_c\times c_{i,t}$ 为针对对数函数对公司激励计划进行的线性映射（n_b、n_c 均为常数），其目的在于将 $b_{i,t}$ 值与 $c_{i,t}$ 值放大至围绕 1 分布，使对数函数值能够反映激励计划对基金经理的真实影响①。

假设 9.7：各方的决策变量（博弈各方能够直接改变并以此影响另外两方利益或作为委托人对代理人进行约束，从而实现自身目标的变量）按期调整，在一期内固定。

按照基金运行过程中的实际情况，在以上假设条件下，基金公司的决策变量为其对基金经理的激励计划（$b_{i,t},c_{i,t}$），而公司会出于三项考虑决定 $b_{i,t}$ 与 $c_{i,t}$ 的绝对量与相对量，即基金上期表现、公司的本期计划（更注重规模还是更注重业绩）、保证基金经理的激励能够使其为公司本期计划服务

① 此处暗含一个假设：基金经理对其规模激励与业绩激励存在一个最低期望（即当 $b_{i,t}^{*}$ 或 $c_{i,t}^{*}$ 取 1 时），当实际激励计划低于此期望时将发挥“负作用”。所谓“负作用”，是指因基金经理不满激励计划低于预期水平而产生了“消极怠工”情绪所造成的努力程度的降低。

的前提下最小化公司成本，最终达到最大化公司净收入的目的。

持有人的决策变量为净申赎（即 $\Delta S_{i,t}^{I}$），根据假设 9.5 持有人的净申赎取决于基金上一期业绩 $R_{i,t-1}$，这将影响基金规模进而影响基金公司与基金经理的收入与关注，从而倒逼基金经理为持有人净收入最大化目标服务。

基金经理的决策变量为其努力程度中的重视程度权重（$w_{i,t}^{b}$、$w_{i,t}^{c}$ 与 $w_{i,t}^{\mu}$），即基金经理基于对委托人的激励和制约与个人净收入最大化目标之间的权衡，通过调整其运作基金的努力程度力争达成目标业绩水平，而此过程又会影响委托人的净收入与决策。参考 Maynard（1974）的演化博弈理论①以及王良和冯涛（2015）、赵道致等（2020）的研究，为进一步分析此共同代理参与者策略的交互影响，建立由基金经理-基金公司-持有人三个博弈主体构成的经济系统，本章演化博弈主体之间的关系及策略集如图 9.1 所示。

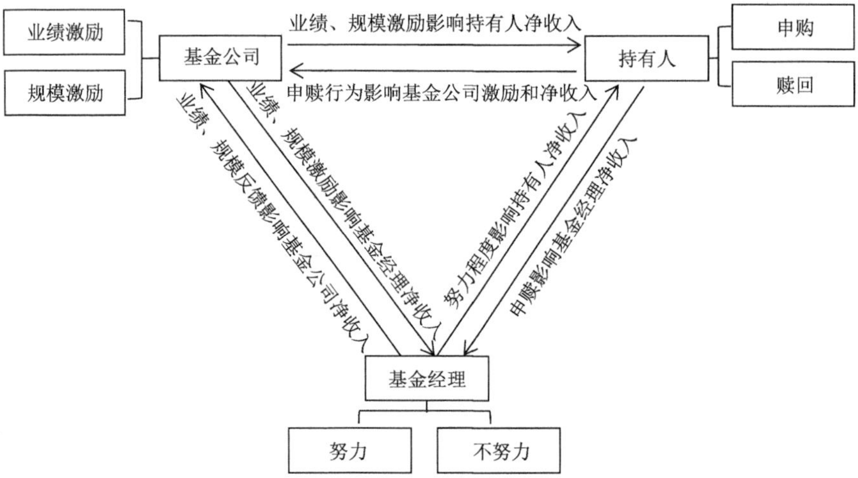

图 9.1　三方博弈关系及策略图

此时，持有人、基金经理与基金公司的净收入表示为

$$I_{i,t}^{I}(R_{i,t})=a_{i,t}\times e_i\times(w_{i,t}^{b}\times\ln b_{i,t}^{*}+w_{i,t}^{c}\times\ln c_{i,t}^{*}+w_{i,t}^{\mu}\times\mu_i) \tag{9.13}$$

$$\begin{aligned}I_{i,t}^{M}(R_{i,t})=&b_{i,t}\times[S_{i,t-1}+(1-a_{i,t}-c_{i,t})\times e_i\\&\times(w_{i,t}^{b}\times\ln b_{i,t}^{*}+w_{i,t}^{c}\times\ln c_{i,t}^{*}+w_{i,t}^{\mu}\times\mu_i)+\mu_i\times R_{i,t-1}]\\&+c_{i,t}\times e_i\times(w_{i,t}^{b}\times\ln b_{i,t}^{*}+w_{i,t}^{c}\times\ln c_{i,t}^{*}+w_{i,t}^{\mu}\times\mu_i)\end{aligned} \tag{9.14}$$

① 根据 Maynard（1974），演化博弈在动态系统中不断进行反馈活动，博弈方相互制约。

$$
\begin{aligned}
I_{i,t}^{C}(R_{i,t}) = &(d_i - b_{i,t}) \times [S_{i,t-1} + (1 - a_{i,t} - c_{i,t}) \times e_i \\
&\times (w_{i,t}^{b} \times \ln b_{i,t}^{*} + w_{i,t}^{c} \times \ln c_{i,t}^{*}) + \mu_i \times R_{i,t-1}] \\
&- c_{i,t} \times e_i \times (w_{i,t}^{b} \times \ln b_{i,t}^{*} + w_{i,t}^{c} \times \ln c_{i,t}^{*} + w_{i,t}^{\mu} \times \mu_i)
\end{aligned} \tag{9.15}
$$

由此，探寻基金公司、持有人与基金经理共同代理关系中基金经理的行为选择问题实质上为求解三方博弈达到均衡状态时的策略选择。

基金持有人净收入 $I_{i,t}^{I}(R_{i,t})$ 对 μ_i 求导：

$$
\frac{\partial I_{i,t}^{I}(R_{i,t})}{\partial \mu_i} = a_{i,t} \times e_i \times w_{i,t}^{\mu} \tag{9.16}
$$

基金经理净收入 $I_{i,t}^{M}(R_{i,t})$ 分别对 $w_{i,t}^{b}$、$w_{i,t}^{c}$、$w_{i,t}^{\mu}$ 求导：

$$
\frac{\partial I_{i,t}^{M}(R_{i,t})}{\partial w_{i,t}^{b}} = (1-b_{i,t}) \times c_{i,t} \times e_i \times \ln b_{i,t}^{*} + b_{i,t} \times (1-a_{i,t}) \times e_i \times \ln b_{i,t}^{*} \tag{9.17}
$$

$$
\frac{\partial I_{i,t}^{M}(R_{i,t})}{\partial w_{i,t}^{c}} = (1-b_{i,t}) \times c_{i,t} \times e_i \times \ln c_{i,t}^{*} + b_{i,t} \times (1-a_{i,t}) \times e_i \times \ln c_{i,t}^{*} \tag{9.18}
$$

$$
\frac{\partial I_{i,t}^{M}(R_{i,t})}{\partial w_{i,t}^{\mu}} = (1-b_{i,t}) \times c_{i,t} \times e_i \times \mu_i + b_{i,t} \times (1-a_{i,t}) \times e_i \times \mu_i \tag{9.19}
$$

基金公司净收入 $I_{i,t}^{C}(R_{i,t})$ 分别对 $b_{i,t}$、$c_{i,t}$ 求导：

$$
\begin{aligned}
\frac{\partial I_{i,t}^{C}(R_{i,t})}{\partial b_{i,t}} = &-S_{i,t-1} - (1-a_{i,t}-c_{i,t}) \times e_i \\
&\times \left[w_{i,t}^{b} \times \left(\ln b_{i,t}^{*} + d_i - \frac{1}{b_{i,t}} \right) + w_{i,t}^{c} \times \ln c_{i,t}^{*} \right] - c_{i,t} \times e_i \times w_{i,t}^{b} \times \frac{1}{b_{i,t}}
\end{aligned} \tag{9.20}
$$

$$
\begin{aligned}
\frac{\partial I_{i,t}^{C}(R_{i,t})}{\partial c_{i,t}} = &e_i \times [w_{i,t}^{b} \times \ln b_{i,t}^{*} + w_{i,t}^{c} \times (1 + \ln c_{i,t}^{*})] \\
&\times (d_i - b_{i,t} - 1) - e_i \times w_{i,t}^{\mu} \times \mu_i
\end{aligned} \tag{9.21}
$$

即均衡解满足如下条件：

$$
(b_{i,t}, c_{i,t}) \in \arg\max_{b'_{i,t}, c'_{i,t}} I_{i,t}^{C}(R'_{i,t}) \tag{9.22}
$$

$$
H_{i,t} \in \arg\max_{H'_{i,t}} I_{i,t}^{M}(R'_{i,t}) \tag{9.23}
$$

以上各式中 $b'_{i,t}$、$c'_{i,t}$、$H'_{i,t}$ 分别为对应变量的最优值，其余符号含义不变。根据式（9.16）～式（9.21）可以看出此时三方博弈没有均衡解，基金经理完全追逐基金业绩 $R'_{i,t}$ 最大化。

二、数值模拟

为了验证上文的理论分析，本部分我们利用数值模拟展示三方博弈时各自净收益与 $b_{i,t}$ 和 $c_{i,t}$ 之间的动态关系，绘制的三维曲面图如图 9.2 所示，参数取值及说明见表 9.1①。图 9.2 进一步证明了前文的理论分析，此时三方博弈没有均衡解，基金经理完全追逐基金业绩最大化。

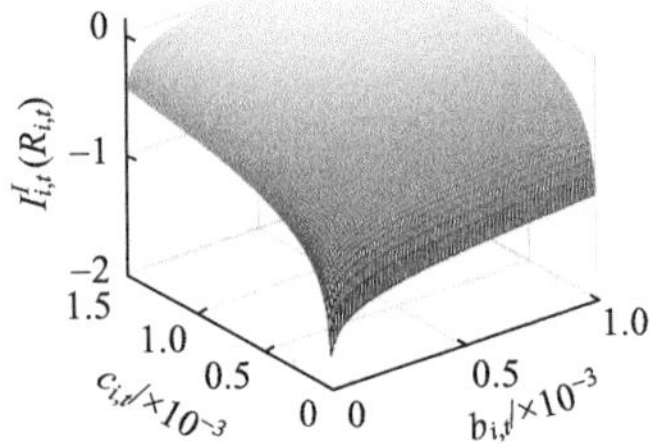

（a）持有人净收入三维曲面图

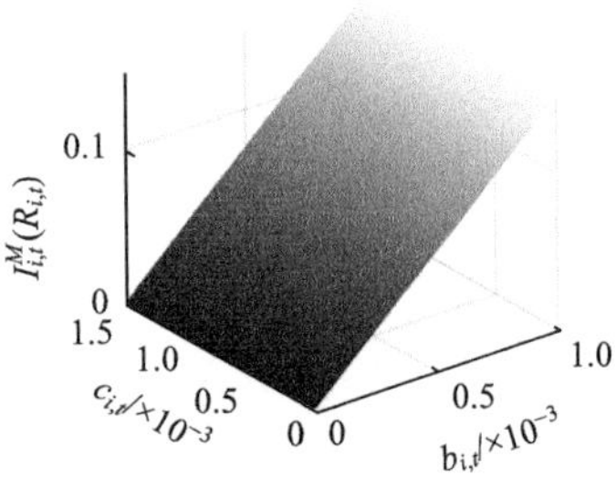

（b）基金经理净收入三维曲面图

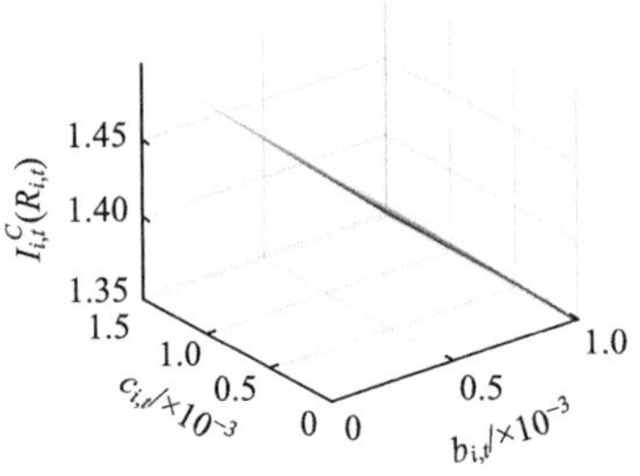

（c）基金公司净收入三维曲面图

图 9.2　数值模拟的三方净收入与 $b_{i,t}$ 和 $c_{i,t}$ 关系的三维曲面图

表 9.1　数值模拟的参数取值与说明

参数	取值与说明
基金经理在基金 i 上努力程度的业绩转化系数 e_i	参考肖欣荣和田存志（2016）的研究，设 e_i 取值为 0.6
基金经理对基金规模的重视程度权重 $w^b_{i,t}$，对基金业绩的重视程度权重 $w^c_{i,t}$，对持有人申赎行为的重视程度权重 $w^\mu_{i,t}$	根据前文的理论分析，基金经理追求业绩最大化，因此 $w^c_{i,t}$ 最大，设定 $w^c_{i,t} \geqslant w^b_{i,t} + w^\mu_{i,t}$，且 $w^c_{i,t} + w^b_{i,t} + w^\mu_{i,t} = 1$，而由于持有人的申赎行为会影响基金规模，进一步假定 $w^b_{i,t} = w^\mu_{i,t}$，因此，设 $w^c_{i,t} = \frac{1}{2}$，$w^b_{i,t} = w^\mu_{i,t} = \frac{1}{4}$

① 除现有参数取值外，作者还尝试了不同的参数取值，结论与此相同。

续表

参数	取值与说明
线性映射常数 n_b、n_c	设定 $n_b=1200$，$n_c=800$
管理费率 d_i，资产净收益实际归属于持有人的比例 $a_{i,t}$	参考肖欣荣和田存志（2016）的研究，设定 d_i 为 1%，$a_{i,t}$ 为 85%
上一期基金 i 资产净收益 $R_{i,t-1}$，上一期基金 i 规模 $S_{i,t-1}$，基金 i 的持有人的净申赎比例 μ_i	设定 $R_{i,t-1}$ 和 $S_{i,t-1}$ 均为 100，μ_i 取 0.5

三、基本结论

对于一只特定的基金i，在上文所有假设均满足的条件下，其管理公司、持有人与基金经理三方的博弈将满足定理 9.1。

定理 9.1　对于任何基金i，基金公司、持有人、基金经理的博弈不存在均衡状态；基金公司的激励将无限地倾向于基金业绩，基金经理将自然地专注于提升基金业绩，持有人将获得正的净收入。

证明：根据式（9.8）～式（9.10），基金公司、基金经理的净收入均包含由基金业绩决定的收益，且这部分净收入随着基金业绩的提升而增加。同时，根据式（9.6）与式（9.7），当μ_i为一个大于 0 的常数时，本期基金业绩越高则持有人及其他投资者[①]在下一期的净申购越高，下一期基金规模也将随之扩大，从而增加下一期基金公司与基金经理净收入中由基金规模决定的部分。综上，各方的净收入与基金业绩之间完全正相关，只要基金业绩提升，各方净收入就将提升，因而三方的博弈不存在均衡状态。

此外，由于业绩提升同时扩大基金规模（换言之，专注于提升业绩的目标将自然地实现扩大规模的目标），且现实中各期基金规模往往远大于同期基金资产净收益（基金业绩），根据式（9.15），虽然基金公司出于最大化自身净收入的目的有动机给出尽可能低的$(b_{i,t},c_{i,t})$，但为保证基金经理必要的努力程度，相较于降低$c_{i,t}$，降低$b_{i,t}$带来的基金公司净收益增加将更高，因而其对基金经理的激励将无限偏向于基金业绩（即$b_{i,t}$会无限趋近于基金经理的最低期望值）；受基金公司激励计划的影响，根据式（9.14），基金经理努力程度中对基金业绩激励的权重$w_{i,t}^{c}$与$w_{i,t}^{u}$越高越能够促进其创造更优的基金业绩，即基金经理会专注于基金业绩的提升。

① 指基金市场上除基金 i 持有人以外的寻求新基金进行投资的投资者。下同。

定理 9.1 描述了我国公募基金市场相对理想化的状态：基金经理完全合规运作基金，投资者及持有人以业绩为导向申购并持有基金，各方的关注点均在基金业绩提升上，监管的存在也是不必要的。形成此状态的重要条件即持有人作为理性人追求净收入的最大化从而追逐业绩好的基金并采取“一致行动”：在固定费率下，基金管理人收入的大小取决于基金规模的大小，因而在专注于实现净收入最大化目标的情况下，基金公司将天然地重视扩大基金规模并将其体现在给予代理人的激励计划中，又由于基金公司对代理人的薪酬有着直接影响，作为代理人的基金经理在实际运作基金的过程中也会更加重视通过努力提升业绩、吸引持有人的净申购来扩大基金规模。这样持有人基于基金业绩的申赎及其“一致行动”就在基金业绩与基金规模之间建立了正相关关系，使得基金业绩的提升促进基金规模的扩大，从而自然地将基金公司与基金经理的关注点吸引到提升基金业绩上，使“三赢”成为可能。

第四节　模型的拓展

通过上述工作我们建立起了针对我国契约型基金治理的基金公司、持有人、基金经理的三方博弈模型，并得到了定理 9.1。然而，上述理想化状态的理论模型在现实的公募基金市场中是难以实现的，一个重要原因就在于国内外诸多文献证实投资者的投资行为存在处置效应，即在其投资中倾向于卖出盈利的资产“落袋为安”而持有亏损的资产（Shefrin and Statman，1985），而在基金投资中这种行为则表现为“赎回异象”（刘志远和姚颐，2005；陆蓉等，2007），这会导致上述理论模型的假设 9.5 即“持有人的申赎取决于上一期基金业绩，即上一期基金业绩好本期持有人将申购，否则将进行赎回”不再成立。这就可能使基金公司、持有人与基金经理之间产生利益冲突①，从而导致定理 9.1 无法成立并引发新的博弈结果。在本节我们将对上述假设进行放松和拓展，并最终对“买基金不赚钱”乃至“基金

① 比如，根据 Ling 和 Arias（2013）、廖长友和赵修文（2016）、刘阳等（2016）的研究就发现，由于管理费是基金公司唯一的收入来源，同时也是基金经理收入来源的较大组成部分，在持有人“惯性行为”（也称为“正反馈交易”机制）及有限信息的条件下，为了追求基金规模的不断扩大，基金公司也有可能给出倾向于规模报酬的激励计划，从而使基金经理产生“业绩窗饰”行为，从而损害持有人的长期利益。

赚钱，投资者亏钱”并存的现象给出正式的理论阐释。

一、持有人的处置效应

根据上述的已有文献，如果持有人也存在处置效应，那么持有人进行申赎时将使得前文的式（9.5）变为

$$\Delta S_{i,t}^{I} = \mu_i \times R_{i,t-1}（当R_{i,t-1} > 0时, \mu_i < 0；当R_{i,t-1} \leqslant 0时, \mu_i = 0） \tag{9.24}$$

在此条件下，正的基金业绩将对基金规模造成两方面的影响，一方面，基金资产净收益减去持有人净收益及基金经理业绩报酬后剩余的部分将增加，从而使基金的规模扩大；另一方面，将引起持有人的赎回行为从而减小基金规模，因而必须考虑各方行为选择的跨期影响。此时，对于一只特定的基金i，其均衡基金业绩将满足定理 9.2。

定理 9.2　对于任何基金i，基金公司、持有人与基金经理的博弈中，基金经理的最优选择为“不作为”（使$R_{i,t}' = 0$）；此时基金公司的最优激励计划为基金经理的最低期望值，持有人长期净收入为 0。

证明：由于基金经理是基金的直接运作者，故此处从基金经理净收入最大化入手进行分析。将式（9.24）代入式（9.9）并整理，可得

$$\begin{aligned} I_{i,t}^{M}(R_{i,t}) = {} & b_{i,t} \times S_{i,t-1} + (b_{i,t} - a_{i,t} \times b_{i,t} + c_{i,t} - c_{i,t} \times b_{i,t}) \times R_{i,t} \\ & + b_{i,t} \times \mu_i \times R_{i,t-1} \\ & 当R_{i,t-1} > 0时, \mu_i < 0；当R_{i,t-1} \leqslant 0时, \mu_i = 0 \end{aligned} \tag{9.25}$$

由式（9.25）可知，基金经理在t期的净收入包含$b_{i,t} \times S_{i,t-1}$（上期规模带来的固定收入）、$(b_{i,t} - a_{i,t} \times b_{i,t} + c_{i,t} - c_{i,t} \times b_{i,t}) \times R_{i,t}$（本期业绩带来的收入）、$b_{i,t} \times \mu_i \times R_{i,t-1}$（持有人净申赎带来的收入——持有人的激励计划）三个部分，其中受业绩影响的可变部分为$(b_{i,t} - a_{i,t} \times b_{i,t} + c_{i,t} - c_{i,t} \times b_{i,t}) \times R_{i,t}$与$b_{i,t} \times \mu_i \times R_{i,t-1}$。下面将对可变部分进行分类讨论。

情况 1：$R_{i,t-1} > 0$。

由式（9.25）可知，当$R_{i,t-1} > 0$时，$b_{i,t} \times \mu_i \times R_{i,t-1} < 0$，即持有人的处置效应导致了本期发生净赎回，即$I_{i,t}^{M}(R_{i,t})$中持有人给出负的激励计划，这将迫使基金经理在本期业绩收入中进行补偿。由于$a_{i,t}$、$b_{i,t}$、$c_{i,t}$均介于 0～1，因而$0 < b_{i,t} - a_{i,t} \times b_{i,t} + c_{i,t} - c_{i,t} \times b_{i,t} < 1$恒成立，所以为了消弭持有人负激励计划带来的净收入降低，本期业绩$R_{i,t}$须满足：

$$(b_{i,t} - a_{i,t} \times b_{i,t} + c_{i,t} - c_{i,t} \times b_{i,t}) \times R_{i,t} \geqslant \left| b_{i,t} \times \mu_i \times R_{i,t-1} \right| \tag{9.26}$$

求解式（9.26），可得

$$R_{i,t} \geqslant \frac{\left|b_{i,t} \times \mu_i\right|}{b_{i,t} - a_{i,t} \times b_{i,t} + c_{i,t} - c_{i,t} \times b_{i,t}} \times R_{i,t-1} \tag{9.27}$$

由于$a_{i,t}$、$b_{i,t}$、$c_{i,t}$与μ_i并非基金经理的决策变量，故式（9.27）表明，若基金经理在$t-1$期创造了正的基金业绩，则其在t期须至少有“保底业绩”，即式（9.27）取等号的情况才能保证t期净收入维持不变或有所提升；而t期“保底业绩”的存在使得$R_{i,t}$较$R_{i,t-1}$增大，故$t+1$期需要更大的“保底业绩”来确保$I_{i,t+1}^{M}(R_{i,t+1})$较$I_{i,t}^{M}(R_{i,t})$至少维持不变或有所提升。而由式（9.14）可知，基金经理须不断提升自身的努力程度来确保能够获得随时间推移而不断增加的“保底业绩”，但由于努力程度存在上限而e_i又是相对固定的，即业绩提升存在“天花板”，因此长期来看在业绩触顶后基金经理的净收入将开始下降。

情况 2：$R_{i,t-1}=0$。

由式（9.25）可知，当$R_{i,t-1}=0$时，$b_{i,t} \times \mu_i \times R_{i,t-1}=0$，此时$I_{i,t}^{M}(R_{i,t})$中可变部分仅有$(b_{i,t} - a_{i,t} \times b_{i,t} + c_{i,t} - c_{i,t} \times b_{i,t}) \times R_{i,t}$，因而为使$I_{i,t}^{M}(R_{i,t})$至少维持不变或有所提升，基金经理须努力使$R_{i,t} \geqslant 0$。若$R_{i,t}>0$，则从$t+1$期开始基金经理将面临情况 1 中所描述的情况；若$R_{i,t}=0$，则$I_{i,t}^{M}(R_{i,t})$中仅剩余不变部分$b_{i,t} \times S_{i,t-1}$，且在$t+1$期时将面临与$t$期一样的情况。

情况 3：$R_{i,t-1}<0$。

由情况 1 与情况 2 的分析可知，当$R_{i,t-1}<0$时，$I_{i,t-1}^{M}(R_{i,t-1})$较上期必然发生了下降。此时若$R_{i,t}<0$，则本期净收入将继续下降；若$R_{i,t}=0$，则本期净收入将维持上期水平，同时从$t+1$期开始基金经理将在$I_{i,t-1}^{M}(R_{i,t-1})$的水平上面临情况 2 中所描述的情况；若$R_{i,t}>0$，则本期净收入将提升，但从$t+1$期开始基金经理将面临情况 1 中所描述的情况。

综上所述，在持有人存在处置效应的条件下，基金经理若选择付出努力提升业绩，则在短期内会增加收入，但长期来看由于业绩增长难以抵消规模持续减小的影响，其收入将在一段时间后开始不断下降；若基金经理“不作为”，则基金规模与基金经理净收入都将维持在一个稳定的水平；若基金经理努力后却因出错或市场客观因素造成投资损失，则其净收入将直接下降。相比之下，基金经理的最优选择将是“不作为”，使各期业绩为 0，从而在各期获得稳定的基于基金规模的报酬，而在此状态下 $w_{i,t}^{c}$ 与 $w_{i,t}^{\mu}$ 无限趋近于 0。同时，根据式（9.8），持有人的净收入也将为 0。

此处一个需要探讨的问题是，基金经理的最优选择对于基金公司来说是否也是最优的。将式（9.15）变形，可得

$$I_{i,t}^{C}(R_{i,t})=(d_i-b_{i,t})\times S_{i,t-1}+(d_i-d_i\times a_{i,t}-d_i\times c_{i,t}-b_{i,t}+b_i\times a_{i,t}+b_i\times c_{i,t}-c_{i,t})\times R_{i,t}+(d_i-b_{i,t})\times \mu_i\times R_{i,t-1} \tag{9.28}$$

由式（9.28）可知，基金公司净收入 $I_{i,t}^{C}(R_{i,t})$ 与基金经理净收入的结构相同，因而基金公司将面临与基金经理相同的情况，即对基金公司而言其最优选择与基金经理的最优选择是一致的，基金公司的各期净收入为其固定的管理费收入减去基金经理规模报酬的部分，即 $(d_i-b_{i,t})\times S_{i,t-1}$。此时，由于 $R_{i,t}'=0$ 且基金经理不再关心其业绩报酬，为了使自身净收入最大化，基金公司的最优激励计划 $(b_{i,t}',c_{i,t}')$ 为给出无限趋近于基金经理最低期望的 $b_{i,t}'$，而 $c_{i,t}'$ 的选择则不产生任何影响。但这里我们要注意到的是，相对于基金经理所管理的已经存在的基金而言，基金公司的一个天然权利是其可以通过基金产品设计和营销而不断设立、发行新基金，这将必然使得基金公司层面的资产管理规模扩大从而带来其净收入的增加。

二、数值模拟

为了验证扩展模型的理论分析，在表 9.1 参数取值的基础上，分别根据 $R_{i,t-1}>0,\mu_i<0$和$R_{i,t-1}\leqslant 0,\mu_i=0$ 两种情况进行数值模拟，分别设定 $R_{i,t-1}=100,\mu_i=-0.5$ 和 $R_{i,t-1}=-100,\mu_i=0$，其余参数保持不变①。利用数值模拟展示三方博弈时各自净收入与 $b_{i,t}$ 和 $c_{i,t}$ 之间的动态关系，绘制的三维曲面图分别如图 9.3 和图 9.4 所示。图 9.3 和图 9.4 进一步证明了扩展部分理论分析的结论，持有人存在处置效应时基金经理的最优选择将是“不作为”，处置效应的存在会使基金业绩较差时基金经理和基金公司的净收入都增加。

① 除现有参数取值外，作者还尝试了不同的参数取值，结论与此相同。

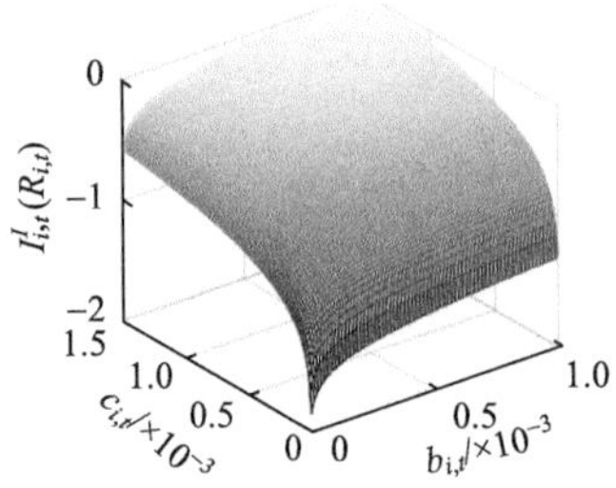

（a）持有人净收入三维曲面图

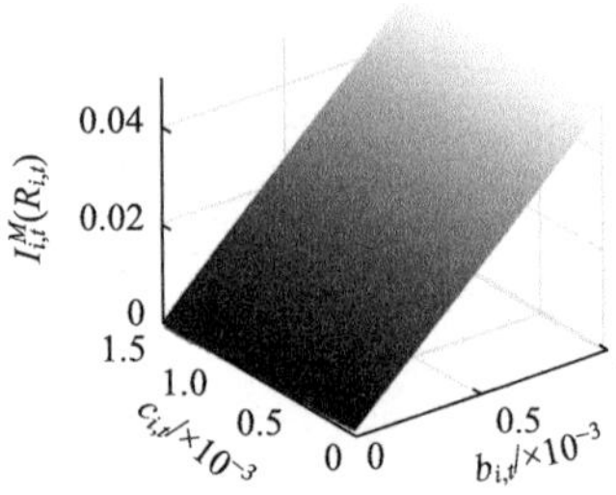

（b）基金经理净收入三维曲面图

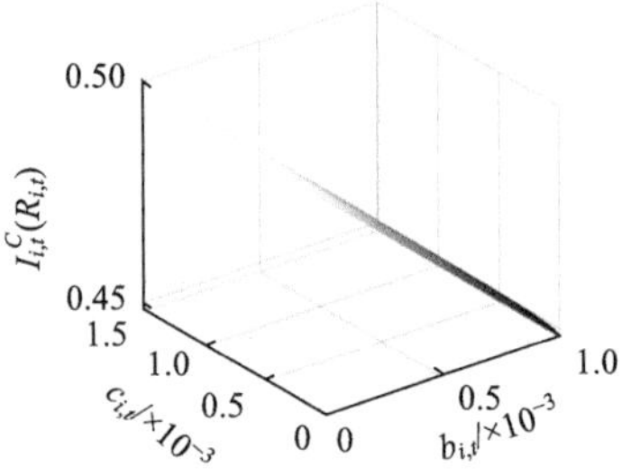

（c）基金公司净收入三维曲面图

图 9.3　$R_{i,t-1} > 0, \mu_i < 0$ 时模拟的三方净收入与 $b_{i,t}$ 和 $c_{i,t}$ 关系的三维曲面图

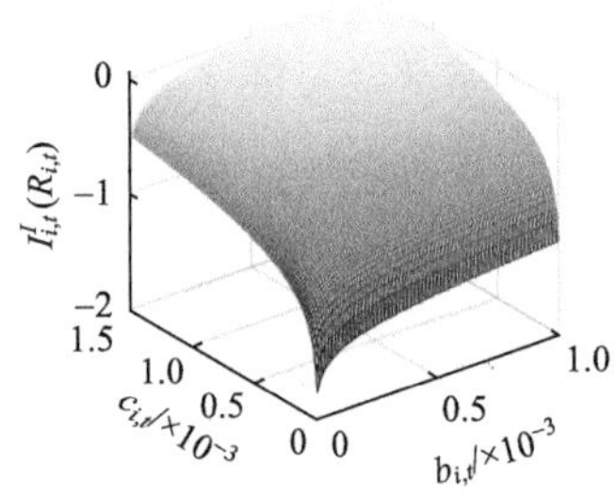

（a）持有人净收入三维曲面图

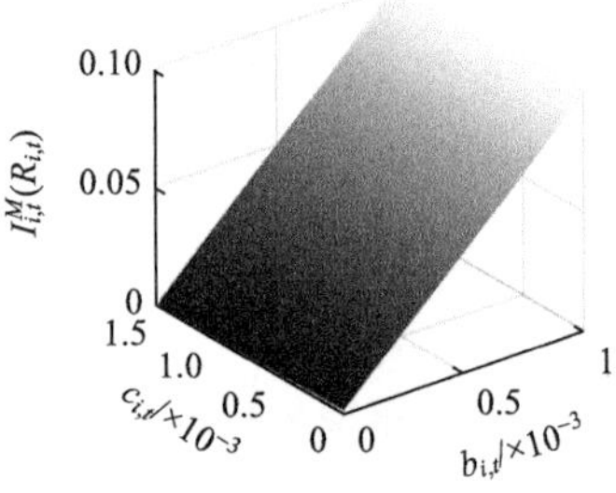

（b）基金经理净收入三维曲面图

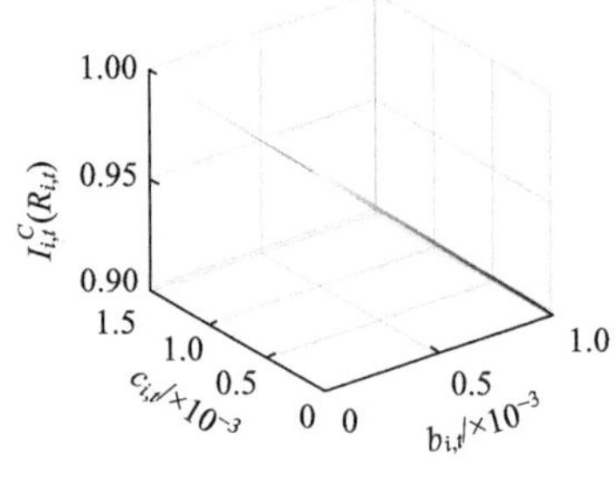

（c）基金公司净收入三维曲面图

图 9.4　$R_{i,t-1} \leqslant 0, \mu_i = 0$ 时模拟的三方净收入与 $b_{i,t}$ 和 $c_{i,t}$ 关系的三维曲面图

在公募基金市场上，时常会听到持有人抱怨“买基金不赚钱”，其原因何在？现有文献并没有给出明确的答案，特别是没有从理论上给出解释。尤其是每当我们听到持有人的上述抱怨时，一个天然的反应就是把矛头对准了基金经理和基金公司，然而本章的定理 9.2 不仅对“买基金不赚钱”的现象给出了理论解释，还明确地指出了产生该问题的一个根源恰恰在持有人自身。持有人的处置效应打破了业绩增长与规模增加之间的正相关关系，这使得持有人利益与基金公司利益和基金经理利益之间均出现矛盾，而基金公司与基金经理却仍是利益正相关的。为了维持自身利益至少各期保持不变，基金公司与基金经理要么努力获得一期比一期大的正基金业绩，要么在各期均不创造业绩。相比之下，前者具有极高的不确定性，且由于业绩“天花板”的存在，即便在开始的几期内能够实现业绩不断增长，但长期业绩“触顶”后基金公司与基金经理的收入都将向起始时水平回归；而后者则能够实现“旱涝保收”[①]，所付出的努力程度也远低于前者。故对于基金公司与基金经理而言“不作为”是相对最优的选择，此时投资者及持有人投资基金则自然“不赚钱”。当我们理解了持有人“买基金不赚钱”的原因——持有人的处置效应导致基金公司和基金经理都不再把努力提升业绩作为首要目标——之后，那么包括基金公司与基金经理在内的基金赚钱也就好理解了：本来基金公司和基金经理就可以利用持有人的处置效应等非理性行为在一个正常范围内大致维持住已有基金的规模从而通过收取固定管理费达到“旱涝保收”的“赚钱”状态，再加上基金公司会更加努力地设计、营销新的基金产品以保证公司层面乃至基金经理层面[②]的总的基金规模扩大来获得更多的管理费收入，“基金赚钱”即成为必然。

第五节　本 章 小 结

本章在总结归纳并借鉴已有研究成果的基础上，首次从共同代理视角出发，基于各方实现个人净收入最大化的目的，构建了我国公募开放式股票型基金及偏股混合型基金运作过程中基金公司、持有人与基金经理三方

① 基金“旱涝保收”指无论基金业绩如何，基金总按照规模提取固定比例的管理费，导致基金中重规模轻业绩。

② 现实中的一个现象是越来越多的基金经理采取了“一拖多”的管理模式，即一个基金经理管理着多只基金，很多时候该现象被解读为基金经理人才的稀缺，但这只是问题的一个方面，另一方面的原因则在于基金产品设计的不断加速。

利益关系与博弈的基本模型，并进行了数值模拟，揭示了基金经理行为选择的形成机制。

本章得出的主要结论是：基金经理乃至基金公司的行为选择取决于基金持有人的申购-赎回行为特性；当持有人理性或有限理性时，基金经理以及基金公司净收入与基金业绩正相关，基金经理将努力获得正的基金收益；当持有人非理性时，基金经理和基金公司的净收入与基金业绩负相关，基金经理与基金公司都将选择不以提升业绩为目标，即产生“买基金不赚钱”甚至“基金赚钱，投资者亏钱”并存的现象。

本章的研究从共同代理理论的视角支持了第八章共同激励模型的有关结论并取得了进一步的拓展与深化。

第十章　我国契约型基金治理问题专题研究

在本书的第三章到第七章的研究中，我们构建了契约型基金治理的评价体系和治理指数，并对我国现实中的基金治理指数进行了实际考察；本书的第八章和第九章则在前述治理指数研究的基础上，基于共同激励和共同代理理论，从理论上分析并揭示了我国契约型基金治理存在不足的原因。本章的专题研究将从七个方面对现实市场中与基金治理有关或影响基金治理的问题进行实证考察，以此来进一步揭示我国基金指数不高的现实原因，并进一步给出理论模型所得结论在现实中的表现。这七个方面的问题如下。基金网络关系强度与基金治理；基金抱团策略、期末溢价策略与基金治理；基金经理为什么会追涨杀跌；我国证券投资基金的隐性激励——测度、机制与契约优化；浮动管理费与基金治理；浮动管理费与“基金赚钱，基民不赚钱”；“治理中的治理”：基金治理与上市公司治理。对上述七个专题的研究将有助于我们在基金治理指数和基金治理理论研究的基础上，更为具体、有针对性地提出改善我国契约型基金治理的对策建议。

第一节　基金网络关系强度与基金治理

自 2000 年起，中国证监会将“超常规、创造性地培育和发展机构投资者”提升至战略高度，并出台一系列相关措施以规范、扶持机构投资者发展。机构投资者作为资本市场的重要参与者，其行为特征和对市场的影响一直是学术界关注的重点话题之一。已有研究文献主要从机构投资者持股比例、异质性以及机构投资者网络关系三个方面考察了机构投资者对上市公司的治理作用。其中对于机构投资者网络关系的分析主要依赖机构投资者为“社会人”的假设，其决策判断会受到自身所嵌入的社会网络影响（Granovetter，1985），因此，运用社会网络理论来重新看待机构投资者的治理角色，并且在相关机构投资者网络关系研究中，一些学者运用社会网络理论针对机构投资者行为趋同或经济收益开展研究，如研究机构投资者在社会网络中通过观察学习和信息交流所获取的超额投资收益、对股价的动量效应以及上市公司治理影响等（Hong and Huang，2005；肖欣荣等，2012；李维安和齐鲁骏，2017），另一些学者从公司高管与基金经理之间的私人社会关系角度出发，研究了个体间社会关系对公司治理所产生的影响（Westphal and Bednar，2008；Cohen and Dennis，2010）。但是，目前鲜有文献研究机构投资者网络关系对自身治理的影响，因此，本节以我国契约型基金为代表研究机构投资者网络关系对机构投资者自身治理的影响和影响机制。

一、文献综述与研究假设

（一）国内外文献综述

社会网络学说的基本假设是经济体中的单位体是相互依存的，处于彼此关联的网络中（李培馨等，2013）。与此相一致，Tirole（1986）指出，组织其实是各种合同及其彼此关联关系的网络集合，机构投资者或者基金作为经济体中的单位组织也有其网络集合，与机构投资者相关的网络结构主要可以概括为三种类型。

第一种网络结构为市场参与者的社会性质属性构造成的网络，即社会网络。例如，Cohen 等（2008）考察了基金经理与上市公司董事会成员的校友关系的影响，发现基金经理与董事会成员之间如果存在校友关系，基金经理的投资组合中对于该公司的资产配置较多。Hong 等（2005）发现，相比异地的基金经理，同城的基金经理更倾向于买入或卖出同样的股票，地理因素的背后反映了基金经理之间更倾向于面对面“口语相传”的交流方式，这也证明了投资者网络的存在性。Pool 等（2012）以基金经理的居住地考察基金经理在资产配置方面的影响，发现基金经理对本地的资产配置较高。进一步，他们以同城的基金经理的资产组合交易进行研究发现，同城的基金经理在资产配置、买卖行为上具有高度的一致性（Pool et al.，2012）。

第二种网络集合是业务关系上的网络。例如，投资银行和投资者之间的关系、金融市场上买方与卖方的关系（Cohen and Dennis，2010）。Reuter（2006）考察 IPO（initial public offering，首次公开募股）配售中投资银行与基金公司结成利益联盟关系，发现与投资银行商业关系紧密的基金公司获得的IPO配额较高。Firth等（2013）以基金公司在证券公司的交易费用作为买方与卖方的商业联系，考察了证券公司分析师对于基金公司持股的荐股影响。另外，基于供应链网络，Cohen等（2008）考察了客户与供应商的股票收益率之间的联系，发现基于这种联系的股票的消息在市场上并不能充分反映，基于此构造的交易策略能够获得显著的超额收益。

第三种网络关系体现为基于投资标的的联系，如共同持有股票或者债券构成的投资网络。例如，2008年国际金融危机期间，机构投资者持有大量的次级债务而导致金融市场上相关债务被抛售。许年行等（2013）的研究表明，机构投资者的羊群行为可能导致股价崩盘，这种效应同样体现为基于重仓股机构投资者之间的网络传染行为。肖欣荣等（2012）根据投资者网络分析机构投资者行为的传染，研究基金经理的行为传染是否与来自基金经理网络中的私人信息有关，还是受公开信息影响，并利用重仓股票的网络密度研究基金的网络结构是否影响股票的动量或反转效应，然而他们发现机构投资者的重仓股并未显示出明显的动量或反转效应。

除了上述基于各种关系的网络研究，目前很多文献研究了网络中的个体位置所带来的影响。网络中的个体位置对信息的获取与传递有重要的影响。个体的网络位置越靠近中心，其网络关系越强，越有可能占据信息优势。正是由于处于网络中心的行动者具有资源和权力优势，其对网络中心性较低的个体有较强的控制力和影响力（Granovetter，1985；El-Khatib et al.，2015）。因此，个体网络关系的强弱可能是把“双刃剑”。具体来说，一方面，处于网络中心位置的个体，有可能向其他个体传递噪声信息以影响他们的决策（郭晓冬等，2018）；另一方面，处于网络中心位置的个体，也有可能会更加有效地连接网络中的其他个体并传递信息（Bajo et al.，2016）。

（二）研究假设

结合社会网络理论和基金信息效应进行分析，本节认为，基金网络关系强度可能会对基金自身治理产生影响。其中，基金网络关系越强越容易与其他基金抱团导致羊群效应增加，进而导致基金自身治理能力降低。首先，基金网络关系越强，其接触的信息越多，也就越容易造成信息冗余。基金网络关系强意味着其网络连接广，获取信息的渠道多。但是基金分析、传递信息的能力毕竟有限，更多的信息仅集中在一只或某几只基金手中，这必然会造成信息在网络中的“拥堵”，增加了信息冗余，不利于基金对有价值信息的筛选，导致基金更容易追踪其他基金所投资的股票，从而形成羊群行为。其次，基金的业绩压力及比拼会增强基金利用网络关系获取超额投资收益的动机。当与其连接的基金越多时，越容易和其他基金进行抱团去操作共同的重仓股来获取超额收益。最后，如果过分关注短期盈利，网络关系较强的基金也会缩短其平均持股期限，换手率较高，也就有更少的时间对所获取的信息进行筛选和处理，同时更为不重视除基金业绩之外的其他方面，导致基金治理能力更低。以上因素均会降低基金治理能力。处于信息劣势的其他基金因为掌握的信息不足，通常不会贸然行动，它们会模仿先行者的决策，进而产生跨期羊群行为，导致基金治理能力降低。因此本章提出以下研究假设。

假设 10.1：基金网络关系越强，基金治理能力越弱。

二、研究设计

（一）模型设定

为了检验基金网络关系强度对基金治理的影响，借鉴既有研究的处理方式（蔡卫星等，2015），本节使用多元回归模型对其进行研究，设定如下模型：

$$\text{CMF}_t = a_0 + a_1\text{CenX}_t + \sum_1^N \beta_n x_t + \varepsilon \tag{10.1}$$

其中，CMF 为基金治理水平；CenX 为基金网络关系强度；x 为控制变量，此处控制变量选择基金成立年限和同基金家族内基金数量。根据研究假设，如果基金网络关系强度的系数 a_1 显著为正，则表示基金网络关系越强，基金治理能力越强；反之，如果基金网络关系强度的系数 a_1 显著为负，则表示基金网络关系强度越强，基金治理能力越弱。

（二）变量定义

1. 机构投资者网络

基金网络关系强度用基金网络中心度衡量。借鉴 Freeman（1977）、刘军等（2009）、李维安等（2017）的研究，本节选用程度中心度（Cendgm）、中介中心度（Cennbm）和接近中心度（Cenclm）的平均值作为网络中心度的衡量指标。为全面、客观地衡量基金网络关系强度，在计算出四个季度中心度的基础上进行平均得到基金的年度网络关系强度。

（1）程度中心度（Cendgm）表示某基金能够连接的、投资于同一股票的其他基金数量之和。该中心度越大，意味着某基金连接的其他基金数量越多，越能广泛地接触各类信息，且便于观察网络中其他基金的交易行为。

$$\text{Cendgm}_{i,t}=\frac{\sum_{j=1}^{g_t}x_{ijt}}{g_t-1}\tag{10.2}$$

其中，g_t为t季度基金网络内所有基金总和；$\sum_{j=1}^{g_t}x_{ijt}$为基金网络内i基金在t季度能够联系到的、投资于同一股票的其他基金数量之和，除以g_t-1对其进行标准化。

（2）中介中心度（Cennbm）衡量某基金控制其他基金连接路径的程度。中介中心度越大，说明某基金控制信息传递和交流的程度越高。

$$\text{Cennbm}_{i,t}=\frac{\sum_{j<k}g_{jkt(it)}/g_{jkt}}{[(g_t-1)(g_t-2)]/2}\tag{10.3}$$

其中，g_{jkt}为j基金与k基金在t季度连接的最短路径数量；$g_{jkt(it)}$为j基金与k基金在t季度连接最短路径中包含i基金的路径数量；$g_{jkt(it)}/g_{jkt}$为i基金控制j基金与k基金在t季度交往的能力；$\sum_{j<k}g_{jkt(it)}/g_{jkt}$为$i$基金对所有经过它进行连接的两基金在$t$季度的控制能力之和，除以$[(g_t-1)(g_t-2)]/2$对其进行标准化。

（3）接近中心度（Cenclm）是基金网络中某基金连接其他基金的最短路径距离之和的倒数。该指标越大，说明某基金与距离较近的基金建立的连接越多，其获取信息的能力越强；而指标越小，说明某基金与距离较近的基金建立的连接越少，其获取信息的能力越弱。

$$\text{Cenclm}_{i,t}=\frac{g_t-1}{\sum_{j=1}^{g_t}d(it,jt)}\tag{10.4}$$

其中，$d(it,jt)$为j基金与i基金在t季度连接的最短路径距离；$\sum_{j=1}^{g_t}d(it,jt)$为i基金与其他基金在t季度连接的最短路径距离之和。接近中心度就等于对i基金与其他基金在t季度连接的最短路径距离之和取倒数，再乘以g_t-1进行标准化。

2. 机构投资者的羊群行为

1）公司层面的机构投资者羊群行为

本章中机构投资者羊群行为的计算主要参考了Lakonishok等（1991）以及Wermers（1999）的方法，具体模型如下。

$$\text{HM}_{i,t}=\left|p_{i,t}-E(p_{i,t})\right|-E\left|p_{i,t}-E(p_{i,t})\right|\tag{10.5}$$

其中，$p_{i,t}$为在t季度增持i公司股票的机构投资者占持有i公司股票的机

构投资者的比例；$E(p_{i,t})$ 为在 t 季度增持 i 公司股票的机构投资者占持有 i 公司股票的机构投资者比例的期望值，用 t 季度中增持 i 公司所在行业的全部上市公司股票的机构投资者比例的均值表示；$\left|p_{i,t}-E(p_{i,t})\right|$ 为机构投资者在 t 季度内对 i 公司股票买卖的不平衡性；$E\left|p_{i,t}-E(p_{i,t})\right|$ 为调整项，只有在机构投资者对 i 公司股票买卖的不平衡达到一定程度时，才认为存在羊群行为。在研究过程中我们采取了以下方法进行调整：①以 $\left|p_{i,t}-E(p_{i,t})\right|$ 的均值作为调整项；②用 $\left|p_{i,t}-E(p_{i,t})\right|$ 的均值减去 1 个标准差作为调整项。两种方法的回归结果基本一致，在本章中我们只报告第一种方法的回归结果。

2）机构层面的机构投资者羊群行为

$$\text{FH}_{j,t}=\sum\nolimits_{i=1}^{n}\text{HM}_{i,t}\times\text{HoldRat}_{i,j,t} \tag{10.6}$$

其中，$\text{HoldRat}_{i,j,t}$ 为基金 j 在 t 季报中的持股明细中重仓股 i 占基金资产净值的比例；$\text{FH}_{j,t}$ 为基金 j 在 t 季度中的羊群行为。

基于中国资本市场的特殊环境和数据的可获得性，我们对已有研究衡量机构投资者羊群行为的方法进行了适当的调整，具体计算过程如下。

（1）根据机构投资者重仓股的季度数据，计算样本中每一季度各机构对上市公司持股数量的变化值 trade，如果 trade 大于 0，则 BUY 哑变量取值为1，反之取值为 0，并剔除 trade 为 0 的样本。

（2）按季度和公司分组计算 BUY 的平均值，即得到式（10.5）中的 $p_{i,t}$。

（3）按季度和行业分组计算 $p_{i,t}$ 的平均值，即得到式（10.5）中的 $E(p_{i,t})$。

（4）计算 $p_{i,t}-E(p_{i,t})$，并取绝对值，即式（10.5）中的 $\left|p_{i,t}-E(p_{i,t})\right|$。

（5）由于样本中用到的机构投资者持股数据是季度数据，而其他数据则是年度数据，因此我们将羊群行为的季度数据整合成年度数据，方法是将每家上市公司一年内按季度计算的 4 个 $\left|p_{i,t}-E(p_{i,t})\right|$ 值进行平均，得到变量 HERD。

（6）计算 HERD 的均值 m 和标准差 t，并用 $(m-t)$ 作为调整项，剔除 HERD 变量中小于 $(m-t)$ 的数据，得到变量 Herding，即公司层面的机构投资者羊群行为指标。

（7）根据基金重仓持股比例加权公司层面的机构投资者羊群行为，得到基金层面的机构投资者羊群行为指标。

（三）样本选择和数据来源

本章选取 2018 年的持有 A 股上市公司的公募基金作为研究样本，根据中国A股上市公司的公募基金季度持仓数据建立基金网络模型。为了减少数据误差对本章研究的影响，对初始样本进行如下处理：①剔除数据缺失的样本；②为了避免极端值或者异常值的影响，对财务数据进行了1%水平的缩尾（winsorize）处理；③由于指数型基金采用数量化选股方式进行决策（肖欣荣等，2012），不会受基金网络关系强弱的影响，本章剔除指数型投资基金持仓数据，以股票型基金、混合型基金以及封闭式基金的持仓数据为样本。公募基金季度持仓数据、基金分类标准数据来自CSMAR数据库。

三、实证检验

（一）多元回归结果

为了检验基金治理对上市公司治理的影响，使用式（10.1）进行了多元回归分析，结果如表10.1所示。

表10.1　基金网络关系强度与基金治理水平：整体回归结果

项目	CMF	FBIN	FP	FFDQ	FDAA
CenX	−2.068***	−0.493*	−1.137***	0.305	0.243
	（−3.84）	（−1.738）	（−3.982）	（1.426）	（0.309）
常数项	4.302***	4.131***	4.26***	1.865***	3.814***
	（440.659）	（420.305）	（579.08）	（68.722）	（205.851）
控制变量	是	是	是	是	是
样本数量	4924	4924	4924	4924	4924
R^2	0.181	0.095	0.033	0.192	0.004

注：括号内为t值

***表明在1%水平上显著，*表明在10%水平上显著

表10.1显示了基金网络关系强度（CenX）对基金治理水平（CMF）以及各分项指标［基金基本信息（FBIN）、基金绩效评估（FP）、基金财务数据质量（FFDQ）以及基金分红及奖惩情况（FDAA）］的影响。从列2中可以看出，基金网络关系强度（CenX）对基金治理水平（CMF）的影响显著为负，且在1%的显著性水平下异于0，说明在其他条件不变的情况下，基金较高的网络关系强度显著降低了基金的综合治理水平，因此接受研究假设。这意味着，一方面，虽然基金网络关系较强，其接触的信息较多，但是在较多信息存在的情况下，很难对信息做出相对来说更准确的判

断，从而对基金的绩效以及运营过程中财务指标等数据会产生不利的影响，降低了基金治理能力；另一方面，基金网络关系强度越强，意味着其投资组合中的股票被其他基金持有的概率更大，侧面说明了该基金所投资的股票是整个市场相对更偏好的股票，说明基金自身的选股能力较弱或者私有信息较少，只能选择跟着整个市场的偏好进行选股，表明其治理能力较低。从列 3 至列 6 的回归结果可以看出，基金网络关系强度对基金基本信息以及基金绩效评估会产生负面影响，表明基金网络关系强度越强，基金治理能力以及基金绩效越差。

（二）影响机制研究

前文研究结论表明，基金网络关系强度越强，基金自身治理能力越弱。那么，这种关系背后的影响路径和影响机制是什么？本节将进一步研究这一问题。

相关研究表明，投资者不但从市场资产价格中学习，而且通过观察网络中其他人的行为和结果、彼此之间的交流，理性地推断并根据心理偏爱进行自己的投资决策。Pareek（2012）检验了信息网络对共同基金的交易行为和股票回报的影响，发现网络中的基金经理羊群行为明显。Colla 和 Mele（2010）的研究发现，在网络中关联比较紧密的投资者之间的投资行为是显著正相关的，而网络中比较分散的投资者之间的交易行为是负相关的。Pool 等（2012）进一步发现同城基金经理在股票持仓以及交易方式上具有相似性。这些研究都表明网络关系往往会强化或者导致机构投资者的交易策略的行为一致性。从股票的角度而言，机构投资者的网络关系会导致更显著的羊群行为。然而，机构投资者羊群行为较为严重，则表明机构投资者自身的选股能力较差以及私人信息较少，从而其自身治理能力较弱。而基金网络关系强度是否是通过这一机制影响基金治理能力还有待检验，本节将对这一机制进行验证。

接下来，本节进一步考察机构投资者羊群行为是否在基金网络关系强度影响基金治理的过程中发挥中介作用。借鉴温忠麟等（2004）提出的中介效应检验程序，本节进行以下几步检验：第一步，检验解释变量基金网络关系强度对被解释变量基金治理水平的回归系数，若显著则继续第二步，否则终止检验；第二步，检验基金网络关系强度对基金羊群行为的回归系数，若显著，则进行第三步；第三步，将基金羊群行为指标纳入第一步的模型中，如果基金羊群行为和基金网络关系强度的系数都显著，则说明存在部分中介效应，如果基金羊群行为系数显著而基金网络关系强度系数不显著，则是完全中介效应。

羊群行为的中介效应的检验结果见表 10.2。该检验中的第一步在基础回归中已经得到验证，此处不再赘述；实证结果表明，第二步中，基金网络关系强度与基金的羊群行为正相关，说明基金网络关系强度越强，基金的羊群行为越显著；第三步中，基金网络关系强度与基金的羊群行为指标的系数均显著，说明基金的羊群行为在基金网络关系强度影响基金治理水平的过程中具有部分中介效应。需要指出的是，基金羊群行为指标越高，表现为基金自身的选股能力越差，越倾向投资其他基金所投资的股票，从而表明其治理能力越弱。因此在实证结果上，基金的羊群行为与基金治理水平为负相关关系。

表 10.2　羊群行为的中介作用

项目	第二步	第三步				
变量	Herding	CMF	FBIN	FP	FFDQ	FDAA
CenX	1.574* （1.755）	−58.389*** （−3.918）	−35.936*** （−3.212）	−47.528*** （−3.849）	4.017 （0.723）	−6.671 （−0.784）
Herding		−4.032*** (−17.023)	−1.312*** (−7.377)	−3.846*** (−19.599)	−1.113*** (−12.616)	−0.364*** （−2.693）
常数项	0.253*** （8.208）	73.137*** （188.693）	65.133*** （152.258）	68.631*** （356.732）	7.049*** （23.927）	47.083*** （91.187）
控制变量	是	是	是	是	是	是
样本数量	4924	4924	4924	4924	4924	4924
R^2	0.004	0.183	0.134	0.119	0.397	0.047

注：括号内为 *t* 值

***表明在 1%水平上显著，*表明在 10%水平上显著

（三）进一步分析：社会网络关系各指标对基金治理的影响

从表 10.3～表 10.5 的回归结果中可以看出，基金的程度中心度和接近中心度对基金治理水平、基金基本信息和基金绩效评估影响为负。由变量定义可知，基金的程度中心度和接近中心度越大都表明了基金获取信息渠道数量以及获取信息的能力越强。当获取信息越多时，增加了信息冗余，基金很难从众多信息中选出更为准确的信息做出投资决策，导致基金治理能力较弱。当中介中心度较高时，说明基金控制信息传递和交流的程度较

高，此时这一指标明显表明基金处理信息的能力较强，而不单单是获取信息的能力，因此中介中心度越高时，基金治理能力越强。

表 10.3　基金程度中心度对基金治理的影响

项目	FBIN	FP	FFDQ	FDAA	CMF
常数项	4.302***	4.131***	4.260***	1.865***	3.815***
	（440.523）	（420.279）	（578.827）	（68.704）	（205.876）
Cendgm	−0.186*	−0.422***	0.101	0.060	−0.778***
	（−1.893）	（−4.273）	（1.366）	（0.219）	（−4.172）
控制变量	是	是	是	是	是
样本数量	4924	4924	4924	4924	4924
R^2	0.095	0.033	0.192	0.004	0.181

注：括号内为 *t* 值

***表明在 1%水平上显著，*表明在 10%水平上显著

表 10.4　基金中介中心度对基金治理的影响

项目	FBIN	FP	FFDQ	FDAA	CMF
常数项	4.300***	4.125***	4.261***	1.865***	3.804***
	（444.134）	（422.830）	（584.225）	（69.348）	（206.888）
Cennbm	1.233	1.984*	1.089	3.622	4.944**
	（1.100）	（1.757）	（1.290）	（1.164）	（2.323）
控制变量	是	是	是	是	是
样本数量	4924	4924	4924	4924	4924
R^2	0.094	0.030	0.192	0.004	0.179

注：括号内为 *t* 值

***表明在 1%水平上显著，**表明在 5%水平上显著，*表明在 10%水平上显著

表 10.5　基金接近中心度对基金治理的影响

项目	FBIN	FP	FFDQ	FDAA	CMF
常数项	4.306***	4.139***	4.260***	1.866***	3.833***
	（436.581）	（417.694）	（572.784）	（68.018）	（205.558）
Cenclm	−97.696***	−207.153***	16.039	0.675	−456.468***
	（−3.121）	（−6.588）	（0.680）	（0.008）	（−7.714）
控制变量	是	是	是	是	是

续表

项目	FBIN	FP	FFDQ	FDAA	CMF
样本数量	4924	4924	4924	4924	4924
R^2	0.096	0.038	0.192	0.004	0.188

注：括号内为 t 值

***表明在 1%水平上显著

（四）稳健性检验：基金网络关系强度对基金绩效的影响

从表 10.6 中的回归结果可以看出，基金网络关系强度降低了基金绩效水平，表明基金网络关系强度越强，基金绩效水平越低。同时，从基金网络关系中心度三个指标的回归结果来看，基金程度中心度和基金接近中心度的系数都为负，表明基金获取信息的能力越强，基金绩效水平越低，这意味着基金获取的信息越多，越容易造成信息冗余，更难做出准确的投资决策，从而导致基金绩效水平降低。但是当基金处理信息能力越强时，基金的绩效水平越高，表明基金可以从众多信息中筛选出更有价值的信息进行投资决策，从而基金绩效水平更高。

表 10.6 基金网络关系中心度指标对基金绩效的影响

项目	基金绩效			
	（1）	（2）	（3）	（4）
常数项	−5.675*** （−11.741）	−5.640*** （−11.664）	−5.991*** （−12.566）	−5.018*** （−10.219）
CenX	−43.377*** （−3.557）			
Cendgm		−16.401*** （−3.880）		
Cennbm			10.574*** （2.237）	
Cenclm				−10.034*** （−7.362）
控制变量	是	是	是	是
样本数量	4924	4924	4924	4924
R^2	0.059	0.060	0.058	0.069

注：括号内为 t 值

***表明在 1%水平上显著

四、小结

本节根据基金重仓持股构造了基金的投资网络，考察基金网络结构下的基金网络关系强度及其对基金治理的影响。本节选取了 2018 年公募基金的数据。首先，考察了基金网络关系强弱对基金治理的影响，即基金网络关系强度越强，基金治理能力越弱。其次，验证了基金网络关系强度对基金治理的影响机制，即基金网络关系强度通过基金羊群行为影响了基金的治理能力。最后，通过检验基金网络关系的三个中心度对基金治理的影响，发现基金程度中心度、接近中心度越高，基金治理能力越弱；而基金中介中心度越高，基金治理能力越强。这意味着基金获取信息的能力较强时，基金面临众多信息并不能做出更为准确的投资决策，导致基金治理能力较弱；不过，当基金处理信息的能力较强时，其可以从众多信息筛选出更有价值的信息辅助其运营基金，导致基金的治理能力较强。本节的研究为基金治理以及基金社会网络关系研究提供了一个新的角度。

第二节　基金抱团策略、期末溢价策略与基金治理

基金策略是基金家族在市场竞争中，为了使家族整体利益最大化而采取的种种手段，它不仅会对基金本身更会对基金投资者产生重要的影响（Massa，2003）。结合国内外文献，基金策略可能会扰乱市场秩序、引发股价崩盘并侵害投资者利益，尤其是在不成熟的资本市场上，其危害更为明显（余音等，2018；吴晓晖等，2019）。因此探究基金治理水平能否对基金策略的使用产生影响，不仅能丰富对基金治理的认识，更能为减轻基金策略的危害提供新的思路。故本节选取两种典型的基金策略——基金抱团策略和期末溢价策略，利用本书的特有数据基金治理指标（CFM）作为基金治理程度的衡量指标，运用横截面数据的 logistic 模型和事件研究的方法，分别探究基金治理水平对两种基金策略的影响。

一、文献综述与研究假设

在证券市场中，基金家族常常采取不同的策略以获取更大的整体利益，而这些策略会给单个基金和基金投资者带来很大的影响（Massa，2003）。以往文献发现基金家族会采取基金策略的诱因主要来源于两点：一是基金资金流和业绩的凸性关系；二是基金家族内部的溢出效应。

基金资金流和业绩的凸性关系是指基金的超额正回报吸引的资金流入大于同等的超额负回报带来的资金流出，这表明基金家族有动机使两只中等业绩的基金变为业绩好和业绩差的两只基金。关于基金资金流和业绩凸性关系的提出，最早可以追溯到 Brown 等（1996）的研究，其通过实证发现，在年中业绩较差的基金更加倾向于提高波动性，而这有助于资金流入，即侧面反映出基金资金流和业绩的凸性关系。在此基础上，Chevalier 和 Ellison（1997）通过半参数模型拟合出了基金资金流和业绩的凸性关系，并通过数据证明了基金会以此为动机而提高基金的波动性；进一步，Sirri 和 Tufano（1998）通过实证验证了资金流对业绩信息的非对称反应，并进一步将其归因于信息的搜寻成本。

基金家族内部的溢出效应是指明星基金对家族内的其他基金的资金流具有正向的溢出效应，而垃圾基金对家族内的其他基金却没有表现出相应的负向溢出效应。Massa（2003）首先提出明星绩效对基金家族整体的资金流入具有正向的溢出效应；进一步，Nanda 等（2004）研究发现，明星基金对家族内的其他基金的资金流具有正向的溢出效应，且投资管理能力弱的家族具有更强的造星动机；林树等（2009）在中国市场上进行实证研究也得到了同样的结论。

在明确了基金家族有动机采取某些策略使其总体利益最大化的前提下，以往文献对基金家族不同基金策略的主要作用渠道和对投资者的不同影响进行了研究，这显然更加关注到投资者的切身利益。屈源育和吴卫星（2014）根据对投资者造成的不同影响，将基金家族策略分为两种类型：第一种类型的策略不会牺牲其他基金的利益，如营销策略、抱团策略和资源不均匀分配等；第二种类型的策略建立在直接牺牲一部分基金利益的前提下，即将部分基金的利益输送给另一部分基金。

以往文献对第一类策略的研究比较分散，在营销策略方面，Jain 和 Wu（2000）、Barber 等（2005）、Cooper 等（2005）分别发现广告宣传、降低前端费用及佣金和改变基金名称等策略并不会使基金获得超额收益，但是却能够为基金吸引更多的资金流入。在抱团策略方面，Edmans 和 Holderness（2017）认为在实际经济活动中机构投资者不是独立的个体，而可能是一起合作的共同体，以共同影响公司政策；进一步，Crane 等（2019）通过建立投资者网络链接并识别，发现基金之间确实存在合作，且这种合作提高了机构团体整体的治理效力；而吴晓晖等（2019）通过中国市场数据检验发现，机构投资者抱团并不会提高治理效率，反而降低了治理效率，并因此增加股价崩盘的概率。在资源分配不均匀方面，Guedj 和 Papastaikoudi（2003）发现，在基金家族中表现更好的基金更有可能被追加基金经理；Gaspar 等（2006）则将基金家族内部分为高、低价值组，通过实证发现家族更倾向于将 IPO 资源分配给高价值组基金，王叶玲和彭文平（2013）通过国内市场数据也得到了相似的结论；Verbeek 和 Huij（2007）、Wei（2013）则从营销费用的角度入手，发现基金家族有激励分配给家族内基金不同的营销费用以产生溢出效应，使收益最大化。

由于第二种策略类型直接牺牲另一部分的基金利益，因此其对投资者的影响更大一点，主要包括交叉补贴、反向交易（Zitzewitz，2006）、“抬轿”策略和期末溢价等。Gaspar 等（2006）通过美国共同基金市场数据验证了内部交叉补贴和反向交易行为，以牺牲低价值基金为代价，向高价值基金进行直接的利益输送。Bhattacharya 等（2013）通过实证发现基金家族存在向某些基金提供临时流动性支持已达到交叉补贴的行为，同时 FOF 更容易被牺牲以补贴其他基金。屈源育和吴卫星（2014）通过中国证券市场数据发现，基金家族存在“抬轿”行为以实现利益输送，达到创造明星基金的目的，且该“抬轿”策略在熊市中更加明显。同时之前的研究发现，在报告期末基金的收益有异常的拉升，而在下一报告期初会发生业绩的回撤（Carhart et al.，2002），进一步，余音等（2018）在中国市场发现了同样的现象，并通过实证表明这种期末溢价是基金家族策略的一种手段，会进一步扭曲基金排名，损害投资者利益。

因为基金抱团的目的是提高信息的搜集效率，同时提高自身的话语权，进一步，抱团基金更多地关注投机性投资（吴晓晖等，2019）。那么，在基金层面，越弱小的基金越渴望提高话语权，投资能力越差的基金越倾向于短期投资，而这也正是基金治理能力的重要标准，故本节提出如下假设。

假设 10.2：投资基金的基金治理水平越高，基金越不可能成为抱团基金。

对于期末溢价策略来说，其虽然能为基金带来短期业绩增长，提高排名，但是其在长期并不能带来明显的业绩提升，同时其损害了投资者的利益。而基金治理水平更高的基金，更加关注业绩的长期稳定，也更加维护投资者的合法利益，故本节提出如下假设。

假设 10.3：投资基金的基金治理水平越高，基金的期末溢价情况越不明显。

二、研究设计

（一）样本来源与样本选取

参考余音等（2018）的样本处理方法，为了排除二级市场交易的影响，剔除 ETF、LOF 等交易所上市基金，同时我们剔除指数型基金等被动型基金、QDII（qualified domestic institutional investor，合格境内机构投资者）和 QFII（qualified foreign institutional investor，合格境外机构投资者）数据，在研究抱团行为时样本选取为我国 2018 年开放式股票型、债券型和混合型基金，在研究期末溢价行为时样本选取为我国 2018 年主动型投资基金（股票型基金以及混合型基金中在样本期内持仓比例大于 50%的偏股型基金）。其中基金基本数据等均来自 Wind 数据库，基金持仓数据来自 CSMAR 数据库，基金治理指数以及四个分项指数为本节报告独有数据。进一步，本节对原始数据进行如下处理：剔除了相关数据缺失或数据异常的样本，同时，为了剔除极端值，对所有控制变量（连续变量）进行了 99%水平的缩尾处理。最终抱团策略有效样本为 2120 个，期末溢价策略有效样本为 123 791 个。

（二）基金抱团指标定义

此部分参考 Crane 等（2019）和吴晓晖等（2019）运用的投资者网络的方法，以任意两家机构投资者是否共同持有任意一家公司的大量股票来建立机构投资者网络连接，以识别基金抱团策略。具体方法为，在任意的两家机构投资者（分别用 i 和 j 表示）的持仓情况中，如果他们在 t 时间至少都持有任意一家相同公司的股份，且其数量占流通股股数的比例都大于 2.5%[①]，它们就都被定义为抱团基金，其是否为抱团基金指标 $\text{CliqueInstitution}_j = 1$，若基金 j 与任意其他一只基金都不是抱团基金，则 $\text{CliqueInstitution}_j = 0$。

（三）基金抱团策略模型设定

为检验假设 10.2，本节采用 2018 年各基金的截面数据构建 logistic 模型，运用最小二乘法（ordinary least squares，OLS）进行模型检验，构建基金治理指标对是否为抱团基金虚拟变量的影响模型，其具体公式如下：

---

① Crane 等（2019）的研究者中该比例为 5%，但考虑到和美国相比，中国资本市场上，机构投资者持股比较分散，且抱团行为较为严重（吴晓晖等，2019），故选取 2.5%。

$$\text{CliqueInstitution}_j = a_0 + a_1\text{CFM}_j + a_2\text{Age}_j + a_3\text{Team}_j + \sum \beta_{j,t}\text{Type}_j + \sum \gamma_{j,t}\text{Style}_j + \varepsilon \quad (10.7)$$

在式（10.7）中，因变量为通过基金持仓数据推导出的基金 j 在 2018 年是否为抱团基金的虚拟变量，自变量为基金 j 在 2018 年末的基金治理指标。本节进一步引入控制变量：①成立年限（Age_j），选取基金 j 在 2018 年末时距其成立的时间年数，以控制成立年限对是否为抱团基金虚拟变量的影响；②旗下基金数（Team_j），因为目前证券市场中存在大量的基金家族，其对家族成员存在溢出效应，因此选取基金所属基金家族旗下的基金成员数作为控制变量；③基金类型控制变量（Type_j），控制债券型基金、混合型基金和股票型基金对是否为抱团基金的影响；④投资风格控制变量（Style_j）。

根据前文的研究假设，我们关注的是基金治理指标 CFM_j 对是否为抱团基金的影响。可知式（10.7）中的 a_1 表示基金治理水平对投资基金是否为抱团基金的影响程度，若 a_1 显著为负，则表明基金治理程度越高，基金越不可能成为抱团基金，则假设 10.2 成立。

（四）基金期末溢价研究方法

此部分参考余音等（2018）的研究中的事件研究方法，在基金层面验证基金治理程度和基金期末溢价现象的关系；同时参考屈源育和吴卫星（2014）的研究中将回报率作为期末溢价的衡量指标，我们认为，若证券市场中普遍存在基金家族策略，必然对市场指数产生一定影响，进而削弱超额收益率指标的有效性，而基金家族策略中期末溢价直接影响回报率，故本节选取其作为衡量指标。

由于我国公募基金业采用季度报告的形式，基金的资金流入、基金经理的激励等都与季度收益密切联系，因此我们将季度末作为一个重要的时间节点，以时间节点前后五个交易日作为事件窗口期，计算基金的累计回报率。余音等（2018）发现期末溢价现象确实是一种基金家族策略，因此我们应该观察到季度末存在正的回报率，且在季度初的交易日进行反转，即累计回报率先上升后下降。

进一步，为了探究基金治理程度对期末溢价策略的影响，本节将样本按照基金治理指标，分为[0,25%）、[25%,50%）、[50%,75%）和[75%,100%]四个对照组，以比较不同基金治理程度下期末溢价的差异。

三、基金抱团实证结果

（一）描述性统计

在我们的研究样本2120只基金中，基金规模的均值为6.401亿元，最大值为136.707亿元，最小值为0.005亿元。由表10.7可见，基金成立年限的均值为4.985年，成立年限最大值为17.288年，最小值为1.006年；旗下基金数的均值为89.424只，最大值为199.000只，最小值为3.000只。上述描述性统计的结果在合理的区间范围内，且区间范围足够大，进一步保证了数据和模型的严谨性。从样本基金治理指数的分数来看，总分（CFM）的均值为24.256，基金基本信息分项指标（FBIN）的均值为59.063，基金绩效评估分项指标（FP）的均值为50.577，基金财务数据质量分项指标（FFDQ）的均值为58.144，基金分红及奖惩情况分项指标（FDAA）的均值为9.711。以上的描述性统计结果与报告中全样本的总体分布结果比较接近，表明由于研究需要而损失的样本不具有偏性。

表10.7　主要变量的描述性统计（一）

变量	均值	标准差	最小值	最大值
是否为抱团基金	0.049	0.216	0.000	1.000
成立年限	4.985	3.757	1.006	17.288
旗下基金数	89.424	56.130	3.000	199.000
CFM	24.256	14.365	1.544	63.028
FBIN	59.063	13.914	0.300	88.724
FP	50.577	12.354	0.186	97.093
FFDQ	58.144	9.301	0.143	76.680
FDAA	9.711	12.335	0.028	99.921

（二）相关性分析

表10.8给出了主要研究变量的相关系数表。可以看到，是否为抱团基金虚拟变量和基金治理指数总分的相关系数为−0.213，具有负相关性；是否为抱团基金虚拟变量与基金基本信息分项指标（FBIN）、基金绩效评估分项指标（FP）、基金财务数据质量分项指标（FFDQ）、基金分红及奖惩情况分项指标（FDAA）的相关系数分别为−0.311、−0.114、−0.253、0.134，可见除了基金分红及奖惩情况分项指标外，是否为抱团基金虚拟变量与其

他主要指标都为负相关关系，与假设基本一致。另外，是否为抱团基金虚拟变量与成立年限、旗下基金数的相关系数为正，表明其存在正相关关系。除此之外，指标之间的相关系数大都在正常范围内其显著，故可减小多重共线性等问题对回归结果的影响，以保证模型的准确性和严谨性。

表 10.8 主要变量的相关系数

项目	是否为抱团基金	成立年限	旗下基金数	CFM	FBIN	FP	FFDQ	FDAA
是否为抱团基金	1.000***							
成立年限	0.197***	1.000***						
旗下基金数	0.067***	0.029***	1.000***					
CFM	−0.213***	−0.377***	−0.110***	1.000***				
FBIN	−0.311***	−0.341***	−0.252***	0.716***	1.000***			
FP	−0.114***	−0.096**	0.039*	0.818***	0.337***	1.000***		
FFDQ	−0.253***	−0.690***	−0.053**	0.644***	0.465***	0.402***	1.000***	
FDAA	0.134***	0.207***	0.032	−0.047**	−0.168***	0.095***	−0.152***	1.000***

***表明在 1%水平上显著，**表明在 5%水平上显著，*表明在 10%水平上显著

（三）回归结果分析

1. 总体指标回归结果

实证检验的回归结果如表 10.9 所示。Reg1 列显示，基金治理水平（CFM）的估计系数为−0.003，且在 1%的水平上显著，这初步支持了本章的假设 10.2。Reg2 列、Reg3 列和 Reg4 列为分别进一步控制了成立年限和旗下基金数、基金类型和投资风格之后的回归结果，研究发现基金治理水平（CFM）的估计系数几乎没有发生变化，且其回归结果依然在 1%的水平上显著，表明基金治理水平越高的投资基金越不可能成为抱团基金，即假设 10.2 成立。进一步我们观察到成立年限和旗下基金数分别在 1%水平上和 5%水平上显著为正，且在控制基金类型和投资风格后结果基本不变，这与相关性分析的结论相同。我们推断，基金成立年限越大，其影响力越大，因此有更多的基金与其抱团；同一个基金公司旗下的基金关联度相对于其他基金更大，这样其信息能够加有效地传递，其合作概率也大大提高（Assenza et al.，2008），因此旗下基金数越多，其成为抱团基金的可能性越大。

表 10.9　总体指标的实证回归结果

变量	Reg1	Reg2	Reg3	Reg4
常数项	0.127*** (14.088)	0.051*** (3.281)	0.033** (2.307)	0.0494*** (3.065)
CFM	−0.003*** (−10.038)	−0.002*** (−6.845)	−0.002*** (−5.417)	−0.002*** (−5.211)
Age		0.008*** (6.036)	0.008*** (5.981)	0.007*** (4.381)
Team		0.0002** (2.181)	0.0002** (2.201)	0.0002** (2.030)
Type	否	否	是	是
Style	否	否	否	是
R^2	0.045	0.063	0.064	0.071
样本数量	2120	2120	2120	2120

注：括号内为 t 检验值

***表明在 1%水平上显著，**表明在 5%水平上显著

2. 分项指标回归结果

进一步，本节探究四个分项指标对成为抱团基金可能性的影响，为此，我们用基金基本信息分项指标（FBIN）、基金绩效评估分项指标（FP）、基金财务数据质量分项指标（FFDQ）、基金分红及奖惩情况分项指标（FDAA）代替式（10.7）中的基金治理指标（CFM），回归结果如表 10.10 所示。Reg1 列是对基金基本信息分项指标（FBIN）的回归结果；Reg2 列是对基金绩效评估分项指标（FP）的回归结果；Reg3 列是对基金财务数据质量分项指标（FFDQ）的回归结果；Reg4 列是对基金分红及奖惩情况分项指标（FDAA）的回归结果。通过这种处理方式可以发现各个分项指标和基金抱团行为之间的关系。

表 10.10　分项指标的实证回归结果

变量	Reg1	Reg2	Reg3	Reg4
常数项	0.201*** (9.231)	0.035* (1.679)	0.212*** (5.649)	−0.014 (−1.178)
FBIN	−0.004*** (−11.319)			

续表

变量	Reg1	Reg2	Reg3	Reg4
FP		−0.001** （−2.421）		
FFDQ			−0.005*** （−6.135）	
FDAA				0.002*** （4.839）
Age	0.005*** （3.407）	0.009*** （6.090）	0.002 （0.735）	0.008*** （5.427）
Team	−0.000 03 （−0.361）	0.000 2*** （−2.677）	0.000 2** （2.368）	0.000 2** （2.453）
Type	是	是	是	是
Style	是	是	是	是
R^2	0.113	0.061	0.075	0.069
N	2 120	2 120	2 120	2 120

注：括号内为 t 检验值

***表明在 1%水平上显著，**表明在 5%水平上显著，*表明在 10%水平上显著

表 10.10 中 Reg1 列是关于基金基本信息分项指标（FBIN）的回归结果。研究发现，基金基本信息分项指标（FBIN）的估计系数为−0.004，且在 1%的水平上显著，因此基金基本信息分项指标（FBIN）越高，投资基金越不可能成为抱团基金。

表 10.10 中 Reg2 列是关于基金绩效评估分项指标（FP）的回归结果。研究发现，基金绩效评估分项指标（FP）的估计系数为−0.001，且在 5%的水平上显著，因此基金绩效评估分项指标（FP）越高，投资基金越不可能成为抱团基金。

表 10.10 中 Reg3 列是关于基金财务数据质量分项指标（FFDQ）的回归结果。研究发现，基金财务数据质量分项指标（FFDQ）的估计系数为−0.005，且在 1%的水平上显著，因此基金财务数据质量分项指标（FFDQ）越高，投资基金越不可能成为抱团基金。

表 10.10 中 Reg4 列是关于基金分红及奖惩情况分项指标（FDAA）的回归结果。研究发现，基金分红及奖惩情况分项指标（FDAA）的估计系数为 0.002，且在 1%的水平上显著，因此基金分红及奖惩情况分项指标（FDAA）越高则基金越可能成为抱团基金。

因为基金抱团的目的是提高信息的搜集效率，同时提高自身的话语权，进一步，抱团基金更多的是关注投机性投资（吴晓晖等，2019）。那么，在基金层面，越弱小的基金越渴望提高话语权，投资能力越差的基金越倾向于短期投资，而这也正是基金治理能力的重要标准，

我们认为 FBIN、FP 和 FFDQ 显著为负的结果的背后的逻辑为：基金的基本信息属性越差，其话语权越弱小；基金绩效水平越差，其投资能力越低，其更倾向于短期投资；基金的财务水平越差，其管理资金能力越差，回报率波动性越强。以上因素导致投资基金更加倾向于采取抱团策略。然而 FDAA 显著为正的结果和假设预期并不一致，我们认为，可能的原因是，抱团策略会升高市场的股价风险，但其并不会直接牺牲投资者的利益，反而能在一定程度上提高基金的信息获取能力，因此，FDAA 更高的基金可能为了投资者的利益最大化，而选择和别的基金抱团。

同时表 10.10 显示，在对 4 个分项指标的回归结果中，基金成立年限和旗下基金数对是否成为抱团基金的影响都和表 10.9 中的结果相似，且只有在 Reg1 中旗下基金数不显著和 Reg3 中成立年限不显著，表明其对抱团策略确实存在显著的正相关关系，进一步验证了表 10-9 的结论。

（四）稳健性检验

本部分主要通过以下两方面对上文实证结果进行稳健性检验。

（1）对不同年份的数据进行相同的实证检验以达到稳健性检验的目的，本部分继续选取了 2016 年和 2017 年的数据进行回归，其检验结果与上文结论基本一致。

（2）改变抱团基金的定义范围，在上文实证检验中，我们定义基金共同在 t 时间持有任意一家相同公司的股份，且其数量占流通股股数的比例都大于 2.5%时为抱团基金，进一步，当我们放宽 2.5%的限制为 4%[①]时，检验结果与上文结论依然基本一致。

四、期末溢价实证结果

（一）描述性统计

表 10.11 给出了研究需要的主要变量的描述性统计结果。基金的基金治理水平平均值为 27.273，同时，回报率的均值为−0.118%，这与 2018 年

① 由于当持股数量占流通股股数的比例限制设为 5%时样本数量过少，故选取 4%进行稳健性检验。

的整体市场环境低迷相关。在我们的样本基金中，基金规模平均为 5.994 亿元，管理费率平均值为 1.199%，成立年限平均为 3.999 年，基金所属基金公司旗下基金数平均为 89.061 只，投资集中度平均为 0.157。每项指标的最大值和最小值均存在较大差异，且都在合理范围内表明数据样本涵盖范围较大，进一步保证了数据和模型的严谨性。

表 10.11　主要变量的描述性统计（二）

项目	平均值	标准差	最小值	最大值
CFM	27.273	14.916	1.543	68.324
回报率	−0.118%	1.482%	−7.974%	7.317%
基金规模/亿元	5.994	12.177	0.008	253.516
管理费率	1.199%	0.391%	0.100%	2.000%
成立年限/年	3.999	3.481	0.1673	17.288
旗下基金数/只	89.061	56.722	2.000	199.000
投资集中度	0.157	0.369	0	8.486

同时，通过对数据进行处理，得到季度末前 5 天的回报率均值为 0.122%，而季度末后 5 天的回报率均值为−0.332%，受到市场低迷的影响，整体回报率较低，但是依然可以发现季度前后回报率存在巨大差距，间接说明了期末溢价现象的存在。进一步，按照基金治理水平将基金划分为四组之后，分别求其回报率的平均值，[0,25%）的回报率均值为−0.186%，[25%,50%）的回报率均值为−0.113%，[50%,75%）的回报率均值为−0.022%，而[75%,100%]的回报率均值为 0.019%，可见随基金治理指标的提高，基金的回报率水平也随之上升。

（二）相关性分析

我们计算了主要研究变量的相关系数，并由此观察到基金治理水平（CFM）和回报率的相关系数为 0.048，呈正相关关系，与描述性统计中分组比较平均回报率得到相同的结论。同时，回报率和其他指标的相关系数普遍较低，且样本中各个指标的范围较大，合理地控制了其他因素对回报率的影响，保证了数据和模型的严谨性。

（三）事件研究

图 10.1 报告了事件研究的结果。我们可以看到从季度末前两个交易日

开始，累计回报率逐渐上升，在季度末前 1 天达到顶峰，累计回报率达到 0.5%。而季度末后 5 个交易日，即下季度初的前 5 个交易日，累计回报率迅速下降，单日回报率几乎全为负数。然而，受到市场低迷的影响，在整个窗口期内累计回报率仅为−2%左右，但是依然能看出，在季度前 5 天存在非常明显的溢价现象，且在下一季度初进行回撤。

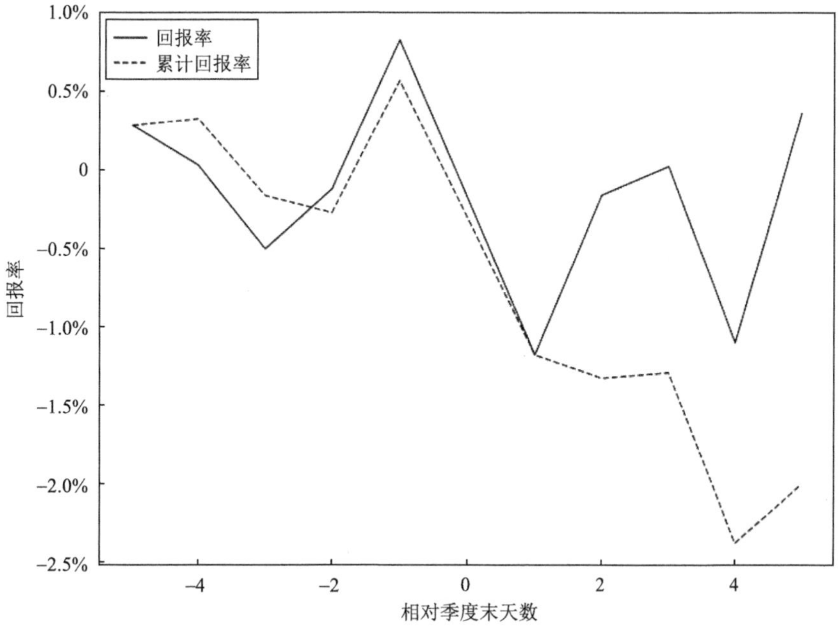

图 10.1　季度末基金的回报率和累计回报率

进一步，将基金按照基金治理水平分为 4 个小组之后，对不同小组分别研究回报率和累计回报率的走势。图 10.2 报告了不同小组的回报率趋势，可以看到各个小组在季度末前 1 天都有一定的拉升，其中[0,25%）小组的拉升最为明显，达到 1.3%左右，且拉升幅度随百分比的增加而减少，[75%,100%]小组仅有 0.1%左右。同时，除了[75%,100%]小组，其他 3 个小组季度末之前的回报率都明显高于季度末之后的回报率。除此之外，我们观察到基金治理水平越高的小组，其回报率波动情况越弱，表明其有良好的风险把控能力。

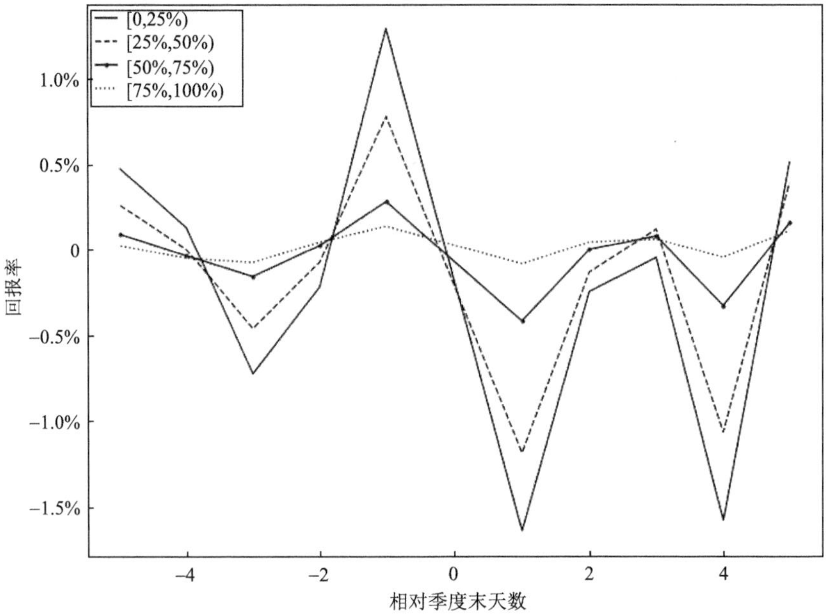

图 10.2　季度末分组基金的回报率

图 10.3 报告了 4 个小组的累计回报率情况。其显示在季度末前 1 天，累计回报率都达到峰值，且随着基金治理水平的升高而降低，其中[0,25%）

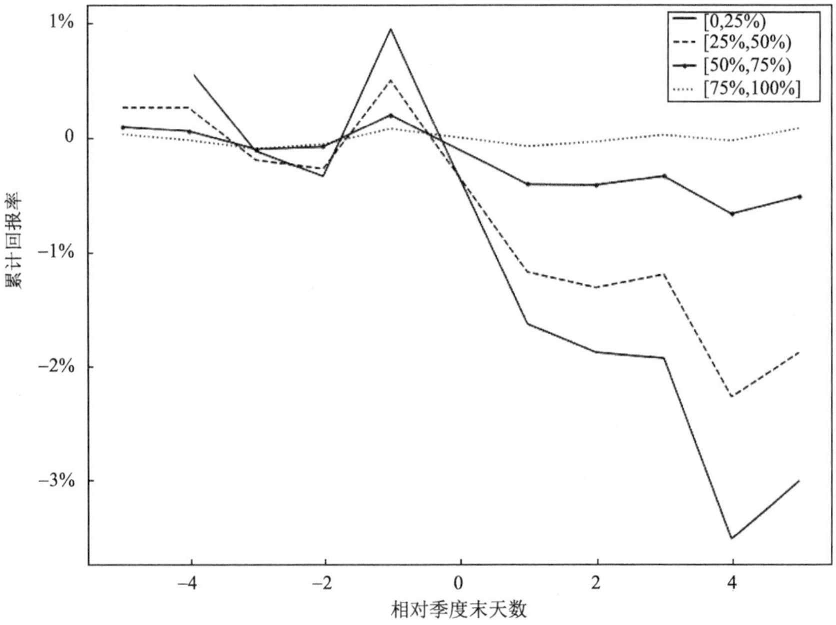

图 10.3　季度末分组基金的累计回报率

小组最高达到近 1%，而[75%，100%]小组最低为 0.1%左右。同时，在季度末之后 5 天内，累计回报率迅速回撤，且回撤幅度随基金治理水平升高而减小。由此，我们可以推断出，基金中确实存在期末溢价的策略，且基金治理水平越低的基金越倾向于该策略，同时该策略确实能在报告期结束时带来更高的回报率，但并不意味着该策略在长期能带来同样的高回报率。

五、小结

本节通过对基金家族策略进行文献综述，并在此基础上选出抱团策略和期末溢价两种不同类型的基金策略，采用本书独有的数据，即 2018 年基金治理指标以及四个分项指标，考察了基金治理程度对两种基金策略的影响，并进一步探究了四项分项指标对基金抱团行为的影响水平。

研究发现，从整体看，基金的抱团行为与基金治理水平（CFM）存在显著的负相关关系。进一步，对四项分项指标进行探究，发现 FBIN、FP 和 FFDQ 指标与基金治理水平的结论一致，其数值越高，基金成为抱团基金的可能性越低，而 FDAA 指标则与基金的抱团行为存在正相关关系。

进一步，通过事件研究的方法发现，基金治理水平越低，基金的期末溢价情况越明显，当基金治理水平不断提升时，其期末溢价逐渐趋缓，但是其在较长窗口期内回报率显著大于基金治理水平低的基金。

第三节 基金经理为什么会追涨杀跌

一、基金经理的追涨杀跌行为

自从 Jegadeesh 和 Titman（1993）对动量交易的开创性研究以来，投资者的追涨杀跌行为一直吸引着学术界的关注，至今为止国内外大量文献证实追涨杀跌广泛存在于全球的股票、房地产、期货等市场及个人、机构等各类投资者中（de Long et al.，1990；李学峰等，2008a，2008b；Moskowitz et al.，2012；Barberis and Shleifer，2003）。特别是对中国股票市场来说，个人和机构投资者普遍的追涨杀跌行为成为严重影响我国股市稳定运行的一个众所周知的难点和焦点问题。

要治理或减少市场中的追涨杀跌行为，关键在于“对症下药”——找到导致投资者追涨杀跌交易的原因所在。然而至今为止的研究主要将“buying winners and selling losers”（买入赢家卖出输家）策略作为一种交易策略，考察其能否获取超额收益以及该策略对股票均衡价格或市场稳定性的影响，却没有关注投资者为何会采取追涨杀跌行为这一更为深层的问题。

我们注意到，投资者的追涨实际上是一种风险追逐的行为，即通过买入价格上涨的股票“押注”于其价格未来会进一步上涨；而投资者的杀跌行为则是一种风险回避，即通过卖出价格下跌的股票来规避其未来价格可能的进一步下跌。换言之，尽管传统金融学假定投资者为风险规避者且该偏好恒定不变，但追涨杀跌行为实际上表明投资者的风险偏好发生了漂移。这样，我们的问题就变为：是什么因素导致了投资者的风险偏好发生漂移呢？

尽管前景理论和参照依赖效应表明投资者的风险偏好会受到股票盈亏状态的影响（Kahneman and Tversky，1979；陈文博等，2019；Wang et al.，2020），但这些研究主要是解释了投资者卖出盈利股票并持有亏损股票这一处置效应中发生的风险偏好变化，而对于追涨杀跌行为中发生的风险偏好漂移的解释却无能为力。幸运的是，近年来有关投资者在突出性思考（Bordalo et al.，2012）与有限关注（Hauser，2014）方面的研究取得了较大进展。根据 Taylor 和 Thompson（1982）的定义，“突出性”（salience）是指决策者的注意力集中于事物的某一部分特征，且在后面的决策过程中，该部分特征被赋予了异常的决策权重的现象。这一现象在股市中的表现就是，股票的某些突出的特征会吸引投资者的注意力，进而导致股票价格偏离正常的水平（Barber and Odean，2008；Cosemans and Frehen，2021）。比如，Aboody 等（2010）以及 Peng 等（2016）的研究均表明股票的高收益率作为股票的一种突出特征会吸引投资者注意力，进而导致投资者买入相应的股票；Hartzmark（2015）也发现投资者在投资组合的交易行为中会表现出突出性思考的行为偏差。那么，股票价格的上升或下跌作为一种突出性特征是否是引起投资者的风险偏好发生漂移的原因，并由此导致了追涨杀跌行为的产生呢？

为了回答上述问题，我们对 Bordalo 等（2012）的突出性理论模型进行了如下扩展：首先，通过放松 Bordalo 等（2012）对于投资者风险中性的严格假定，分析了突出性思考对投资者风险偏好的影响，并推导出投资者在风险偏好转换下的资产选择行为。其次，突破了 Bordalo 等（2012）的投资者持有相同投资组合的假定，允许投资者持有不同的投资组合，进而使得框架依赖效应[①]可以发生在投资组合层面而非股票层

① 框架依赖效应是指人们面对同一个问题进行选择或者判断时，其偏好是依赖于问题所呈现的情境的。

面上[①]，拓展了突出性理论的应用范围。

在上述拓展研究的基础上，本节得到了以下结论：①具有突出性思考偏差的投资者会发生风险偏好漂移现象，即面对股票突出的高（低）收益率，投资者的风险态度会偏向于风险追求（厌恶），进而导致了投资者采取追涨杀跌的交易行为；②由突出性所驱动的风险偏好漂移效应具有不对称性，即由突出的低收益率股票导致的向风险厌恶偏好的漂移效应更明显；③基于上述的理论拓展，本节对 Hartzmark（2015）所提出的排名效应（rank effect）重新进行了考察，在得到与其不同结果的基础上进一步验证了本节的理论预测。

进一步，本节通过 agent-based（代理人基）方法进行模拟分析，验证了上述理论分析得出的结论在一个相对真实的股票交易市场中同样成立。最后通过实证检验发现并证实，我国的基金管理人总体表现为“买入最好的，卖出最差的”这样一种风险偏好漂移效应下的追涨杀跌的交易行为，且风险偏好漂移效应以及追涨杀跌行为的强度随着股票收益率突出性而增强：收益率高于投资组合平均收益率的股票，其收益率越突出，被卖出的概率越低，被买入的概率越高；收益率低于投资组合平均收益率的股票则恰恰相反。

本节基于突出性理论研究了投资者的风险偏好漂移效应和追涨杀跌的行为偏差，为投资者的动量交易行为提供了正式的理论解释和实证证据。本节的主要贡献在于：第一，虽然已有理论（如有限关注、突出性思考、惯性反转交易等）直接或间接地发现投资者具有追涨杀跌的交易行为，而且很多文献也证实了追涨杀跌是阻碍市场效率（de Long et al.，1990；Hong and Stein，1999；王磊和陈国进，2009）的重要原因，但至今并没有文献从理论和实证上揭示导致投资者追涨杀跌行为的原因和机制。本节不仅从实证证据上证明了国内的机构投资者存在着明显的追涨杀跌行为，而且从突出性思考的角度阐明了引起投资者追涨杀跌行为的原因和机制，这不仅深化了对投资者追涨杀跌这类非理性行为的理论认识，也对实践中有关监管政策的制定和实施具有启发意义。第二，本节放松了突出性理论模型的假设前提，使其更符合现实。本节基于投资组合层面的理论框架，放松了

---

①股票框架依赖效应是指这种行为偏差仅仅依赖于股票所呈现的情境。但这样的假设一方面不符合投资者面对投资组合时对多种资产联合决策（joint-decision）的现实情况，另一方面，会导致突出性理论模型（Bordalo et al.，2012；Cosemans and Frehen，2016）中引入所有投资者持有相同的市场组合以及同质预期等假设，而假设所有市场参与者具有相同的非理性程度、相同的投资组合显然是不现实的。

以往突出性理论所需要的严格的同质投资组合中同质预期的理论假设，使得突出性理论模型在更为一般的条件下也能够成立，对于其他基于异质代理人的理论研究具有一定的启示意义。第三，本节的研究结论对于监管或减少我国市场中的追涨杀跌现象给出了针对性的政策启发，比如，进一步提升信息质量、提高信息效率，从而减少投资者的突出性思考；丰富投资者教育的内涵，使得包括机构投资者在内的市场投资主体认识到自己的风险偏好状况，并引导其避免风险偏好漂移所导致的追涨杀跌行为对自身和市场稳定性的破坏。

本节以下的结构安排是：第二部分对动量交易以及突出性理论研究的相关文献进行梳理；第三部分对理论模型进行说明，提出本节的研究假设；第四部分对agent-based模拟模型进行设定，并对模拟结果进行分析与研究；第五部分对实证研究进行设计，并对检验结果进行分析与研究；第六部分为结论与启示。

二、文献综述

（一）追涨杀跌与风险偏好漂移

动量交易一直是金融理论所关注的一个重要话题，并且动量效应的存在具有相当的普遍性。Jegadeesh 和 Titman（1993）首先发现采用“买入盈利股票，卖空亏损股票”的交易策略可以获取超额收益，并且股票收益率在中期内存在正相关性，即动量效应。自此大量学者对动量效应进行了研究，相继揭示了不同国家的股票市场都存在着不同程度的动量效应，采用动量交易策略可以获取不同程度的超额收益（Fama and French，1998；Jegadeesh and Titman，2001；高秋明等，2014）。

de Long 等（1990）从行为金融理论角度指出了追涨杀跌的交易行为与动量效应之间的理论关联。投资者追涨杀跌的正反馈交易行为会对股票价格产生压力，从而使股票价格运动具有惯性，表现出动量效应。进一步，从投资者行为的微观角度上看，相当多的文献表明投资者的确存在追涨杀跌的交易偏差（Grinblatt et al.，1995；Hong and Stein，1999；Nofsinger and Sias，1999；Griffin et al.，2003a；徐捷和肖峻，2006；李学峰等，2008b；王磊和陈国进，2009）。

以往研究的关注点集中于股票价格是否存在动量效应以及投资者是否采用追涨杀跌的动量交易方式等问题。但是对于投资者为什么会采用追涨杀跌的动量交易方式，迄今尚未有文献给出正式的理论解释。进一步看，追涨杀跌实质上是投资者发生了风险偏好漂移：追涨行为是在承担风险——买入价格上涨的股票以赌其未来可能继续上涨，而杀跌行为则在规避风险——卖出价格下跌的股票以规避其未来可能继续下跌。那么投资者为什么会发生这种与前景理论所揭示的处置效应相反的[①]风险偏好漂移呢？这是现有理论没有回答的，也正是本节的研究所要解答的。

（二）突出性理论与非理性决策

尽管现有文献没有给出投资者发生追涨杀跌式的风险偏好漂移现象的原因，但行为经济学对于有限关注和突出性思考的研究还是给了我们很多理论线索和启发。由于注意力对于人而言是一种稀缺资源，人们在注意力有限的条件下进行决策，信息处理能力会受到限制（Kahneman，1973），此时事物的突出特征往往会更能引起决策者的注意，而事物的其他特征更容易被忽视（Kahneman and Tversky，1979；Hauser，2014）。Bordalo 等（2012）首次建立了突出性决策理论，明确了在不确定环境下突出性思考对决策方式的影响。相比于累积前景理论（cumulative prospect theory，CPT）（Kahneman and Tversky，1979），突出性决策理论（ST）更加强调前景（prospect）的突出性（而不是盈亏）对决策权重的影响，进而可以在不引入“S”形效用函数的前提下对阿莱悖论（Allais paradox）、偏好反转等行为异象进行解释，有着更为简洁的理论框架。

股票的突出性特征对投资者交易行为以及资产定价的影响已被大量研究所证实（Gervais et al.，2001；Barber and Odean，2008；Fang and Peress，2009；Hirshleifer et al.，2009；饶育蕾等，2014；张圣平等，2014；胡聪慧等，2015；Hartzmark，2015；Cosemans and Frehen，2021；Wang et al.，2017）。这里特别引起我们注意的是 Aboody 等（2010）以及 Peng 等（2016）的研究，其研究表明，股票的高风险作为股票的一种突出特征会吸引投资者注意力，促使投资者买入相应股票，引起投资者风险偏好漂移。

以上实证研究为突出性思考与资产定价以及投资者交易行为的关系研究提供了丰富的经验证据，但是对于这些现象背后的理论机制——特别是对于突出性特征如何影响投资者风险偏好，进而如何影响投资者资产选择行为，上述文献往往缺乏严格的理论说明。需要特别指出的是，一方面，

---

① 处置效应所显示的是对于上涨的股票投资者采取风险规避的态度——卖出以防其价格的下跌，对于下跌的股票投资者采取风险追求的态度——继续持有以赌其未来反转上升。这与追涨杀跌行为所表现的对于上涨股票的风险追求和对于下跌股票的风险规避正好相反。

自突出性决策理论（Bordalo et al.，2012）建立以来，迄今为止还没有文献以此为理论依据，对突出性决策者交易行为方面的经验证据提供严格的理论说明；另一方面，尽管 Aboody 等（2010）以及 Peng 等（2016）的研究已经涉及了投资者的风险偏好漂移问题，但他们并没有给出突出特征吸引投资者注意力从而影响投资者风险偏好漂移的机制，换句话说，为什么投资者注意力被吸引后会买入而不是卖出股票？

本节通过扩展和完善 Bordalo 等（2012）的理论，揭示投资者风险偏好漂移的原因，给出追涨杀跌行为产生的机制，并通过模拟分析和实证检验，最终完成突出性思考、风险偏好漂移和追涨杀跌之间的完整的理论链条和经验证据。

三、理论模型与研究假设

本节通过构建基于突出性理论的交易决策模型推导出具有突出性思考特征的投资者的交易行为模式与风险偏好特征，进而对投资者追涨杀跌的交易行为做出正式的理论阐释。本节从如下三个方面放松了已有研究对于突出性理论的假设，使得理论模型与现实更为符合：①本节的研究基于投资组合层面而非个股层面的框架依赖效应。以往研究（Cosemans and Frehen，2021；Barberis et al.，2016）都是基于个股层面的框架依赖效应，这使得理论模型隐含了投资者同质预期、具有相同的非理性程度以及持有相同的投资组合这样严格的理论假定。本节放松了这一假定，使得突出性理论模型不再依赖这样严格的假定。②本节允许投资者存在风险厌恶的风险态度，从而修正了 Bordalo 等（2012）以及 Cosemans 和 Frehen（2021）对于投资者风险中性的严格假定。③与 Bordalo 等（2012）基于消费的 CAPM（capital asset pricing model，资本资产定价模型）推导框架不同，本节基于经典资产组合理论的均值-方差框架对理论模型进行推导。

（一）理论模型

1. 风险条件下的突出性决策理论

股票可以看作一种到期后得到一定收益或者损失的抽彩（lottery）。考虑由 N 只抽彩构成的抽彩集合 L，$L=\{L_1,L_2,\cdots,L_N\}$。在给定抽彩结果状态空间 $S=\{s_1,s_2,\cdots,s_m\}$ 的情况下，抽彩集合在状态 s 下的收益可用收益向量 x_s 来表示，$x_s=\{x_{1s},x_{2s},\cdots,x_{Ns}\}$。状态 s 下抽彩 L_i 回报的突出性可被突出性度量函数 $\sigma(\cdot)$ 描述，并且该函数需要满足以下性质：①排序性；②敏感度递减；③自反性[①]。

Bordalo 等（2012）给出了满足以上性质的一种具体函数形式：

$$\sigma(x_{is},\bar{x}_s)=\frac{|x_{is}-\bar{x}_s|}{|x_{is}|+|\bar{x}_s|+\theta} \tag{10.8}$$

其中，$\theta>0$，并且 $\bar{x}_s=\frac{1}{N}\sum_i^N x_{is}$ 。

这样，式（10.8）所设定的函数满足了上述性质，并且合理地表达了抽彩 L_i 在状态 s 下的回报 x_{is} 相对于抽彩集合 L 平均回报 $\bar{x}_s$ 的突出性。下文我们将沿用此函数形式的设定。

在状态 s 下，将抽彩集合根据式（10.8）所度量的突出性强度按照由高至低的顺序进行排序，得到一个新的突出性排序集合 $\{L_{k_{1s}},L_{k_{2s}},\cdots,L_{k_{Ns}}\}$（$k_{is}$ 表示抽彩 L_i 在状态 s 下的突出性强度排名，k_{is} 越小，抽彩的突出性越强）。对于突出性思考者而言，状态 s 发生的概率被扭曲为

$$\pi_s^i=\pi_s\omega_s^i \tag{10.9}$$

其中，π_s 为状态 s 发生的客观概率；ω_s^i 为抽彩 L_i 在状态 s 下的客观概率被扭曲的权重；π_s^i 为扭曲后的决策权重。将 π_s^i 标准化后，ω_s^i 可被表示为

$$\omega_s^i=\frac{\delta^{k_{is}}}{\sum_{s'}\delta^{k'_{is}}\pi_{s'}},\quad \delta\in(0,1] \tag{10.10}$$

其中，k_{is} 为抽彩 L_i 在状态 s 下的突出性排名；$\delta^{k_{is}}$ 为突出性对概率的扭曲程度；s' 为与原始变量 s 不同但同类的一个变量。当 $\delta=1$ 时，概率没有被扭曲，与客观概率完全相同；当 $\delta<1$ 时，决策者为一个突出性思考者（salient thinker），突出状态的概率被过高估计了。

对于突出性思考者而言，给定状态空间 S 的情况下，其效用函数为

$$V^{\mathrm{ST}}(L_i)=\sum_s \pi_s\omega_s^i v(x_s^i) \tag{10.11}$$

也就是说，突出性思考者的效用是由每种状态发生的概率、个体对于每种状态的价值评估以及概率被突出性思考所扭曲的权重三者共同决定的。进一步地，对于给定的两个抽彩 L_i,L_j，突出性思考者选择 L_i 当且仅当

$$\sum_s \pi_s\omega_s^i v(x_s^i)>\sum_s \pi_s\omega_s^j v(x_s^j) \tag{10.12}$$

---

① 这些性质都是关于突出性函数应当满足的一些合理性质。排序性是指如果 $(x_s^{\min},x_s^{\max})\subset(x_{\hat{s}}^{\min},x_{\hat{s}}^{\max})$，那么 $\sigma(x_s^{\min},x_s^{\max})<\sigma(x_{\hat{s}}^{\min},x_{\hat{s}}^{\max})$，即两个极端的差距越大，突出程度越高；敏感度递减是指如果 $x_i,x_j>0$，那么对于任意的 $\varepsilon>0$，都有 $\sigma(x_i,x_j)>\sigma(x_i+\varepsilon,x_j+\varepsilon)$，即两个极端之间的差距一定时，突出性会随着两个极端绝对值的增加而增加；自反性是指突出性强度不受两个极端的符号方向的影响。

2. 风险偏好漂移效应与追涨杀跌行为的理论分析

现实当中，投资者往往根据股票的历史收益情况进行交易决策，因此交易行为会受到股票历史收益率的突出性的影响。突出的股票收益率会影响投资者的决策权重，使得投资者的风险偏好发生漂移，从而导致投资者产生追涨杀跌的交易行为。根据投资者交易所参考的收益率时期长度的不同，我们分别采用单期与多期决策模型对风险偏好漂移过程进行说明。

（1）单期决策模型：在单期决策模型中，我们假设投资者仅采用上一期的股票收益作为本期交易的参考。对于投资组合中任意股票 j，在本期的收益 x_j 可能存在高收益或低收益两种不同的结果，每种收益对应的概率如下：

$$x=\begin{cases}x_h, & \pi_h \\ x_l, & 1-\pi_h\end{cases} \tag{10.13}$$

其中，x_h 为高收益结果；x_l 为低收益结果。将投资者持有的投资组合的上一期平均收益记为 x_m，如果股票的上一期收益大于 x_m 且更为突出，投资者会采用上一期收益作为当期股票的高收益结果 x_h 的代理变量，x_l 则被设定为低于 x_m 的某一数值；反之，如果股票上一期收益小于 x_m 且更为突出，则投资者会将上一期收益作为当期股票低收益结果 x_l 的代理变量，x_h 会被设定为高于 x_m 的某一数值。

根据式（10.12），投资者对于股票 j 的效用评估为

$$V_j^{\mathrm{ST}}(x)=\pi_h\omega_h v(x_h)+(1-\pi_h)\omega_l v(x_l) \tag{10.14}$$

当股票具有较高的历史收益且 $\sigma(x_h,x_m)>\sigma(x_l,x_m)$ 时，投资者的效用为

$$\begin{aligned}V_j^{\mathrm{ST}}(x)&=\pi_h\frac{1}{\pi_h+\delta(1-\pi_h)}v(x_h)+(1-\pi_h)\frac{\delta}{\pi_h+\delta(1-\pi_h)}v(x_l)\\&=E(v(x))+\frac{\pi_h(1-\pi_h)(1-\delta)[v(x_h)-v(x_l)]}{\pi_h+\delta(1-\pi_h)}\\&=E(v(x))+\varDelta\end{aligned} \tag{10.15a}$$

可以看出，突出性思考者的效用函数由两部分组成：一部分是效用的期望值 $E(v)$，另一部分为突出性思考导致的投资者对于效用评估的漂移项 $\varDelta$。由于漂移项 $\varDelta$ 中的各项都为正，所以显然 $\varDelta>0$，即投资者会过高地评估股票 j 的效用，风险厌恶程度降低，甚至会表现出风险追求态度。此时，投资者会进一步买入该股票，从而表现为追涨行为。

另外，当股票历史收益率很低且 $\sigma(x_h,x_m)<\sigma(x_l,x_m)$ 时，投资者的效用为

$$V_j^{\mathrm{ST}}(x)=E(v(x))-\frac{\pi_h(1-\pi_h)(1-\delta)[v(x_h)-v(x_l)]}{\pi_h+\delta(1-\pi_h)} \quad (10.15\mathrm{b})$$
$$=E(v(x))-\Delta$$

此时，漂移项 Δ 为负，即投资者对股票 j 的风险厌恶程度会增加，从而使得投资者低估该股票，表现出杀跌行为。

（2）多期决策模型[①]：在多期决策模型中，投资者采用以往多个时期的历史收益率作为当期交易行为的参考。给定一只股票过去 N 日的收益率序列 $\{r_{t-n},r_{t-n+1},\cdots,r_{t-1}\}$，为了简便起见，假定初始状态下投资者对于每日收益率的决策权重是相同的，投资者依照股票收益率的历史分布情况以及股票在投资组合中的突出性进行交易决策，那么对于任意的股票 j，投资者的效用函数为

$$V_j^{\mathrm{ST}}\equiv\sum\nolimits_s\frac{1}{N}v(r_s^j)\omega_s^j=E[v(r_j)\omega_j] \quad (10.16)$$

其中，权重 ω_s^j 由股票 j 在时期 s 的投资组合中的收益率突出性所决定。

我们注意到，

$$E(\omega_i)=\sum\nolimits_s\omega_s^i=1 \quad (10.17)$$

因此，可以将式（10.16）重写为

$$V_j^{\mathrm{ST}}=E(v(r_j))+\mathrm{Cov}(v(r_j),\omega_j) \quad (10.18)$$

假设投资者的效用函数为 CARA 形式，即投资者的效用函数为

$$U(z)=-\mathrm{e}^{-\alpha z} \quad (10.19)$$

其中，α 为投资者的风险厌恶系数。相应地，投资者效用函数的确定性等价为

$$\mathrm{CE}(r,\sigma)=E(r)-\frac{\alpha}{2}\sigma^2 \quad (10.20)$$

进一步地，将上述等式代入式（10.18）后得到突出性思考者对于股票

---

① Hurst 和 Docherty（2015）的研究表明历史收益率的突出性会导致股票的动量效应，而 Cosemans 和 Frehen（2016）发现突出性较高的股票往往会经历均值回归的反转现象。可见 Hurst 和 Docherty（2015）与 Cosemans 和 Frehen（2016）两者的研究结论并不一致，这很有可能与突出性理论资产定价框架的两期模型设定有关，从而使得已有框架无法对动量效应与反转效应做出一致的解释。因此本节将基于突出性决策理论的资产定价模型推广至多时期，而且在本书后面的模拟分析和实证检验中也贯彻了这一扩展。这不仅是本节的一个贡献，对于弥补现有理论模型的缺陷也至关重要。

j 的效用为

$$V_j^{\mathrm{ST}} = E(r_j) - \frac{\alpha}{2}\sigma_j^2 + \mathrm{Cov}(v(r_j), \omega_j) = E(r_j) - \frac{\alpha_j^{\mathrm{ST}}}{2}\sigma_j^2 \tag{10.21}$$

从式（10.21）可以看出，突出性思考者面对收益率突出的股票，其风险厌恶系数由 α 变为了 α_j^{ST}，即投资者的风险偏好发生了漂移。我们可以将风险偏好漂移过程进一步描述为式（10.22）：

$$\alpha_j^{\mathrm{ST}} = \alpha - 2\frac{\mathrm{Cov}(v(r_j), \omega_j)}{\sigma_j^2} \tag{10.22}$$

当股票具有突出的高收益率时，$\mathrm{Cov}(v(r_j), \omega_j) > 0$，此时显然 $\alpha_j^{\mathrm{ST}} < \alpha$，即投资者的风险厌恶系数会降低，这意味着投资者对股票 j 的风险厌恶程度会降低，甚至可能表现为风险追求的态度（$\alpha_j^{\mathrm{ST}} < 0$）。此时投资者会进一步买入股票 j，表现出追涨行为。当股票具有突出的低收益率时，$\mathrm{Cov}(v(r_j), \omega_j) < 0$，此时有 $\alpha_j^{\mathrm{ST}} > \alpha$，即投资者的风险厌恶系数会增加，投资者对股票 j 的风险厌恶程度会增加。相应地，投资者卖出该股票的概率会增加，从而表现出杀跌行为。现实中，风险厌恶系数 α 一般为正，表示风险厌恶态度。由于一个正数减去另一个数，结果为正数的概率比较大，因此投资者从风险厌恶到风险偏好较难，风险厌恶程度加深则较易。具体来看，当式（10.22）中协方差一项为正数时，考虑到其经济意义，α_j^{ST} 为正数的概率较大，因此从风险厌恶到风险偏好较难；当协方差一项为负数时，正数减负数一定得到更大的正数，所以加深风险厌恶程度这一过程比较容易。综上所述，我们基于理论可以获得投资者风险偏好漂移具有不对称性的预测。

通过上述理论分析，我们可以得到由突出性思考到风险偏好漂移再到追涨杀跌的交易行为的驱动机制：在投资者存在突出性思考偏差的情况下，股票的高（低）收益率提高了股票的突出性，从而使得投资者的风险态度偏向于风险追求（厌恶），进而导致了投资者采取追涨杀跌的交易行为。

当然，股票的突出性还可能与其他因素相关（如信息的公布、动量因子等），进而导致投资者的交易行为受到这些因素的影响。然而简要的理论分析即可说明突出性对投资者追涨杀跌的交易行为的影响与信息的公布等其他因素无关。

假设突出性思考程度相近的投资者 A 和 B，都持有同一只股票 Z，且股票 Z 在 A 的投资组合中的突出性排名 k_Z^A 高于在 B 的投资组合中的突出性排名 k_Z^B，即 $k_Z^A < k_Z^B$。由于股票相同，则 A 与 B 对于股票 Z 的收益分布的

预期是相同的，并且同一只股票的影响因素也是相同的。但是因为股票 Z 在 A 中更为突出，所以当股票未来预期收益较高时，A 对 Z 中的高收益率会赋予更高的决策权重，从而导致 $V^{A}(Z)>V^{B}(Z)$，即 A 对 Z 有着更高的估值。这时，A 与 B 相比，对 Z 的更高的估值与其他因素无关，而是由于 Z 在 A 的投资组合中更为突出。对于低收益率的突出股票可用同样的方法进行说明。

（二）研究假设

根据上述理论模型分析，可以得到突出性理论下的风险漂移效应，即投资者的风险态度会随着股票回报的突出性发生转换。该效应的具体表现为，投资者对于突出的高回报的股票会表现为风险追求的态度，而对于突出的低回报的股票会表现为风险规避的态度。由此，投资者会进一步表现为追涨杀跌的行为偏差，即买入突出的高收益率排名的股票，卖出突出的低收益率排名的股票。由此得到本节研究假设。

假设 10.4：投资者对于投资组合中收益率排名较低的股票表现为风险厌恶态度，相应股票被卖出的概率更高，被买入的概率更低；对于投资组合中收益率排名较高的股票表现为风险追求态度，被卖出的倾向更低，被买入的倾向更高。

四、模拟分析

鉴于现实中全面、连续地得到个人交易数据并不可行，而上述的理论分析也需要在一个相对真实的多期股票交易环境中进行考察，因此本节采用 agent-based 模拟的方法来模拟股票交易市场，对突出性思考者的交易行为进行研究，依据模拟数据对本节理论模型得到的研究假设进行验证。这里为了更为精细地考察本节的研究假设，借鉴 Hartzmark（2015）发现的投资者存在卖出投资组合中表现最好与最坏股票的排名效应（rank effect），我们将研究假设细分为假设 10.4a 和假设 10.4b，假设 10.4a 是：投资者对于投资组合中收益率排名最低的股票表现为风险厌恶态度，相应股票被卖出的概率更高，被买入的概率更低；对于投资组合中收益率排名最高的股票表现为风险追求态度，被卖出的倾向更低，被买入的倾向更高。而在假设 10.4b 中，为了进一步检验本节理论的稳健性，我们的检验不再局限于排名两端的股票，而是进一步推广到了所有股票的突出程度与交易行为之间的关联，即投资组合中收益率高于组合平均收益率的股票，其收益率越突出，股票被买入的概率越高，被卖出的概率越低；对于低于组合平均收益率的股票则相反。

（一）模型设定

本节基于 agent-based 方法进行建模，模型中设定存在三类个体：理性投资者、突出性思考者以及噪声交易者。其中，噪声交易者对股票的需求以及价格预期在一定范围内随机产生。理性投资者与突出性思考者对股票的需求以及价格预期设定如下。

1. 股票需求

根据 de Long 等（1990）的研究，当投资者采用均值方差进行资产选择时，其对资产的需求可以近似地表示为

$$D=\frac{E(p)-p_0}{2\gamma\sigma^2} \tag{10.23}$$

其中，$E(p)$ 为资产价格的期望值；p_0 为资产的基期价格；σ^2 为资产的方差；γ 为投资者的风险厌恶系数。

由此，我们可以得到理性投资者 t 时期对于股票的需求：

$$D_t^R=\frac{E_t(p)-p_{t-1}}{2\alpha\sigma^2} \tag{10.24}$$

突出性思考者对股票的需求为

$$D_t^{\text{ST}}=\frac{E_t(p)-p_{t-1}}{2\beta\sigma^2} \tag{10.25}$$

其中，$E_t(p)$ 为股票 t 时期的期望价格；p_{t-1} 为 $t-1$ 时期的股票价格；σ^2 为股价的方差；α、β 分别为理性投资者与突出性思考者的风险厌恶系数。

2. 价格预期

理性投资者根据历史收益率形成股票的价格预期，突出性思考者依照股票收益率的历史分布情况以及股票在投资组合中的突出性进行交易决策。假定理性投资者对于每日收益率的决策权重是相同的，给定一只股票过去 N 日的收益率序列 $\{r_{t-n},r_{t-n+1},\cdots,r_{t-1}\}$，理性投资者对股票 t 时期的价格预期可以表示为

$$E_t^R(x)=p_{t-1}\times\sum_T\frac{1}{N}r_T \tag{10.26}$$

按照前文理论模型的设定，突出性思考者对股票 t 时期的价格预期可以表示为

$$E_t^{\mathrm{ST}}(x) = p_{t-1}\sum_T \frac{1}{N}\omega_T r_T \tag{10.27}$$

其中，$E_t^R(x)$、$E_t^{\mathrm{ST}}(x)$ 分别为理性投资者与突出性思考者对股票 t 时期的价格预期；r_T 为股票在 T 时期的收益率；权重 ω_T 由股票在 T 时期的投资组合中的收益率突出性所决定。

$$\omega_T = \frac{\delta^{k_T}}{\sum_{T'}\delta^{k_{T'}}\cdot\pi_{T'}},\quad \delta\in(0,1) \tag{10.28}$$

其中，δ 为突出性思考者的突出性思考程度；k_T 为在 T 时期该股票在投资组合中的突出性排名 T' 为求和索引，代表每个可能的时期，作用是遍历所有时期来计算归一化分母。本模拟模型中，在 $(0,1)$ 范围内随机产生每位突出性思考者的突出性思考程度 δ。根据 Bordalo 等（2012）的研究，股票收益率的突出性采用以下方式进行度量：

$$\mathrm{ST}^T = \frac{\left|r^T - r_{\mathrm{avg}}^T\right|}{\left|r^T\right| + \left|r_{\mathrm{avg}}^T\right| + \theta} \tag{10.29}$$

其中，r^T 为股票在 T 时期的收益率；r_{avg}^T 为投资组合在 T 时期的平均收益率；θ 按照 Bordalo 等（2012）、Cosemans 和 Frehen（2021）的设定，取值为 0.1①。

将三类投资者的股票价格与数量需求压缩为股票订单，并加入股票订单池。按照指令驱动型交易机制进行交易撮合，形成股票的最新价格，并根据模拟交易情况，对各投资者的持股数量进行调整。

（二）统计检验

为了验证假设 10.4a，本节首先采用与 Hartzmark（2015）的研究相似的方法，对投资组合中排名位于两端的股票与投资者卖出股票行为之间的关系进行检验，以探究突出性思考者是否存在风险偏好漂移效应，即是否会产生追涨杀跌的交易行为。

接下来，我们对风险漂移效应与交易行为进行进一步检验，不再局限于排名两端的股票，而是探究所有股票的突出程度与交易行为之间的关联，以此对假设 10.4b 进行检验。这里我们基于模拟数据采用面板模型进行回归，回归方程设定如下：

① 根据 Bordalo 等（2012）的研究，θ=0.1 的取值可以使模型解释阿莱悖论等行为异象，并且可以与行为实验的观测结果相吻合。

$$\text{Sell} = \alpha + \gamma_1 \text{Pos} \times \text{ST} + \gamma_2 \text{Neg} \times \text{ST} \tag{10.30a}$$

$$\text{Buy} = \alpha + \gamma_1 \text{Pos} \times \text{ST} + \gamma_2 \text{Neg} \times \text{ST} \tag{10.30b}$$

其中，Sell、Buy 为虚拟变量，表示股票是否卖出或追加买入；Pos 与 Neg 为虚拟变量，用于界定股票收益率是否超过投资组合的平均收益率，当股票收益率超过投资组合的平均收益率时，Pos 取 1，反之取 0，当股票收益率没有超过投资组合的平均收益率时，Neg 取 1，反之取 0；ST 为股票的突出程度。

（三）模拟结果与分析

在上述模型设定前提下，本书模拟了 60 期的股票市场交易。为了验证具体的假设 10.4a 与假设 10.4b，我们依据模拟数据进行了统计检验。

1. 对风险漂移效应与交易行为的检验

首先为了验证假设 10.4a，我们对不同突出程度的股票被突出性思考者卖出与追加买入的概率做了 t 检验（表 10.12），根据表 10.12 的结果可知假设 10.4a 成立。由表 10.12 可知，投资者卖出投资组合中股票的平均概率为 29.1%，追加买入投资组合中股票的概率为 28.4%。收益率最高的股票的卖出概率显著低于中间组股票（低 23.2 个百分点），而被追加买入的概率要比中间组高 28.0 个百分点，即表现为追涨的行为；与之形成对比的是，收益率最低的股票的卖出概率显著高于中间组股票（高 15.2 个百分点），而被追加买入的概率比中间组低约 17.0 个百分点，表现为杀跌的倾向。上述现象对收益率次高与收益率次低的股票同样成立，投资者总体上表现出风险偏好漂移以及追涨杀跌交易行为。值得对比的是，这与 Hartzmark（2015）提出的两端的股票都更有可能被投资者卖出的排名效应并不相同，而与本书理论模型得到的预测结果一致。

表 10.12　股票突出性与交易行为的检验（一）

项目	卖出	追加买入
All	0.291	0.284
Best	0.067	0.567
2nd Best	0.150	0.350
Middle	0.298	0.286
2nd Worst	0.417	0.083
Worst	0.450	0.117

续表

项目	卖出	追加买入
Best−Middle	−0.232***	0.280***
	（−3.867）	（4.554）
Worst−Middle	0.152***	−0.170***
	（2.433）	（−2.840）
样本数量	18 000	18 000

注：①括号内数字为 t 统计量；②All、Best、2nd Best、Middle、2nd Worst、Worst 分别代表投资组合中的所有股票、收益率最高、次高、中间、次低、最低的股票；③表中分析结果均由原始数据得出

***表明在 1%水平上显著

2. 对风险漂移效应与交易行为的进一步检验

根据式（10.30）所示的回归方程，我们对模拟投资者的交易行为与股票的突出程度进行了回归，结果如表 10.13 所示。回归结果表明，对于收益率高于投资组合平均收益率的股票而言，随着股票的突出性升高，股票被卖出的概率显著下降，而股票被追加买入的概率则显著增加；与此相反，对于收益率低于投资组合平均收益率的股票而言，随着股票的突出性增强，投资者越来越倾向于卖出股票，而投资者追加买入股票的概率在不断下降。因此，风险偏好漂移效应以及追涨杀跌的行为偏差不仅存在于投资组合中排名位于两端的股票，也存在于投资组合中的其他股票，且程度随着股票的收益率突出性降低而减小，以上说明假设 10.4b 是成立的。

表 10.13　股票突出性与交易行为（一）

项目	卖出	买入
Pos×ST	−1.250***	1.554***
	（−3.13）	（5.30）
Neg×ST	0.911***	−0.653*
	（3.20）	（−1.83）
样本数量	900	900

注：括号内数字为 t 统计量

***表明在 1%水平上显著，*表明在 10%水平上显著

五、实证研究

上文的模拟分析说明本节的理论分析结论在一个更加贴近现实市场的模拟分析模型中是成立的。但人工模拟分析并不能完全复制和代表现实市

场的经验证据。因此这里我们以我国证券投资基金为例，利用我国基金管理者的交易数据对本书的理论模型和研究假设进行进一步的实证研究。

（一）实证研究设计

1. 指标设计

（1）收益率。本节中，实际收益率采用股票买入价与卖出价进行计算，账面收益率采用股票买入价与报告期的股票收盘价进行计算。对于股票买入价格，如果股票被多次买入，则计算股票的平均买入价格。具体如下。

$$\mathrm{Return}=\frac{P_{\mathrm{sell}}-P_{\mathrm{buy}}}{P_{\mathrm{buy}}} \tag{10.31}$$

$$P_{\mathrm{buy}}=\frac{\sum P_{it}\times Q_{it}}{\sum Q_{it}} \tag{10.32}$$

其中，P_{it} 为股票每一时期的买入价格；Q_{it} 为股票每一时期的买入数量。

股票的买入与卖出价格可通过样本基金的持股明细以及持仓变动明细计算得到，对于少部分无法通过上述方式计算价格的股票①，采用相应报告期时点的股票价格作为近似替代。

（2）突出性度量。根据 Bordalo 等（2012）的研究，股票收益率的突出性采用以下方式进行度量：

$$\mathrm{ST}_i^t=\frac{\left|r_i^t-r_{\mathrm{avg}}^t\right|}{\left|r_i^t\right|+\left|r_{\mathrm{avg}}^t\right|+\theta} \tag{10.33}$$

其中，r_i^t 为股票 i 在 t 时期的收益率；r_{avg}^t 为投资组合在 t 时期的平均收益率；θ 取值为 0.1。

2. 回归模型

为了验证假设 10.4a，这里同样采用与 Hartzmark（2015）相似的方法，对投资组合中排名位于两端的股票与投资者卖出股票行为之间的关系进行检验。除此之外，根据 Ben-David 和 Hirshleifer（2012）的方法，将投资者追加买入股票行为作为被解释变量，这可以视为一种安慰剂检验（placebo test）。这样同时可以得出股票极端排名与投资者买入行为之间的关系，进一步增强了结论的稳健性。

---

① 由于部分基金的持股变动报告没有覆盖报告期内所有股票的买入或卖出情况，所以未报告的少部分股票采用相应报告期时点的价格作为对应的买入或者卖出价格。

一些股票特质因素，如股票信息公布、波动率（Barber and Odean，2008）等可能与股票收益率的突出性存在潜在关联。另外，股票的持有期越长，则股票收益率突出的可能性越高。为了排除这些因素对研究的影响，我们采用面板模型进行回归，并分别设定了股票、日期交互固定效应以及股票、日期、持有期交互固定效应对上述因素进行控制。

进一步，为了排除股票的历史收益率、盈亏等对交易行为的影响（Odean，1998a；Ben-David and Hirshleifer，2012；An，2015），本节加入相应的控制变量。综上，模型设定如下[①]：

$$\begin{aligned}\text{Sell} = \alpha &+ \beta_1\text{Best} + \beta_2\text{Worst} + \gamma_1(\text{Ret}\times\text{Gain}) + \gamma_2(\text{Ret}\times\text{Loss})\\ &+ \gamma_3\text{Gain} + \gamma_4(\text{Ret}\times\text{Gain}\times\text{Terms}) + \gamma_5(\text{Ret}\times\text{Loss}\times\text{Terms})\\ &+ \gamma_6\text{Terms} + \gamma_7(\text{Gain}\times\text{Vol}) + \gamma_8(\text{Loss}\times\text{Vol}) + \varepsilon\end{aligned} \tag{10.34a}$$

$$\begin{aligned}\text{Buy} = \alpha &+ \beta_1\text{Best} + \beta_2\text{Worst} + \gamma_1(\text{Ret}\times\text{Gain}) + \gamma_2(\text{Ret}\times\text{Loss})\\ &+ \gamma_3\text{Gain} + \gamma_4(\text{Ret}\times\text{Gain}\times\text{Terms}) + \gamma_5(\text{Ret}\times\text{Loss}\times\text{Terms})\\ &+ \gamma_6\text{Terms} + \gamma_7(\text{Gain}\times\text{Vol}) + \gamma_8(\text{Loss}\times\text{Vol}) + \varepsilon\end{aligned} \tag{10.34b}$$

其中，Sell（Buy）为虚拟变量，表示股票是否卖出（追加买入）。Best、Worst 为投资组合中两种极端收益率的虚拟变量，当为最高收益率时，Best 取 1，否则取 0；当为最低收益率时，Worst 取 1，否则取 0；Ret 为收益率；Gain、Loss 为股票盈亏的虚拟变量，当股票盈利时，Gain 取 1，否则取 0，当股票亏损时，Loss 取 1，否则取 0；Terms 为股票持有期的平方根；Vol 为股票波动率。

为了验证假设 10.4b，进一步探究股票的突出性对投资者交易行为的影响，将股票的突出性度量指标也加入回归方程：

$$\text{Sell} = \alpha + \gamma_1\text{Pos}\times\text{ST} + \gamma_2\text{Neg}\times\text{ST} + \gamma\text{Controls} \tag{10.35a}$$

$$\text{Buy} = \alpha + \gamma_1\text{Pos}\times\text{ST} + \gamma_2\text{Neg}\times\text{ST} + \gamma\text{Controls} \tag{10.35b}$$

其中，Pos 与 Neg 分别为虚拟变量，用于界定股票收益率是否超过投资组合的平均收益率，当股票收益率超过投资组合的平均收益率时，Pos 取 1，反之取 0，当股票收益率没有超过投资组合的平均收益率时，Neg 取 1，反之取 0；ST 为股票的突出程度；Controls 为控制变量。

---

① 在估计 logit 模型时，我们模型的横截面观测值 N 很大，而 t 很小，如果进行固定效应回归会扰乱其他系数估计的准确性，因此这里不适合使用固定效应模型估计。

（二）实证结果与分析

1. 样本选取与描述性统计

由于 2006 年是基金规模迅速膨胀的年份，因此本节选取 2006 年末至 2019 年末，共 26 个（半年度）报告期作为研究时期。研究样本为所有股票型基金，共包括 2254 个基金账户以及 3063 只不同的股票。持仓明细与持仓变动数据来源于 RESSET（锐思）数据库，股票波动率等数据来源于 Wind 数据库。为保证数据有效性以及消除异常值对本节研究的影响，本节采用 Frazzini（2006）、Hartzmark（2015）的方法对样本数据进行整理，并采用缩尾方法进行了 1%水平上的缩尾处理。对数据进行剔除后，共包含 1 362 817 个样本。

表 10.14 展示了基金样本的描述性统计结果。机构投资者平均持有 112.4 只股票，每只股票平均被投资者持有 2.802 年。在样本范围内，投资组合中平均有 24.2%的股票被投资者卖出，股票的平均收益率为−1.5%。

表 10.14 描述性统计（一）

项目	观测值	均值	标准差	最小值	最大值
基金数量	2 254				
报告期数量	26				
股票数量	3 063				
投资组合股票数量	1 362 817	112.4	119.2	13	763
持有期	1 362 817	2.802	2.116	1	12
卖出比例	1 362 817	0.242	0.429	0	1
加仓比例	1 362 817	0.708	0.455	0	1
盈利比例	1 362 817	0.742	0.438	0	1
股票收益率	1 362 817	−0.015	0.227	−0.784	0.641
股票波动率	1 362 817	0.431	0.137	0.168	0.833

为了进一步研究股票收益率的突出性与投资者交易行为的关系，我们对不同突出程度的股票被投资者卖出与追加买入的概率做了初步的统计检验（表 10.15），得到了与假设 10.4a 相一致的结果。由表 10.15 可以看到，投资者卖出投资组合中股票的平均概率为 24.2%，追加买入投资组合中股票的概率为 70.8%。收益率最高的股票的卖出概率显著低于中间组股票（约低 22.0 个百分点），而被追加买入的概率比中间组高 26.6 个百分点，即表

现为追涨的行为；与之形成对比的是，投资者更倾向于卖出收益率最低的股票，而追加买入相应股票的概率显著低于中间组，表现为杀跌的倾向。上述结论对收益率次高与次低的股票同样成立，机构投资者总体上表现为追涨杀跌的交易模式。这与本节理论模型得到的预测结果以及模拟分析中得到的结果一致。

表 10.15 股票突出性与交易行为的检验（二）

项目	卖出	追加买入
All	0.242	0.708
Best	0.018	0.976
2nd Best	0.022	0.970
Middle	0.238	0.709
2nd Worst	0.541	0.424
Worst	0.593	0.386
Best−Middle	−0.220***	0.266***
	(−83.250)	(94.527)
Worst−Middle	0.355***	−0.323***
	(130.021)	(−114.083)
样本数量	1 362 817	1 362 817

注：括号内数字为 t 统计量；本表分析结果均由原始数据得出

***表明在 1%水平上显著

2. 对风险漂移效应与交易行为的检验

为了剔除股票特质因素以及股票持有期对风险漂移效应的影响，进一步对假设 10.4a 进行检验，我们分别加入股票、日期交互固定效应以及股票、日期、持有期交互固定效应对这些因素进行控制。表 10.16 汇报了线性模型的回归结果①，其中面板 A 为卖出行为角度的风险漂移效应的检验，即投资者是否会杀跌；面板 B 为追加买入行为角度的风险漂移效应的检验，即投资者是否会追涨。

① 我们还对控制了个体固定效应的模型和控制了行业与时间交互固定效应的模型进行了回归（限于篇幅该回归结果没有列示，有需要的读者可以联系作者索要），回归结果依旧稳健。

表 10.16　控制交互固定效应后的风险偏好漂移效应

变量	Stock by Date FE		Stock by Date by Terms FE	
	(1)	(2)	(3)	(4)
面板 A　卖出行为				
Best	−0.204***	−0.202***	−0.112***	−0.113***
	(−19.751)	(−19.427)	(−7.814)	(−7.929)
Worst	0.370***	0.374***	0.264***	0.269***
	(15.533)	(15.276)	(8.319)	(8.366)
2nd Best		−0.198***		−0.113***
		(−18.463)		(−7.533)
2nd Worst		0.320***		0.219***
		(13.314)		(6.896)
R^2	0.075	0.089	0.189	0.195
样本数量	1 362 817	1 362 817	1 362 817	1 362 817
面板 B　追加买入行为				
Best	0.249***	0.250***	0.128***	0.130***
	(26.675)	(26.445)	(7.926)	(8.060)
Worst	−0.337***	−0.340***	−0.211***	−0.215***
	(−15.825)	(−15.548)	(−6.357)	(−6.400)
2nd Best		0.244***		0.129***
		(24.867)		(7.643)
2nd Worst		−0.300***		−0.180***
		(−15.988)		(−5.888)
R^2	0.065	0.079	0.239	0.244
样本数量	1 362 817	1 362 817	1 362 817	1 362 817

注：①括号内数字为 t 统计量。②本表汇报了控制交互固定效应后的线性回归结果，其中 Stock by Date FE 为股票与日期的交互固定效应，Stock by Date by Terms FE 为股票、日期与持有期的交互固定效应

***表明在 1%水平上显著

回归结果的符号方向与数值大小都与我们的理论预期一致，且普遍高度显著。在卖出行为方面，投资者具有卖出最为突出的低收益率股票的显著倾向，而最为突出的高收益率股票被卖出的概率最小。同时，可以观察到，两种倾向的绝对值大小存在显著的差异——对于排名最低的股票，其概率优势约为 30%，而对于排名最高的股票，其概率优势约为 20%，这进一步印证了本节的理论模型对于投资者风险偏好漂移效应不对称性的预

测，即投资者对于表现突出的低收益率股票的风险厌恶程度远高于对于表现突出的高收益率股票的风险追求程度。

对追加买入行为的实证结果从另一角度验证了我们的假设。投资组合中收益率最低的股票更不可能被追加买入，而收益率最高的股票被追加买入的倾向略高于其他股票。两者的大小同样满足本节模型所预言的不对称性。在采用两种不同的固定效应后，上述结果仍然成立，检验结果具有一定的稳健性。

进一步，为了排除处置效应（Odean，1998a）、“V”形处置效应（An，2015；Ben-David and Hirshleifer，2012）等与收益率相关的行为偏差对风险漂移效应的可能影响，本节按照 Hartzmark（2015）的模型设定，在回归模型中加入相应的控制变量后进行 logit 回归，结果展示在表 10.17 中。可以看到，无论是对于卖出行为还是追加买入行为，投资者都表现出显著的卖掉最低收益率的股票，保留以及增持最高收益率股票的倾向，假设 10.4a 中对投资者风险偏好漂移以及追涨杀跌交易行为的理论预测仍然是成立的。

表 10.17　加入控制变量后的 logit 回归结果

变量	卖出		追加买入	
	（1）	（2）	（3）	（4）
Best	−0.487***	−0.480***	0.534***	0.528***
	（−63.128）	（−63.212）	（72.055）	（72.280）
Worst	0.280***	0.280***	−0.278***	−0.277***
	（123.508）	（124.899）	（−108.188）	（−109.040）
2nd Best		−0.448***		0.495***
		（−63.925）		（72.808）
2nd Worst		0.240***		−0.245***
		（108.384）		（−97.213）
额外控制变量	×	×	×	×
样本数量	1 362 817	1 362 817	1 362 817	1 362 817

注：①括号内数字为 t 统计量。②本表汇报了 logit 回归后的边际效应。限于篇幅，本节省略了控制变量的相应结果，有需要的读者可以联系作者索要

***表明在 1%水平上显著

3. 对风险偏好漂移效应与交易行为的进一步检验

以上研究对于股票突出性与投资者风险偏好漂移以及追涨杀跌的交易行为进行了初步检验，但是以上检验主要针对投资组合中排名位于两端的

股票。由此带来了另一个问题——除了投资组合中排名最为极端与突出的股票外，风险偏好漂移效应以及追涨杀跌的交易偏差是否对于投资组合中的其他股票同样成立？换言之，投资者是否如假设 10.4b 所预测的那样，对于更为突出的高收益率股票，更倾向于持有或买入，而对于更为突出的低收益率股票，表现出相反的交易行为，即追涨杀跌行为偏差的强度是否与突出性大小程度存在关联？

我们按照式（10.30）的方式对投资者的交易行为与股票的突出程度进行了回归，结果如表 10.18 所示。实证结果表明，对于收益率高于投资组合平均收益率的股票而言，随着股票的突出性升高，股票被卖出的概率会不断下降，而股票被追加买入的机会则不断增加；与此相反，对于收益率低于投资组合平均收益率的股票而言，随着股票的突出性增强，投资者越来越倾向于卖出股票，而投资者追加买入股票的概率在不断下降，即风险偏好漂移效应以及追涨杀跌的行为偏差是普遍存在的，且程度随着股票的收益率突出性降低而减小。同时，仍然可以观察到风险偏好漂移效应的不对称性。为了保证结果的稳健性，我们分别采用了投资组合收益率的平均值、中位数以及投资组合的收益率作为投资组合平均收益率的参照标准。在采用不同的参照标准后，回归结果仍然与理论预期是一致的，从而进一步印证了假设 10.4b 是成立的。

表 10.18　股票突出性与交易行为（二）

变量	卖出			追加买入		
	收益率均值	收益率中值	组合收益率	收益率均值	收益率中值	组合收益率
Pos×ST	−0.145***	−0.359***	−0.421***	0.032***	0.034***	0.152***
	（−49.017）	（−136.472）	（−153.559）	（11.163）	（12.480）	（53.389）
Neg×ST	0.259***	0.436***	0.533***	−0.068***	−0.013***	−0.205***
	（84.335）	（168.864）	（198.226）	（−22.821）	（−4.667）	（−72.042）
额外控制变量	×	×	×	×	×	×
样本数量	1 362 817	1 362 817	1 362 817	1 362 817	1 362 817	1 362 817

注：①括号内数字为 t 统计量。②本表汇报了 logit 回归后的边际效应。限于篇幅，本节省略了控制变量的相应结果，有需要的读者可以联系作者索要

***表明在 1%水平上显著

六、结论与启示

本节基于投资组合层面的突出性理论模型，发现了具有突出性思考偏

差的投资者所具有的一个重要的新现象——风险偏好漂移效应：投资者对于突出的低收益率股票，会产生风险厌恶的漂移效应，对于突出的高收益率股票，会产生风险偏好的漂移效应。进一步，正是风险偏好漂移效应导致了投资者产生追涨杀跌的交易行为，从而对于投资者为何存在追涨杀跌的交易方式提供了一个正式的理论说明。同时，以上基于理论模型得到的结论也在 agent-based 模拟分析中得到验证。进一步，通过采用我国基金管理人的交易数据对上述理论机制进行检验后，实证结果表明：第一，我国的基金管理人的确存在如本节理论所预言的风险偏好漂移效应与追涨杀跌行为——管理人倾向于买入投资组合中突出的高收益率股票并卖出投资组合中突出的低收益率股票，且这种行为偏差随着股票收益率的突出程度的提高而增强；第二，投资者风险厌恶的漂移效应高于风险追求的漂移效应，这种风险偏好漂移的不对称性也从另一个角度验证了本节的理论模型；第三，值得一提的是，基金管理人并非表现出如 Hartzmark（2015）所说的那样，“卖出最好与最坏股票”，而是“卖出最差的，买入最好的”，这一结论可以在本节的理论框架内得到解释。

第四节　我国证券投资基金的隐性激励——测度、机制与契约优化

近年来，随着“老鼠仓”“铁公鸡”[①]等现象的不断曝光，我国证券投资基金的激励问题成为媒体和学术界的关注焦点。普遍的观点认为，基金公司激励机制失效，导致了对持有人利益的漠视甚至侵害。国内已有的研究从改善基金治理结构、引入激励费等角度提出了见解和建议，但这些研究只关注了显性激励（来自薪酬契约及其他制度安排的激励），忽略了对隐性激励（来自基金持有人的市场压力）的讨论，从而对于我国基金业隐性激励的一系列问题鲜有涉及，如我国基金持有人的行为特征是怎样的？持有人的行为会对基金带来怎样的隐性激励？存在隐性激励条件下的更为合理的基金契约又应该是怎样的？在某种程度上，忽视对隐性激励的研究以及持有人在基金激励中的作用，是导致目前我们对基金激励乃至基金治理问题的研究在理论上缺乏深度甚至停滞不前，同时在政策建议上缺乏

① 即基金在分红政策上的违规和吝啬。

针对性和可操作性的重要原因，本节将针对这一现状和上述问题进行研究和解答。

一、文献综述

证券投资基金的持有人和管理人是一种委托代理关系，要解决他们之间信息不对称可能引起的道德风险问题，必须对基金管理人实施某种激励。Modigliani 和 Pogue（1975）较早提出委托人和代理人之间的显性激励和隐性激励问题，显性激励是在契约中通过薪酬安排等对代理人施加的直接激励，而隐性激励则产生于契约之外。就基金公司而言，隐性激励又分为两个方面，其中一方面是产生于基金公司内部的委托代理关系，表现为基金经理对自己的失业的担忧（Chevalier and Ellison，1999；Kempf et al.，2009）。

本节主要关注的是第二种隐性激励，其产生于基金管理人与基金持有人之间，特别是对开放式基金而言，其管理人的行为或绩效会引起持有人申购或者赎回的调整，这种调整进一步影响以吸引持有人投资为目标的管理人的决策和行为，从而对管理人产生契约之外的隐性激励。根据已有的研究（Berkowitz and Kotowitz，1993；Huddart，1999；O'Neal，2004；Friesen and Sapp，2007），这种隐性激励主要体现为持有人对历史业绩较好的基金的申购和对历史业绩较差基金的赎回。进一步的研究还发现，持有人的行为方式对业绩好和业绩差的基金并不对称，即基金持有人会买入业绩好的基金，但不愿卖出已有损失的基金（Marc，1996）；或者持有人对于业绩差的基金的业绩敏感性较低，对于业绩好的基金的业绩敏感性较高（Lynch and Musto，2003）。

上述文献表明，基金的投资绩效会影响基金持有人的行为调整，由此所形成的市场压力导致了对基金的隐性激励，进而导致基金管理人行为的再调整。Lakonishok 等（1991）、Chevalier 和 Ellison（1997）、Marc（1996）分别揭示了隐性激励对于基金管理人投资管理行为的影响；Ippolito（1992）则发现，共同基金会为赢得持有人而改换风格和名称；Basak 等（2008）指出，管理人会利用持有人追求优秀业绩的行为特征，通过控制风险头寸等来达到吸引持有人的目的，并且这种隐性激励所导致的调整行为是有偏差的，会偏离持有人的利益最大化。对此，Sensoy（2009）提供的证据显示，为了吸引更多的持有人，基金管理人会倾向于利用与自己风格不匹配的比较基准来衡量自身业绩。

可见，在基金业的运行中，隐性激励扮演着极为重要的角色，一方面，它广泛存在于基金行业中，虽然相当多的基金采取了基于资产规模的管理费率制（asset-base fee scheme）[①]，使得看上去基金管理人的收入同其投资绩效没有直接联系，但是两者之间通过持有人的行为而产生间接联系，从而对基金管理人形成显著的隐性激励；另一方面，隐性激励的存在会对基金管理人的行为产生实质影响，并且，正如 Basak 等（2008）所指出的，这种影响不一定是有益的，有时隐性激励会诱使显性契约下的基金管理人的行为发生非预期的变化，使其偏离显性契约所期待的最佳激励效果，从而造成激励偏差。例如，在一个原本适度激励的显性契约下，如果加入了过多的隐性激励，可能会诱使管理人或过于冒险，或过于保守，最终都无益于基金持有人利益的保护，而这并不是显性契约最初所期待的结果。因此，对隐性激励的跟踪观察和适度管理，将是一个值得深入研究的方向。

国内该领域的研究主要集中在对持有人行为的揭示，尚未深入到隐性激励的角度，不过这也为进一步探讨基于持有人行为的隐性激励机制提供了基础。虽然较早的研究一般认为我国基金持有人存在与前述国外文献所发现的相反的非理性的"赎回异象"，即赎回业绩好的基金（刘志远和姚颐，2005；束景虹，2005），但随着时间的推进和数据的丰富，相关研究（薛强军，2006；任淮秀和汪涛，2007）则发现，基金业绩与持有人行为之间的正反馈关系[②]正在显现，而赎回异象明显减弱（李学峰等，2009b）。

鉴于此，深入研究我国证券投资基金的隐性激励问题是十分必要的。首先，目前国内关于基金治理的研究从理论深度和定量分析上都相对滞后，对于其中的隐性激励问题则关注更少；其次，我国几乎所有的证券投资基金均采用了基于资产规模的固定管理费率，甚至连管理费率的设置都体现出高度的一致性，也就是说，我国各基金的显性激励是高度趋同的，那么此时对隐性激励的关注就更显必要。本节关注我国证券投资基金的隐性激励问题，并将在以下两个方面较现有国内外研究有所突破。

第一，既有的研究大多验证了基金规模同基金历史业绩之间存在显著的计量关系，以此来证明隐性激励的存在性，但真正直接反映基金管理人切身利益的，并不是基金规模的大小，而是基于规模所带来的管理费收入，因而既有业绩与规模的关系研究，并不直接揭示隐性激励的存在性。针对这一局限，Berkowitz 和 Kotowitz（2000）已经在实证检验业绩对资金流向的影响的基础上，将该实证结果代入管理费率的计算，从而得到了基金历

① 事实上，上述文献中的多数研究对象都是采取该种费率的共同基金。

② 即"好的业绩吸引持有人追加投资，差的业绩促使持有人撤出投资"的正向反馈机制。

史业绩对其管理费收入的影响，其计算方法虽然较为粗糙①，但启发我们应去验证我国基金历史业绩对管理人的管理费收入的影响，从而对隐性激励的存在性进行更为直观的揭示。本节将尝试构建一种直观测量隐性激励的方法，并揭示出我国基金行业中的“历史业绩—持有人行为—基金规模—管理人收入”的隐性激励作用机制。

第二，与已有的对隐性契约的研究相比，本节的一个重要推进在于将隐性激励程度具体化为可测参数，并在此基础上，考虑将隐性激励的可测参数融入基金薪酬契约的分析框架，即将隐性激励显性化到基金薪酬契约之中，以考量在同时存在显性激励和隐性激励条件下如何实现对契约的优化，以提高基金契约激励的有效性。

二、理论模型

（一）由名义契约到实际契约

本节中提到的“名义契约”是指基金契约中规定的基金管理费的计提方式。而为了从这一简单明了的名义契约出发进行更为深入的分析，就需要我们将其等价变形为能提供更多信息的“实际契约”。

在我国，证券投资基金的管理费计提方式为按照基金资产规模计算的固定费率。具体地，每天按照日结算规模，乘以一个固定管理费率，得到每一日应计提的管理费。将一定时期内每日计提的管理费累加，即得到该时期内基金的总管理费收入。按照固定费率的名义契约，假设一段较长的考察期T由$1,2,\cdots,t$个计费区间组成，第i个计费区间内管理人（基金公司）的管理费收入为

$$f_i=\varphi S_i\text{，}\quad 1\leqslant i\leqslant t \tag{10.36}$$

其中，f_i为区间i内的管理费收入；φ为名义报酬契约中规定的固定费率；S_i为区间i末的基金资产规模。可以看到，在名义契约下，管理人的收入只与固定费率和基金规模有关，而不存在依据其业绩计提的绩效激励。进一步，区间i末的基金资产规模S_i的构成为

$$S_i=S_{i-1}+R_i \tag{10.37}$$

其中，S_{i-1}为$i-1$区间末的管理资产的规模；R_i为第i期内实现的资产净收

---

① Berkowitz 和 Kotowitz（2000）只是将对管理费收入的影响作为文章主要结论的副产品，通过简单的估算而得。

益。设 S_0 为 T 时期的初始资产规模，利用式（10.37）可以得到[①]：

$$S_i = S_0 + \sum_{n=1}^{i} R_i \tag{10.38}$$

同时，可以得到管理人在一个包含 t 个区间的时期内的总管理费收入为

$$\begin{aligned} F &= \sum_{i=1}^{t} f_i = \varphi \sum_{i=1}^{t} \left(S_0 + \sum_{n=1}^{i} R_n \right) = \varphi \sum_{i=1}^{t} S_0 + \varphi \sum_{i=1}^{t} \sum_{n=1}^{i} R_n \\ &= t\varphi S_0 + \varphi \sum_{i=1}^{t} \sum_{n=1}^{i} R_n \end{aligned} \tag{10.39}$$

这样，管理人在这一时期内的总收入就分解为固定收益 $t\varphi S_0$ 以及绩效收入 $\varphi \sum_{i=1}^{t} \sum_{n=1}^{i} R_n$。事实上，$\sum_{i=1}^{t} \sum_{n=1}^{i} R_n$ 并不简单地等于基金总收益，而是存在如下变换。

$$\sum_{i=1}^{t} \sum_{n=1}^{i} R_n = R_t + 2R_{t-1} + 3R_{t-2} + \cdots + (t-1)R_2 + tR_1 = \sum_{i=1}^{t} (t+1-i) R_i \tag{10.40}$$

因此，F 最终可以表示为

$$F = t\varphi S_0 + \varphi \sum_{i=1}^{t} (t+1-i) R_i \tag{10.41}$$

为了便于更为直观地观察，可以设向量 $1 \times t$ 阶向量 $R^{\mathrm{T}} = (R_1, R_2, R_3, \cdots, R_t)$ 代表每一个计费区间内的收益，$1 \times t$ 阶向量 $v = (t, t-1, t-2, \cdots, 1)$ 代表对应区间收益的系数，则式（10.41）可以表示为

$$F = t\varphi S_0 + \varphi v R \tag{10.42}$$

可见，通过等价变换，式（10.36）所表达的名义契约最终演变为式（10.42）所表达的实际契约，在这一实际契约中，既包含固定收入的部分 $t\varphi S_0$，也包含绩效收入的部分 $\varphi v R$，通过 φv 和 R，建立一定时期内基金管理人收入与该时期内基金资产收益的联系。式（10.42）所代表的实际契约直观地描述了基金管理人实际感受到的薪酬契约。

（二）持有人行为对实际契约的影响——隐性激励

上文中推导出的实际契约的一般形式符合我国封闭式基金的实际情

① 这里没有考虑每一计费区间内基金的分红，因为现实中的基金分红往往是在一段较长时期后进行的，例如一个季度、半年或一年，这对应着 T，而非每个小的计费区间。同时，每一区间内的应计管理费并没有从资产中减去，是因为假设管理费也是在 T 期末提取，而这一假设是符合基金行业的现实的。

况。在封闭式基金的契约关系中，持有人不具备完全的“用脚投票”权[①]，每一计费区间的资产规模 S_i 只受上一期资产收益 r_{i-1} 的影响，因而其实际报酬契约正如上文中得到的形式。然而，对于开放式基金，在同样的固定费率 φ 的设定下，就可能得到不同于式（10.42）的实际契约。这是因为，对于开放式基金来说，基金持有人的申购、赎回行为可以实时地影响资产规模，从而将给式（10.42）所表达的实际契约带来新的影响因素。

那么，对于基金持有人的申购、赎回行为这一新的影响因素，依据已有研究的结论我们可以假设，基金持有人的申购、赎回行为具有一种基于历史收益的惯性特征（Lynch and Musto，2003；李学峰等，2009b），即对于那些上一期投资业绩好、资产收益多的管理人，持有人会追加投资，并吸引其他持有人不断加入，而对于那些上一期业绩差、资产收益少的管理人，持有人会削减投资甚至完全收回投资[②]。这种惯性行为会对基金资产规模产生影响，并最终影响到管理人的收入。

我们可以将第 i 期持有人的这种惯性行为对资产规模的影响定义为 $\Delta S_i(R_{i-1})$[③]：

$$\Delta S_i(R_{i-1}) = \lambda R_{i-1}, \quad \lambda > 0 \tag{10.43}$$

其中，R_{i-1} 为前期资产收益；λ 为持有人的行为敏感程度，反映持有人的行为习惯和行为方式，由于设定 $\lambda > 0$，则表示持有人的惯性行为程度，持有人基于前期资产收益率所采取的申购和赎回行为对当期资产规模的影响为 $\Delta S_i(R_{i-1})$。如果前期收益为正，则持有人会增加当期投资，资产规模增大（$\Delta S_i(R_{i-1}) > 0$）；如果前期收益为负，则持有人会削减当期投资，资产规模减小（$\Delta S_i(R_{i-1}) < 0$）。

接下来重复式（10.36）～式（10.42）的推导过程，并且假定相同的名义固定费率 φ。对比式（10.37），区间 i 末的资产规模为

$$S_i = S_{i-1} + R_i + \Delta S_i(R_{i-1}) = S_{i-1} + R_i + \lambda R_{i-1} \tag{10.44}$$

① 封闭式基金契约中，委托人（持有人）在封闭期内一般不能要求赎回基金份额，即解除契约，只能够在二级市场出售基金份额，从代理人的角度看，这种不完全的持有人“用脚投票”权不会影响基金的规模和代理人的决策行为。

② 鉴于国内的相关文献并没有对持有人的惯性行为进行直接的实证检验，我们对这一假设在我国基金持有人行为中的存在性进行了检验，证实了该假设的正确性——我国基金持有人总体上存在显著的惯性行为。具体的实证数据和过程，有需要的读者可以与作者联系索取。

③ 为了简化推导过程，这里将资产规模变化与上期资产收益的关系抽象为简单的线性关系。这种设置的理由在于，目前国内外众多的实证研究大多验证出基金规模同业绩之间的“线性关系”，而且这个假定并不影响结果。

式（10.44）中引入了持有人行为的影响 λR_{i-1}。与式（10.38）的推导过程类似，可以得到式（10.44）的另一种表达方式：

$$S_i = S_0 + \sum_{n=1}^{i} R_n + \sum_{n=2}^{i} \Delta S_n (R_{n-1}) = S_0 + \sum_{n=1}^{i} R_n + \sum_{n=2}^{i} \lambda R_{n-1} \tag{10.45}$$

则管理人在一定时期内的总管理费收入（即实际契约）为

$$\begin{aligned} F &= \varphi \sum_{i=1}^{t} S_0 + \varphi \sum_{i=1}^{t} \sum_{n=1}^{i} R_n + \lambda \varphi \sum_{i=2}^{t} \sum_{n=2}^{i} R_{n-1} \\ &= t\varphi S_0 + \varphi \sum_{i=1}^{t} (t+1-i) R_i + \lambda \varphi \sum_{i=1}^{t-1} (t-i) R_i \end{aligned} \tag{10.46}$$

设 $1\times t$ 阶向量 $\beta' = (t-1, t-2, t-3, \cdots, 1, 0)$，区间收益向量 R 和 $1\times t$ 阶向量 ν 的设定不变，式（10.46）可以重新表述为

$$F = t\varphi S_0 + \varphi \nu R + \lambda \varphi \beta' R = t\varphi S_0 + \varphi(\nu + \lambda \beta') R \tag{10.47}$$

观察发现，式（10.47）的绩效收入部分比式（10.42）多出 $\lambda\varphi\beta' R$，又因为 $\beta' > 0$，则可以推论出开放式基金管理费收入同基金业绩 R 的联系比封闭式基金更为紧密，$\lambda\varphi\beta' R$ 体现了开放式基金由于受持有人行为影响而感受到的隐性激励。同时，由于 β' 并不随外界环境发生变化，因而隐性激励的程度主要取决于持有人惯性行为的程度 λ，持有人的惯性行为程度越高，则管理费收入与基金收益的关系就越紧密，隐性激励的程度就越高，反之则相反。至此，本节通过引入持有人行为因素，对比了开放式和封闭式基金的实际契约，从理论上证实了我国开放式基金隐性激励的存在性。

三、实证检验

前面我们根据名义契约推导出实际契约，并进一步对持有人行为对基金契约的影响进行了理论上的考察和分析，根据式（10.47）的表述，基金持有人惯性行为的存在将会对开放式基金的管理人形成隐性激励，可以影响开放式基金的实际契约，从而使其与封闭式基金的实际契约产生差异，因此本部分我们将对我国基金隐性激励的存在性进行实证检验。

依据式（10.42），建立以基金管理费收入为被解释变量，基金资产净收益为解释变量的回归模型，即可以分别检验封闭式和开放式基金的实际契约。为了保证实证模型的精确度，我们加入基金前期规模、前期收益波动率和基金存续时间三个变量作为控制变量，建立如下实证模型：

$$\begin{aligned} \mathrm{Fee}_{i,t} &= c + c_i + \alpha_1 \mathrm{Rev}_{i,t} + \alpha_2 \mathrm{Rev}_{i,t-1} \\ &\quad + \beta \mathrm{Size}_{i,t-1} + \gamma D_{i,t-1} + \omega \mathrm{Lt}_{i,t} + \varepsilon_{i,t} \end{aligned} \tag{10.48}$$

其中，$\text{Fee}_{i,t}$ 为基金 i 的管理人在第 t 期的管理费收入；$\text{Rev}_{i,t}$ 为基金 i 在第 t 期的资产净收益；$\text{Rev}_{i,t-1}$ 为基金 i 在第 $t-1$ 期的资产净收益；$\text{Size}_{i,t-1}$ 为基金 i 在第 $t-1$ 期的总资产规模；$D_{i,t-1}$ 为基金 i 在第 $t-1$ 期的收益标准差；$\text{Lt}_{i,t}$ 为基金 i 的存续时间[①]；c_i 为基金 i 的个体特征；$\varepsilon_{i,t}$ 为随机项。

本部分从我国证券市场中同时管理着开放式和封闭式基金的 15 家基金公司中选取开放式基金和封闭式基金作为样本[②]。封闭式基金方面，将 25 只传统封闭式基金（且皆为股票型基金）作为研究样本。由于封闭式基金皆为股票型，为保证拟合结果的可比性和样本的充足性，开放式基金方面我们仅选择股票型和偏股混合型基金，剔除数据不满 6 期的基金，这样共选得 73 只开放式基金[③]。考虑到回归的稳定性和准确性，在拟合之前对所有数据做取对数处理。

在回归之前，为了保证面板数据的平稳性，首先运用 LLC 检验（Levin-Lin-Chu test，莱文–林–楚检验）和 IPS 检验（Im-Pesaran-Shin test，伊姆–佩萨兰–申检验）方法分别对各变量进行单位根检验，检验结果如表 10.19 所示。

表 10.19　单位根检验结果

样本	变量	LLC 检验		IPS 检验	
		检验统计量	p 值	检验统计量	p 值
封闭式	$\log(\text{Fee}_i)$	−8.349 31	0.000 0	−7.295 42	0.000 0
	$\log(\text{Rev}_i)$	−11.048 9	0.000 0	−6.165 86	0.000 0
	$\log(\text{Size}_i)$	−4.610 35	0.000 0	−3.490 06	0.000 2
	$\log(D_i)$	−4.612 30	0.000 0	−4.281 61	0.000 0
	$\log(\text{Lt}_i)$	−51.302 5	0.000 0	−48.062 9	0.000 0
开放式	$\log(\text{Fee}_i)$	−43.230 8	0.000 0	−20.671 9	0.000 0
	$\log(\text{Rev}_i)$	−6.595 37	0.000 0	−4.178 78	0.000 0
	$\log(\text{Size}_i)$	−32.000 5	0.000 0	−14.717 2	0.000 0
	$\log(D_i)$	−5.494 30	0.000 0	−3.430 99	0.000 2
	$\log(\text{Lt}_i)$	−21.929 1	0.000 0	−44.921 3	0.000 0

① 本节所用基金存续时间以年为单位，具体计算方法为：基金存续时间=(报告时间−成立时间)/365。

② 这样选取样本范围的好处在于，封闭式基金仅与本公司旗下的开放式基金进行对比，可以排除一些公司个体差异性的影响，使得实证模型不必加入过多的控制变量，更为简化，增强实证结果的可比性。

③ 本节所用数据来自 Wind 资讯和 RESSET 数据库。

由表 10.19 可知，实证所用变量都通过了单位根检验。接下来，我们分别用固定效应和随机效应对式（10.48）进行回归，并使用 Hausman 检验确定最终的回归方法，检验结果如表 10.20 所示。

表 10.20　Hausman 检验结果

封闭式		开放式	
卡方统计量	p 值	卡方统计量	p 值
78.9115	0.0000	23.4920	0.0000

由表 10.20 显示的检验结果可以发现，Hausman 统计量均通过显著性检验，模型存在显著的固定效应。因此，我们利用式（10.48）所示的固定效应模型分别对选取的封闭式基金和开放式基金的面板数据进行拟合回归，得到的回归结果如表 10.21 所示①。

表 10.21　样本数据固定效应回归结果

变量	封闭式			开放式		
	系数	t 统计量	p 值	系数	t 统计量	p 值
$\log(\text{Rev}_{i,t})$	0.1662	9.8368	0.0000	0.2663	11.6106	0.0000
$\log(\text{Rev}_{i,t-1})$	0.0106	1.4995	0.1320	0.0292	1.4048	0.1613
$\log(\text{Size}_{i,t-1})$	0.1247	3.2510	0.0000	0.6792	17.6022	0.0000
$\log(D_{i,t-i})$	0.7643	8.2710	0.0000	−0.6889	−5.5358	0.0000
$\log(\text{Lt}_{i,t})$	−0.2446	−3.4760	0.0000	0.1602	3.0801	0.0023
		R^2=0.6783			R^2=0.8997	
		F=14.6855			F=31.7576	

通过表 10.21 显示的拟合结果，我们可以发现回归模型对封闭式基金和开放式基金都具有较好的拟合优度，开放式基金的拟合优度相对更高。而且值得注意的是，开放式基金 $\log(\text{Rev}_{i,t})$ 项的系数为 0.2663，明显大于封闭式基金的 0.1662，这与式（10.47）的表述相吻合，即开放式基金的实际契约中，绩效收入的部分大于封闭式基金。

那么，通过上述计量检验所观察到的绩效收入差异的来源在哪里？作

① 本节实证结果发现当期基金净收益对当期管理费用有显著正向影响，前一期基金净收益对当期管理费用虽然有正向影响，但是这种影响关系却不显著。这是由于本节选取数据是半年度数据，时间跨度较长，基金的"当期"业绩已足以影响持有人的申购赎回行为。

为本节研究样本的开放式基金和封闭式基金，其所处市场环境、面对的持有人群体、所属公司的治理结构、费率的设置等方面，都存在着较高的趋同性，唯一的不同就在于二者的开放与封闭特征，而“开放”也正是存在隐性激励的前提条件，因而我们可以认定，导致上述两式回归系数存在显著差异的，主要是由于持有人惯性行为的存在而产生的隐性激励，而结合本节第二部分的结论，这一差异主要体现了持有人行为的惯性程度λ。

至此，本节通过理论推导及实证检验的相互印证，证实了持有人惯性行为会提高基金实际契约中绩效收入的比例，从而揭示了我国基金市场“历史业绩—持有人行为—基金规模—管理人收入”的隐性激励作用机制。

四、将隐性激励“显性化”的薪酬契约设计

与显性激励相同，隐性激励也可以对基金管理人的决策和行为产生显著影响。隐性激励的存在既可能产生有益的效应，如促使基金管理人对持有人的利益更加关切；也有可能产生不利的影响，使管理人行为偏离持有人利益最大化目标。无论隐性激励是有益的还是有害的，考虑将隐性激励融入契约的分析框架，即考虑将其“显性化”，都将有助于基金激励问题的优化。另外，已有的研究并不存在对我国基金隐性激励的量化分析，而本节已经通过对隐性激励机制的揭示实现了对隐性激励程度的测度，将其参数化为λ，这就为我们实现其显性化提供了重要的前提基础。本节以Holmstrom和Milgrom（1987）及张维迎（2004）的参数化委托代理模型为基本框架，根据本节的研究需要对其进行修改和调整，来实现隐性激励在薪酬契约中的显性化。

（一）情形1：不考虑隐性激励的薪酬契约

首先，假设持有人为风险中性[①]，管理人为风险厌恶[②]。不存在持有人行为因素的情形适用于封闭式基金，以f角标标注该情形下的变量，基金在第t期的资产收益$\pi_{f,t}$可以表达为

$$\pi_{f,t} = h_{f,t} + S_{t-1} r_t \tag{10.49}$$

① 事实上，我们也可以习惯性地将持有人设定为风险厌恶者，但是通过证明，持有人的风险偏好特征并不影响分析的结果，只会增加模型推导的烦琐程度，故将其设定为风险中性。

② 这里我们参考了大多数研究对基金管理人风险偏好态度的假定。而且事实上，正常情况下，如果基金管理人冒险去获得更大收益的话，收益大部分归持有人，而自己承担部分风险（万一造成损失，自己将面临失业或工资下降），所以基金管理人一般情况下缺乏冒险的动力。

其中，$h_{f,t}$ 为 t 期内由于管理人的努力而为基金资产贡献的收益；S_{t-1} 为第 $t-1$ 期末、第 t 期初的资产规模；r_t 为第 t 期内的市场一般收益率。这里将资产收益分解为两部分，一部分是市场一般收益，另一部分是管理人的努力结果。设管理人的薪酬契约 $F_{f,t}$ 为①

$$F_{f,t}=\alpha_f+\beta_f\pi_{f,t}=\alpha_f+\beta_f(h_{f,t}+S_{t-1}r_t) \tag{10.50}$$

其中，α_f 为固定收入；β_f 为按照资产收益 $\pi_{f,t}$ 提取的绩效收入比例。从资产收益中减去管理人收入，即得到持有人的最终收益：

$$R_{i,t}=\pi_{f,t}-F_{f,t}=(1-\beta_f)(h_{f,t}+S_{t-1}r_t)-\alpha_f \tag{10.51}$$

假设管理人具有不变绝对风险规避特征，即

$$u_f=-\mathrm{e}^{-\rho F} \tag{10.52}$$

其中，ρ 为管理人的风险厌恶程度，进而可以得出管理人承担的风险成本 c，依据张维迎（2004）的设定，它与绩效提成比例的平方和基金资产收益的方差成正比：

$$c=\frac{1}{2}\rho\beta_f^2\sigma_\pi^2 \tag{10.53}$$

也就是说，对于风险厌恶的管理人，绩效收入的波动性越大，绩效提成比例越高，就越会让他感觉“不适”，而这种“不适”就反映在风险成本 c 上。其中，由式（10.53）可得基金资产收益的方差：

$$\sigma_\pi^2=\mathrm{VAR}(h_{f,t}+S_{t-1}r_t)=S_{t-1}^2\sigma_r^2 \tag{10.54}$$

除风险成本以外，管理人还将承担努力成本 C，同样依据张维迎（2004）的设定，其努力的成本函数为

$$C_{f,t}=\frac{1}{2}lh_{f,t}^2 \tag{10.55}$$

其中，l 为管理人对于付出努力的不舒适的程度。结合式（10.51）、式（10.55），可以得到管理人的预期收入为

$$R_{f,t}=F_{f,t}-C_{f,t}=\alpha_f+\beta_f(h_{f,t}+S_{t-1}r_t)-\frac{1}{2}lh_{f,t}^2 \tag{10.56}$$

管理人的预期收入减去风险成本 c，即得到风险厌恶的管理人的确定性等价收入为

① 这里设定的契约形式同时包含固定收入和绩效提成，类似于前文中基金的“实际契约”，这样设定更方便于此处的模型分析。由于前文已经论证，名义契约与实际契约之间存在等价变换关系，因而这里直接讨论实际契约也就是同时对基金的名义契约进行讨论。

$$R_{f,t}-\frac{1}{2}\rho\beta_f^2\sigma_\pi^2=\alpha_f+\beta_f(h_{f,t}+S_{t-1}r_t)-\frac{1}{2}lh_{f,t}^2-\frac{1}{2}\rho\beta_f^2\sigma_\pi^2 \quad (10.57)$$

管理人决策的前提条件是使其确定性等价收入不低于机会成本——保留收入$\overline{\omega}$，即管理人的参与约束条件为确定性等价收入不低于管理人的保留收入水平$\overline{\omega}$。在满足管理人参与约束条件的基础上，还要满足激励约束条件，也就是使管理人的预期收入达到最大值：

$$\max R_{f,t}=\alpha_f+\beta_f(h_{f,t}+S_{t-1}r_t)-\frac{1}{2}lh_{f,t}^2 \quad (10.58)$$

根据式（10.58）的一阶条件得到

$$h_{f,t}=\frac{\beta_f}{l} \quad (10.59)$$

综上，持有人的预期收入最大化问题，就是在满足管理人参与约束条件和激励约束条件的前提下，实现持有人预期收入的最大化，描述如下：

$$\max R_{i,t}=(1-\beta_f)(h_{f,t}+S_{t-1}r_t)-\alpha_f$$

$$\text{s.t.}\quad \alpha_f+\beta_f(h_{f,t}+S_{t-1}r_t)-\frac{1}{2}lh_{f,t}^2-\frac{1}{2}\rho\beta_f^2\sigma_\pi^2\geqslant\overline{\omega}$$

$$h_{f,t}=\frac{\beta_f}{l} \quad (10.60)$$

此时，从持有人的角度，应尽量减少对管理人的支付，以使自身预期收入尽量大，因而参与约束不等式中的等号成立，根据一阶条件得到上述问题的解，同时考虑$\sigma_\pi^2=S_{t-1}^2\sigma_r^2$，最终得到的契约参数为

$$\beta_f=\frac{1-lr_tS_{t-1}}{1+l\rho S_{t-1}^2\sigma_r^2} \quad (10.61)$$

$$\alpha_f=\frac{l\rho S_{t-1}^2\sigma_r^2-(1-lr_tS_{t-1})^2}{2l(1+l\rho S_{t-1}^2\sigma_r^2)^2}+\overline{\omega} \quad (10.62)$$

（二）情形 2：将隐性激励显性化的薪酬契约

在考虑持有人惯性行为因素时，资产总收益的表现形式将发生变化①：

$$\pi_{k,t}=h_{k,t}+[S_{t-1}+\Delta S(R_{t-1})]r_t \quad (10.63)$$

根据上文假设，由于持有人上一期收益的惯性行为给基金资产带来的规模变化为

① 以角标 k 代表这种情形下的变量。

$$\Delta S(R_{t-1}) = \lambda R_{t-1} \quad (10.64)$$

其中，R_{t-1}为上期收益。将式（10.64）代入式（10.63）可得

$$\pi_{k,t} = h_{k,t} + (S_{t-1} + \lambda R_{t-1})r_t \quad (10.65)$$

$$F_{k,t} = \alpha_k + \beta_k \pi_{k,t} = \alpha_k + \beta_k [h_{k,t} + (S_{t-1} + \lambda R_{t-1})r_t] \quad (10.66)$$

$$R_{i,t} = \pi_{k,t} - F_{k,t} = (1-\beta_k)[h_{k,t} + (S_{t-1} + \lambda R_{t-1})r_t] - \alpha_k \quad (10.67)$$

可见，由于资产收益发生了变化，管理人的收入F以及委托人的收入R都会发生相应变化。

维持管理人具有不变绝对风险规避特征的假设，有

$$u_f = -\mathrm{e}^{-\rho F} \quad (10.68)$$

因而可相应的得到管理人的风险成本和努力成本：

$$c = \frac{1}{2}\rho\beta_k^2\sigma_\pi^2$$

$$C_{k,t} = \frac{1}{2} l h_{k,t}^2 \quad (10.69)$$

管理人的预期收入演变为

$$R_{k,t} = F_{k,t} - C_{k,t} = \alpha_k + \beta_k [h_{k,t} + (S_{t-1} + \lambda R_{t-1})r_t] - \frac{1}{2} l h_{k,t}^2 \quad (10.70)$$

相应的管理人确定性等价收入为

$$R_{k,t} - \frac{1}{2}\rho\beta_k^2\sigma_\pi^2 = \alpha_k + \beta_k [h_{k,t} + (S_{t-1} + \lambda R_{t-1})r_t] - \frac{1}{2} l h_{k,t}^2 - \frac{1}{2}\rho\beta_k^2\sigma_\pi^2 \quad (10.71)$$

如果假定$\overline{\omega}$等参数不变，则可以证明管理人的参与约束和激励约束条件与情形 1 中相同，则此时的最优化问题为

$$\max R_{i,t} = (1-\beta_k)[h_{k,t} + (S_{t-1} + \lambda R_{t-1})r_t] - \alpha_k$$

$$\text{s.t.} \quad \alpha_k + \beta_k [h_{k,t} + (S_{t-1} + \lambda R_{t-1})r_t] - \frac{1}{2} l h_{k,t}^2 - \frac{1}{2}\rho\beta_k^2\sigma_\pi^2 \geqslant \overline{\omega}$$

$$h_{k,t} = \frac{\beta_k}{l} \quad (10.72)$$

仿照情形 1 下的求解过程，我们得到情形 2 下的最优契约参数：

$$\beta_k = \frac{1 - l r_t (S_{t-1} + \lambda R_{t-1})}{1 + l\rho (S_{t-1} + \lambda R_{t-1})^2 \sigma_r^2} \quad (10.73)$$

$$\alpha_k = \frac{l\rho (S_{t-1} + \lambda R_{t-1})^2 \sigma_r^2 - [1 - l r_t (S_{t-1} + \lambda R_{t-1})]^2}{2l[1 + l\rho (S_{t-1} + \lambda R_{t-1})^2 \sigma_r^2]^2} + \overline{\omega} \quad (10.74)$$

对比式（10.62）、式（10.74）容易发现，开放式基金的最优契约和封闭式基金有很大差别，当基金上期收益为正，即 $R_{t-1} > 0$ 时，封闭式基金按照资产收益 $\pi_{f,t}$ 提取的绩效收入比例 β_f 大于开放式基金按照资产收益 $\pi_{k,t}$ 提取的绩效收入比例 β_k，即 $\beta_k < \beta_f$；反之，当基金上期收益为负，即 $R_{t-1} < 0$ 时，$\beta_k > \beta_f$。

由于封闭式基金本身不存在持有人申赎行为的隐性激励机制，因此，与 β_f 相比，β_k 表示考虑了开放式基金隐性激励后的最优浮动管理费率。故根据本节模型的结论，上期收益为正，持有人申购基金导致基金规模增加，从而增加了管理费用，对管理人产生正的隐性激励，代替了一部分显性激励的作用；上期收益为负，β_k 增大提高了管理费用对绩效的敏感性，而且由于预期绩效收入为负，提高 β_k 相当于增大预期管理费用收入的下降幅度，进而促使基金管理人改善运营管理。因此，在情形 2 下，管理人同时受到来自契约的显性激励和来自持有人的隐性激励，该情况下的薪酬契约应选择 β_k，以充分考虑显性激励和隐性激励的叠加效应，以达到更好的激励效果。

五、结论与启示

本节专注于我国证券投资基金行业的隐性激励问题。通过对我国基金持有人行为特征的分析，证实了持有人存在惯性行为，继而揭示出“历史业绩—持有人行为—基金规模—管理人收入”的隐性激励作用机制，并以持有人惯性行为的程度 λ 作为隐性激励程度的量度，将其引入基金薪酬契约的设计，实现隐性激励的“显性化”。最终结论认为，存在隐性激励的情况下，需要对基金的管理费率进行相应调整，以达到对基金管理人的更好的激励。

本节的主要工作是揭示持有人行为所导致的隐性激励作用机制，寻找量度隐性激励程度的方法，以及将隐性激励“显性化”进入薪酬契约的分析框架。论证过程中，理论分析和实证检验吻合较好，这种较理想的分析结果有赖于基金市场的一些特性，从而使得作用机制的运行比较顺畅，这些特性包括：①“用脚投票”权的完备性，证券投资基金的持有人的流动性很高，进入和退出的成本很低，这使得持有人能够迅速地根据基金的业绩采取相应的惯性行为，对管理人形成立竿见影的影响和激励；②存在持有人行为到管理人利益之间的中介变量，也就是本节中的“基金规模”，这一中介变量直接受到持有人行为的影响，同时直接影响管理人的收入和利益，通过这种直接的联系，持有人行为到管理人激励的影响机制得以建立；③委托人的行为可以测度且在长期内保持稳定，如果持有人的行为特征总是在变化，时而有惯性，时而没有惯性，那么隐性激励的存在性将变得不可捉摸，同时也就不可能也没必要将其纳入薪酬契约的设计之中，基于我国特定的投资文化背景、市场环境及参与者的投资理念和习惯，加之本节基于 8 年数据的验证，我们可以在一定程度上认定我国持有人惯性行为的存在性和稳定性，当然，未来更长时期数据的验证也是必要的。

当然，本节的研究也提供或遗留了一些值得我们进一步深究的问题。例如，我们在分析中将资产规模变化与上期资产收益的关系抽象为简单的线性关系，而如果基金持有人具有处置效应的话，这一关系即会出现非线性的情况，其所导致的隐性激励的内涵还有待未来研究给以丰富和拓展；再如，失业压力、基金管理人声誉等也是隐性激励的因素，我们尚未纳入研究当中。这些问题我们将在下面的有关专题中进行研究和讨论。

第五节　浮动管理费与基金治理

随着我国现代金融体系建设发展，金融机构的治理受到了中央和监管层的重视，公募基金行业的治理问题却依旧饱受诟病，“铁公鸡”“老鼠仓”“基金赚钱，投资者亏钱”“旱涝保收”等问题普遍存在。这严重侵害了基金持有人的权益，导致公募基金一度失去投资者信任。证券投资公募基金作为重要的机构投资者，加强基金治理有助于保护投资者利益，提高上市公司的治理能力，完善对实体经济的金融服务（李学峰和杨盼盼，2020；曾志远等，2018；Yuan et al.，2008）。然而长期在我国基金市场上一统江山且目前还占主流地位的固定费率基金的管理费水平与基金规模直接挂钩，基金管理人只要不断扩大管理规模就可“旱涝保收”，这种管理费收取方式过度保护了基金公司的利益，没有发挥奖励先进、惩罚落后的作用（Kritzman，1987；曹兴和秦耀华，2013），从而导致“重规模，轻治理”；而浮动费率基金的薪酬契约安排将基金管理人的薪酬与绩效挂钩，激励基金管理人提高治理水平（Golec，1992；Tufano and Sevick，1997；Deli，2002）。正是由于上述问题，2013 年我国开始尝试推出浮动费率基金，2016 年“熊市”后该类基金一度暂停，2019 年第四季度浮动费率基金重启，同时发展了“逐笔提酬”“新高法”[①]等浮动管理费提取模式，并增加了持有期设计[②]。截至 2021 年 12 月，浮动费率基金有 161 只，相对于 2019 年之前共计发行的 36 只，2019～2021 年呈现爆发式增长。在我国以契约型基金为主的情况下，浮动管理费率设计是否如前述文献所述真正改善了基金治理？浮动费率与固定费率对基金治理作用的路径又有何不同？重启后浮动费率基金创新的“持有期”设计是否有利于改善基金治理？这些问题是本节研究和回答的关注点。本节在理论上进一步研究改善我国基金治理问题，为推动基金管理费模式特别是浮动管理费模式的完善发展提供参考。

本节的创新点有以下四个方面：第一，借鉴本章第四节的研究，将隐性激励纳入考虑，分析了浮动费率和固定费率对治理水平的影响机制差异，提出了基金规模激励和薪酬激励两条激励路径，发现了浮动费率能够有效解决基金经理和持有人之间的委托代理问题和“重规模，轻治理”难题；第二，通过与固定费率基金进行对比，本节揭示了浮动费率制度的不足之处；第三，通过对基金分组进行理论和实证分析，发现浮动费率制度能够突出改善过去治理较差的基金；第四，本节对我国浮动费率基金的“持有期”特征进行了实证研究，并据此提出了研究启示与政策建议。

一、文献综述

目前，大多数学者从两种不同角度对浮动费率基金进行研究。一方面，浮动管理费是在固定费率基础上引入业绩报酬激励，这能够提高基金管理者的努力程度，增强管理人报酬与基金收益水平的相关性（郑娟，2002；尹洁等，2011），即在追求自身管理费收入最大化的同时提高了基金持有人的投资收益；另一方面，“固定费率+业绩报酬激励”的浮动管理费模式会激励基金增强风险共担，即基于业绩的基金收费契约会增加基金承担不利风险的概率（Elton et al.，2003；Grinblatt and Titman，1989；盛积良和马永开，2009；彭耿，2012）。从上述研究可以发现，从收益角度或风险角度出发无法有效衡量浮动费率制度对基金的影响，因为基金业绩挂钩的浮动管理费的收取方式会激励基金管理人同时提高基金业绩和投资风险，经风险调整的绩效指标夏普比率以及从多个维度衡量公司绩效的主成分分析法

① “逐笔提酬”“新高法”等浮动管理费提取的具体模式详见下文解释。

② 持有期设计是指投资者申购基金份额后，基金管理人对每份基金份额设置一个最短持有期。在基金份额的最短持有期到期日之前，投资者不能提出赎回申请，最短持有期期满后，投资者可以申请赎回。因此，基金份额持有人在最短持有期内，面临不能赎回或卖出基金份额的流动性约束。

都能够很好地解决这一问题。

有关基金的治理问题发端于公司治理的研究（Jensen and Murphy，1990；Miller，1997；Basov and Danilkina，2010），但我国证券市场不同于发达国家的证券市场，我国目前还不存在公司型基金[①]。契约型基金不同于公司型基金，其基于信托法成立，由此设立的基金合同是一种信托契约关系，不具有独立法人地位。契约型基金持有人仅拥有基金的剩余索取权而不具有控制权，无法像公司型基金通过基金机构的层级设计对基金经理产生制衡作用，因此如果用国外的基金公司治理的相关指标直接研究契约型基金的治理是不合适的。但遗憾的是，正如本书之前所多次指出的，我们发现国内研究的也多是基金公司的治理（何杰，2005a，2005b；李学峰和张舰，2008；冯军，2006），如上所述，这并不能反映契约型基金的治理（简称基金治理）问题；国内关于基金治理的研究还比较少（李学峰等，2012；滕莉莉等，2013），这就意味着已有文献所研究的治理问题大多并没有聚焦到基金层面。我们借鉴经典的公司治理理论（Fama，1980）从委托代理角度对基金治理问题进行分析，可以发现基金持有人是证券投资基金名义上的所有权人，其处于信息弱势地位且无法有效监督基金管理人的行为；同时，基金经理追求工资收入与闲暇的效用最大化，而基金持有人追求其基金收益的最大化，当基金经理的收入固定且与基金收益无关时，两者之间目标利益不一致从而产生委托代理问题，偏离基金持有人的利益最大化。同时，我国的证券投资基金都是契约型基金，在信托关系中基金经理应以基金持有人利益最大化为目标，而在公司治理角度基金经理受聘于公司股东，应为基金公司股东创造最大财富，由此，基金经理和基金公司、基金持有人之间存在着共同委托代理关系（Bernheim and Whinston，1985），这使基金中的委托代理问题更加复杂。因此，要想提高我国证券市场基金的治理水平就要解决委托代理契约关系中的“激励-约束”机制问题（Miller，1997）。李学峰等（2011）提出开放式基金存在“基金绩效—持有人行为—基金规模—管理费收入”这一隐性激励，浮动费率基金正是将隐性激励显性化到薪酬契约中，改善了固定费率基金存在的激励偏差。王性玉和田建强（2009）、王良等（2015）的研究表明采用业绩报酬能缓解基金经理和持有人之间的利益冲突，并且发现由于基金管理具有规模效益，因此基金规模的不断增长会降低基金运营成本，基金规模在基金经理收入和投资者福

① 公司型基金是指投资者为了共同投资目标而组成的以营利为目的的股份制投资公司,并将形成的公司资产投资于有价证券的证券投资基金，基金持有人是该公司的股东。

利之间发挥重要作用。在公司层面的诸多研究（Hall and Liebman，1998；高雷和宋顺林，2007）表明，高管的薪酬水平越高，企业的业绩绩效越好，即高管的薪酬与管理绩效正相关。然而，在基金治理领域，共同委托代理关系以及“重规模，轻治理”现象很可能导致基金业绩与基金规模正相关而与收入负相关，浮动费率能否改善这一异象呢？鉴于前些年我国的浮动费率基金数量和规模都较小，目前还没有文献对我国市场中浮动费率基金改善基金治理水平的效果进行实证检验，浮动管理费设计能否提高持有人福利、改善基金治理水平仍存疑，这是基金治理领域研究的一大空白。然而这一研究不仅有助于我们从理论上剖析基金管理费设计问题，而且对于改善我国契约型基金治理，更好地保护基金持有人的利益，乃至对其他金融机构治理水平的提高都具有重要的借鉴和启发意义。

二、研究假设

现有文献普遍认为浮动费率设计提高了基金的治理水平，然而这些文献大都只是在管理费契约设计的理论模型中讨论改善基金治理水平，本节结合市场数据，通过实证研究探究浮动管理费如何改善基金治理。固定费率基金的“旱涝保收”导致基金经理“重规模，轻治理”，浮动费率基金的薪酬契约设计理论上改善了该激励偏差问题，因此本节提出以下假设。

假设 10.5：固定费率制度下存在着正向的规模激励效应和负向的薪酬激励效应，浮动费率设计改善了薪酬激励机制，使得管理费收入与基金绩效正相关，解决了基金经理和持有人之间的利益冲突。

然而 Conyon（1997）、Wright 和 Elenkov（2002）发现当公司达到一定规模后，经营风险会使业绩收入的不确定性加速增长，管理者这时往往会专注于扩张公司规模来改善经营成果，更少关注绩效对收入的贡献。同样在基金治理中，相比固定费率基金来说，浮动费率基金基础管理费率较低并且其大多数收入是不确定的，浮动费率基金的管理人更有动力降低收入的不确定性，也就是说可能出现如上述公司治理中的现象，即浮动费率基金经理更关注基金规模。根据以上有关文献和分析，提出假设 10.6。

假设 10.6：浮动费率基金可能存在“重规模”现象，并且相对固定费率基金该现象更明显。

进一步看，我国基金投资者普遍存在有限理性行为，即追逐业绩较好的基金，对于业绩较差的基金并没有明显的赎回行为，反而带来少量的资金流入，体现出基金业绩-资金流非对称性特征。事实上，该非对称性赋予了基金经理看涨期权式的业绩-报酬机制，一方面，这构成了基金经理冒险行为的重要潜在激励，引发基金经理的道德风险行为（许林等，2019；Gaspar et al.，2006）；另一方面，基金持有人在申购时的惯性行为激励基金管理人通过改善基金业绩来扩大基金规模，而赎回时的处置效应发生时，基金管理人为防止基金持有人赎回不会一味地提高基金业绩（李学峰等，2016；张宗新和缪婧倩，2012）。因此，投资者的非理性行为可能会阻碍基金治理水平的提高，我国浮动费率基金的持有期设置对基金持有人的赎回进行限制，在一定程度上可以抑制投资者非理性行为，从而有利于基金治理的改善。另外，持有期的设计筛选出了长期投资者，开放式基金管理人减少为了应对短期的申购赎回所准备的高流动性资产，减小这些高流动资产降低基金整体绩效的影响。然而持有期设计也会增加基金的风险，尤其是我国的浮动费率绝大多数采用的是“新高法”“分档式”“逐笔提酬”这样的单向激励，即对基金业绩超过基准部分给予激励，业绩表现不佳时缺少惩罚机制，这种单向激励方式使得基金经理在基金业绩差时不会受到管理费惩罚，而在业绩表现好时，获取更高比例管理费收益，在持有期内，基金经理无须应对业绩差时主要投资人的赎回行为，其就会采取更为激进的投资策略追逐高收益而不顾及风险，增加基金持有人的风险，损害基金持有人的利益（Kritzman，1987；Starks，1987；Das and Sundaram，2002），即有损于基金治理。由以上的有关文献和分析，提出假设 10.7。

假设 10.7：持有期的设计可能会改变基金的治理水平。

三、模型设计

（一）变量选择

保护基金份额持有人的利益是基金治理的关键问题。治理水平高的基金管理人对基金的管理更加专业负责（Jackowicz et al.，2012），表现为基金持有人利益最大化。国外的基金大多为公司型基金，衡量基金治理水平时通常考虑到股东结构和董事会特征；但我国的公募开放式基金为契约型基金，基金公司的股东和董事会结构并不能有效反映基金的治理水平。为了综合反映基金治理水平和中国大多数基金是契约型基金的现实，李学峰等（2012）、李学峰和杨盼盼（2020）选取体现持有人收益和基金业绩的基金效率治理指标，构建了基金综合治理水平的指标体系。此外，滕莉莉等（2013）的实证研究发现基金管理人增加持基比例会促使基金经理改变投资行为，降低基金投资组合风险，改善证券投资基金的绩效，保护持有人的利益。综合考虑契约型基金的基金绩效、对持有人利益的保护，本节参照已有文献构建的基金治理指标体系，利用主成分分析法构建体现治理水平的综合得分。基于所选样本，本节发现综合得分的解释力度仅有 60%多，并不能很好地代表基金综合治理水平，但主成分分析结果显示第一主成分——基金业绩的效果最好，因此治理水平体系中最重要的组成部分是基金业绩。本节考虑到风险因素，引入经风险调整的业绩指标夏普比率作为基金治理水平的代理指标。本节选择的治理水平代理指标——夏普比率，在市场行情转变前后变化明显，市场表现好时，代理指标普遍表现较好，反之则相反；从另一个角度看，市场表现也会影响基金经理管理基金的行为，在预期市场行情好时，基金经理更偏好管理浮动费率基金，而在市场行情差的时候，基金经理更乐于管理固定费率基金，即市场行情至少会在以上两个方面影响浮动费率基金的治理水平，本节以沪深 300 指数为控制变量剔除这一影响。另外，通常来说，基金公司成立时间越长，基金治理的经验可能会越丰富，治理能力越强，因此引入基金公司成立年限这个变量。此外，参照 Aggarwal 和 Samwick（1999）、滕莉莉等（2013）的研究，本节引入可能对基金治理产生重要影响的指标，如基金份额变化率、管理团队稳定性、基金资产负债率等，详细变量说明见表 10.22。

表 10.22　变量说明

变量类别	变量符号	变量名称	含义
被解释变量	Sharpe_Ratio	夏普比率	综合衡量基金的治理水平
核心解释变量	Fee	管理费收入	衡量基金管理人受到的薪酬激励程度
	Size	基金规模	每年年末的基金规模，本书用其系数来衡量基金的“旱涝保收”程度
控制变量	Hold	管理人持基比例	管理人持有的份额占总份额的比例
	Sta	管理团队稳定性	Max(期间新经理数，期间离任经理人数)/期间平均在任经理数，越小代表越稳定
	ltoa	基金资产负债率	报告期末的总负债/总资产
	flow	基金份额变化率	本期基金份额与上期基金份额之差除以上期基金份额
	Co_y	基金公司成立年限	基金公司成立日至报告期的时间
	b	基金净值增长率标准差	反映基金组合的投资风险
	M	基金费率结构	浮动管理费率或者固定管理费率
	R	沪深 300 指数	反映市场走势

（二）模型构建

针对假设 10.5、假设 10.6，构建固定效应模型（10.75）和调节效应模型（10.76）。回归模型（10.75）中 $\beta 1$ 系数越大，说明管理费收入对基金治理水平激励程度越高；$\beta 2$ 系数越大，说明基金规模对基金治理水平影响越大[①]。回归模型（10.76）中，M 为虚拟变量：M 取 1 代表浮动费率基金，M 取 0 代表固定费率基金。若浮动费率薪酬设计提高了基金治理水平，即假设 10.5 成立，那么模型（10.76）中的 $\beta 1'$ 系数显著为正且较大，表明浮动费率基金提高了管理费收入对基金治理水平的激励程度，浮动管理费模式对基金治理水平有正向调节效应；若假设 10.6 成立，即浮动费率基金同样存在“重规模”现象，那么无论是浮动费率基金还是固定费率基金，按照回归模型（10.75）回归的结果中 $\beta 2$ 系数都很显著。

$$\begin{aligned}\text{Sharpe\_Ratio}_{i,t} &= c + \alpha_i + \beta 1 \times \ln\text{Fee}_{i,t} + \beta 2 \times \ln\text{Size}_{i,t} \\ &\quad + \gamma \times \text{Control}_{i,t} + \varepsilon_{i,t}\end{aligned} \tag{10.75}$$

$$\begin{aligned}\text{Sharpe\_Ratio}_{i,t} &= c + \alpha_i + \beta 1 \times \ln\text{Fee}_{i,t} + \beta 2 \times \ln\text{Size}_{i,t} + \gamma \times \text{Control}_{i,t} \\ &\quad + \beta 1' \times M \times \ln\text{Fee}_{i,t} + \beta 2' \times M \times \ln\text{Size}_{i,t} + \varepsilon_{i,t}\end{aligned} \tag{10.76}$$

此外，本节构建基金规模对管理人报酬激励模式的调节效应模型，如式（10.77）和式（10.78）所示，引入管理费收入与基金规模的交互项，研究基金规模对管理费收入的调节效应，并且作为对模型（10.75）、模型（10.76）所得结果的进一步验证。

$$\begin{aligned}\text{Sharpe\_Ratio}_{i,t} &= c + \alpha_i + \beta 1 \times \ln\text{Fee}_{i,t} + \beta 2 \times \ln\text{Size}_{i,t} \\ &\quad + \beta 3 \times \ln\text{Fee}_{i,t} \times \ln\text{Size}_{i,t} + \gamma \times \text{Control}_{i,t} + \varepsilon_{i,t}\end{aligned} \tag{10.77}$$

$$\begin{aligned}\text{Sharpe\_Ratio}_{i,t} &= c + \alpha_i + \beta 1 \times \ln\text{Fee}_{i,t} + \beta 2 \times \ln\text{Size}_{i,t} \\ &\quad + \beta 3 \times \ln\text{Fee}_{i,t} \times \ln\text{Size}_{i,t} + \gamma \times \text{Control}_{i,t} \\ &\quad + \beta 1' \times M \times \ln\text{Fee}_{i,t} + \beta 2' \times M \times \ln\text{Size}_{i,t} + \varepsilon_{i,t}\end{aligned} \tag{10.78}$$

针对假设 10.7，同样在模型（10.75）中引入持有期结构和管理费收入的交互项来研究浮动费率持有期设计是否能够提高管理人的薪酬激励水平，见式（10.79）：

---

① 在固定费率回归时之所以也将基金规模（Size）和管理费收入（Fee）同时作为解释变量，是因为在研究管理费激励时，基金规模同时影响管理费收入（Fee）和基金治理水平（Sharpe_Ratio）；为了避免遗漏变量基金规模（Size）而导致内生性问题，本书同时加入基金规模（Size）和管理费收入（Fee）作为被解释变量。

$$\begin{aligned}\text{Sharpe\_Ratio}_{i,t} = c + \alpha_i + \beta 1 \times \text{lnFee}_{i,t} + \beta 2 \times \text{lnSize}_{i,t} \\ + \beta 3 \times 持有期结构 \times \text{lnFee}_{i,t} + \gamma \times \text{Control}_{i,t} + \varepsilon_{i,t}\end{aligned} \quad (10.79)$$

四、实证检验

（一）样本选择

考虑到我国证券市场中的第一只浮动费率基金是在 2013 年首次发行的，本节从 Wind 数据库选取 2013 年 1 月至 2021 年 12 月所有浮动费率基金相关数据，并根据浮动费率基金对应的基金公司和 Wind 基金二级投资类型选取相似条件下的固定费率基金，数据频率为半年度，这能够更好地研究基金治理状态，从而避免数据期过短、频率过高导致的一些其他因素的干扰。

本节数据处理的过程如下：第一步，按照 Wind 数据库中基金分类，筛选出非货币型浮动费率基金，剔除了成立时间短于一年的基金，这样充分考虑基金的建仓期，保证基金运作满一年，共得到 85 只浮动费率基金。第二步，根据这 85 只浮动费率基金所属的基金公司和基金二级投资类型，匹配相同公司旗下的相同投资类型的固定费率基金，剔除不具有相似条件或成立时间短于一年的固定费率基金，最终共选取符合筛选条件的 224 只固定费率基金。第三步，剔除每只基金时间序列上的缺失值。

（二）描述性统计

描述性统计结果如表 10.23 和表 10.24 所示。从反映基金治理水平的指标夏普比率（Sharpe_Ratio）来看，浮动费率基金和固定费率基金的夏普比率均值分别为 1.186、1.187。浮动费率基金和固定费率基金的核心解释变量中，对数管理费收入（lnFee）均值分别为 15.471、15.770；浮动费率基金和固定费率基金的对数基金规模（lnSize）均值分别为 20.584、20.577。控制变量结果见表 10.23 和表 10.24。

表 10.23　变量的描述性统计——浮动费率基金

变量	样本	均值	标准差	最小值	最大值
Sharpe_Ratio	466	1.186	1.570	−2.467	5.968
lnFee	458	15.471	1.462	12.257	18.863
lnSize	474	20.584	1.484	17.408	23.680
Hold	482	2.829	8.708	0	99.330

续表

变量	样本	均值	标准差	最小值	最大值
Sta	482	0.259	0.416	0	4.000
ltoa	482	0.049	0.093	0	0.649
lnCo_y	482	2.603	0.455	0.325	3.285
ln(1+flow)	482	0.076	1.066	−4.649	9.646
ln(1+*R*)	482	0.058	0.147	−0.177	0.497
ln*b*	479	0.064	1.126	−3.021	2.038

表 10.24　变量的描述性统计——固定费率基金

变量	样本	均值	标准差	最小值	最大值
Sharpe_Ratio	2510	1.187	1.630	−2.483	6.131
lnFee	2518	15.770	1.490	11.727	18.940
lnSize	2502	20.577	1.428	16.683	23.704
Hold	2554	1.502	7.719	0	92.720
Sta	2554	0.131	0.110	0	2.000
ltoa	2554	0.043	0.073	0	0.852
lnCo_y	2554	2.734	0.295	1.272	3.150
ln(1+flow)	2554	−0.032	0.805	−6.480	14.343
ln(1+*R*)	2554	0.052	0.159	−0.177	0.497
ln*b*	2554	0.605	1.028	−3.762	2.156

（三）浮动费率设计改善基金治理水平的激励及其路径探究

根据模型（10.75），得到表 10.25（全样本回归）的结果，lnFee 前系数为−0.464 且显著，这表明我国基金市场的基金治理水平与管理费收入负相关，这说明在我国契约型基金和固定费率基金为主的背景下，薪酬契约激励失效，管理人薪酬的提高反而降低基金的治理水平，使得基金经理更加追求闲暇而不是改善基金管理。表 10.25 中 lnSize 前系数为 0.483 且显著，说明基金治理水平与基金规模正相关，基金规模越大，基金治理水平越高，反之则相反，该结果①说明在不考虑基金规模与管理费收入关系（下文的检

① 这也告诉我们，在契约型固定管理费率模式下，基金更愿意追求规模扩大也有一定合理性，这既可以带来基金管理费收入的上升，又使得基金治理水平有所提升，但一方面这一结论或者说基金规模激励效应并没有考虑到基金规模与管理人报酬的关系，从而使得该效应可能并不稳定（下文的研究也证实了这一点）；另一方面，投资理论告诉我们资产组合存在最优规模，这也就使得基金规模本身不能无限扩张，也就导致了规模激励效应的有限。

验中我们将对此进行考察）的情况下，较大的基金规模客观上也形成了较大的市场压力，使得基金不得不重视自身治理以便降低其运作风险或成本，我们将基金规模促进基金治理水平提高的效果定义为基金规模激励效应。考虑浮动管理费率的设计，结合模型（10.76）得出的表 10.25（全样本——费率是否浮动的调节效应）回归结果中，$M \times \ln\text{Size}$ 的系数不显著，说明浮动费率设计对基金的规模激励效应没有显著影响；$M \times \ln\text{Fee}$ 系数为 0.312 且显著，说明相对于固定费率基金，浮动费率基金管理费收入每增加一个百分点，基金治理水平提高 0.312 个单位。我们将管理费收入增加促进基金治理水平提高的效果定义为薪酬激励效应，即浮动费率设计对管理人薪酬激励效应有 0.312 个基点的正向调节作用，浮动费率设计改善了基金治理中的管理人薪酬激励，有助于提高基金治理水平，虽在此处该系数显著性并不高，但我们用模型（10.75）、模型（10.76）进行异质性研究（对治理水平低的基金进行回归），发现该系数十分显著且数值较大；运用模型（10.77）引入交互项后，该系数同样较为显著。根据上述研究结果，本节的假设 10.5 得到验证，浮动费率设计通过改善薪酬激励机制提高了基金的治理水平。

表 10.25　全样本与浮动费率调节效应回归结果

变量	全样本回归			全样本——费率是否浮动的调节效应		
	系数	t 值	p 值	系数	t 值	p 值
lnFee	−0.464***	−5.54	0.000	−0.562***	−6.11	0.000
lnSize	0.483***	6.960	0.000	0.552***	7.31	0.000
Hold	0.001	0.08	0.939	0	0.01	0.995
Sta	0.010	0.04	0.971	0.079	0.29	0.771
ltoa	1.929**	2.19	0.029	1.848**	2.12	0.035
lnCo_y	0.670***	2.65	0.008	0.672**	2.59	0.010
ln(1+flow)	−0.030	−0.66	0.508	−0.047	−1.02	0.310
ln(1+*R*)	4.735***	9.47	0.000	4.745***	9.51	0.000
Ln*b*	−0.071	−0.26	0.796	−0.086	−0.31	0.754
M×lnFee	—	—	—	0.312*	1.85	0.065
M×lnSize	—	—	—	−0.208	−1.16	0.248
常数项	−3.569***	−4.36	0.000	−3.555***	−4.20	0.000

***表明在 1%水平上显著，**表明在 5%水平上显著，*表明在 10%水平上显著

根据模型（10.75），分别对固定费率基金和浮动费率基金进行回归，

得到的回归结果如表 10.26 所示，结果同样支撑了假设 10.5。表 10.26 中浮动费率基金回归结果中 lnFee 系数为−0.430 且显著，而固定费率基金 lnFee 系数为−0.585 且显著，说明浮动费率模式改善了薪酬对基金管理人报酬的激励程度，削弱了薪酬对基金治理水平的负向激励程度。表 10.26 中浮动费率基金回归结果 lnSize 系数为 0.310 且显著，而固定费率基金 lnSize 系数为 0.571 且显著①，说明固定费率基金和浮动费率基金的治理水平与基金规模存在显著正向关系，基金规模越大，基金管理人的治理水平越高。这也进一步支持了由表 10.25 所得到的规模激励效应的结论。不过从系数的大小可见，浮动费率基金的基金规模对基金治理水平并不具有更强的激励效果，这说明假设 10.6 中的浮动费率基金的规模激励效应更强并不成立，也就是说公司角度业绩报酬导致规模激励效应更强的现象在基金层面并不存在。另外，表 10.26 中固定费率基金的管理费收入与基金治理水平存在显著负向关系，这也进一步印证了表 10.25 所报告的在我国契约型基金和固定费率基金为主的背景下，薪酬契约激励失效的结论。

表 10.26　浮动费率基金和固定费率基金的分组回归

变量	分组回归——浮动费率基金			分组回归——固定费率基金		
	系数	*t* 值	*p* 值	系数	*t* 值	*p* 值
lnFee	−0.430***	−2.85	0.010	−0.585***	−6.87	0.000
lnSize	0.310*	1.88	0.064	0.571***	7.85	0.000
Hold	0.001	0.07	0.947	0	−0.06	0.951
Sta	0.022	0.07	0.948	−0.111	−0.18	0.861
ltoa	6.055***	4.40	0.000	0.167	0.19	0.850
lnCo_y	0.553	1.31	0.195	0.640**	2.48	0.014
ln(1+flow)	−0.001	−0.01	0.993	−0.063	−1.24	0.217
ln(1+*R*)	4.255***	6.89	0.000	4.918***	9.34	0.000
ln*b*	−0.248	−1.63	0.108	−0.024	−0.07	0.947
常数项	−3.844	−1.50	0.137	−3.323***	−3.81	0.000

***表明在 1%水平上显著，**表明在 5%水平上显著，*表明在 10%水平上显著

① 固定费率基金 lnSize 系数与 lnFee 系数符号相反且显著，实际上是因为固定费率基金规模和管理费收入显著相关，基金规模（lnSize）的系数是直接规模效应，管理费收入（lnFee）的系数是遮掩效应，两个变量前的系数之和反映的是总的规模效应，也就是在考虑管理费收入（lnFee）的遮掩效应后，直接的规模效应会更加明显。

然而由表 10.25、表 10.26 所得到的薪酬激励效应和规模激励效应并没有考虑管理费收入与基金规模之间的关系。理论和现实表明管理费收入与基金规模之间存在正向关系（李学峰等，2011），我们在模型（10.76）的基础上进一步引入管理费收入与基金规模的交乘项，即前述模型（10.78），实证结果见表 10.27。表 10.27 中 lnFee × lnSize 的系数分别为−0.054、−0.056 且显著，表明基金规模对基金管理人薪酬激励效果存在显著的负向调节作用，基金规模的扩大会导致薪酬激励效应的恶化。同样，随着基金规模的扩大，基金管理人的报酬也增加，基金治理受到基金规模和管理人报酬的正向影响越来越弱，负向影响越来越强。

表 10.27 引入基金规模的调节效应的全样本回归

变量	全样本回归——规模调节效应			全样本回归——三种调节效应		
	系数	t 值	p 值	系数	t 值	p 值
lnFee	−0.480***	−5.62	0.000	−0.589***	−6.31	0.000
lnSize	0.480***	6.85	0.000	0.559***	7.32	0.000
Hold	0.006	0.93	0.355	0.006	0.92	0.358
Sta	−0.008	−0.03	0.978	0.068	0.25	0.804
ltoa	1.849**	2.09	0.037	1.756**	2.01	0.046
lnCo_y	0.739***	2.73	0.007	0.742***	2.67	0.008
ln(1+flow)	−0.035	−0.76	0.449	−0.052	−1.13	0.259
ln(1+R)	4.766***	9.69	0.000	4.779***	9.74	0.000
ln$b$	−0.055	−0.20	0.845	−0.070	−0.25	0.801
M×lnFee	—	—	—	0.349**	2.10	0.036
M×lnSize	—	—	—	−0.252	−1.40	0.164
lnFee×lnSize	−0.054***	−2.92	0.004	−0.056***	−3.10	0.002
常数项	−3.343***	−3.86	0.000	−3.302***	−3.67	0.000

注：交乘项 lnFee×lnSize 经过去中心化处理；三种调节效应指基金费率结构对管理费收入的调节效应（即交互项 M×lnFee）、基金费率结构对基金规模的调节效应（即交互项 M×lnSize）、基金规模对管理费收入的调节效应（即交互项 lnFee×lnSize）

***表明在 1%水平上显著，**表明在 5%水平上显著

这就告诉我们表 10.25 所报告的没有考虑基金规模与管理费收入关系的基金规模激励效应确实是不稳定的。换言之，现实市场中固定费率基金轻视治理这一问题本身就是直接由重视规模而导致的——“重规模”必然导致“轻治理”。

进一步地，为了研究基金规模与管理费收入的交乘项分别对浮动费率

基金和固定费率基金的影响，我们应用模型（10.77）分别对浮动费率基金和固定费率基金进行回归，结果如表 10.28 所示。回归结果检验了前文的假设 10.5 和假设 10.6。首先，浮动费率基金的 lnFee 的系数为−0.400 且显著，固定费率基金的 lnFee 前系数为−0.608 且显著，验证了浮动费率基金管理费收入的负向激励程度小于固定费率基金，表明浮动费率模式改善了基金的薪酬激励水平；其次，浮动费率基金回归结果中 lnSize 系数不显著，固定费率基金回归结果中 lnSize 系数为 0.576 且显著，也就是说固定费率基金存在非常强的规模激励效应而浮动费率基金不存在规模激励效应，拒绝了假设 10.6，说明浮动费率反而能改善公募基金市场的“重规模”现象。此外，固定费率基金的 lnFee×lnSize 的系数为−0.047 且显著，说明公募基金的管理人薪酬激励效应随着管理基金规模的扩大而变差，浮动费率基金 lnFee×lnSize 的系数为−0.132 且显著，这说明浮动费率基金的规模过大反而不利于薪酬激励发挥作用。

表 10.28　引入基金规模调节效应的分组回归

变量	分组回归——浮动费率基金			分组回归——固定费率基金		
	系数	t 值	p 值	系数	t 值	p 值
lnFee	−0.400**	−2.67	0.010	−0.608***	−7.03	0.000
lnSize	0.239	1.41	0.162	0.576***	7.85	0.000
Hold	0.017	1.35	0.180	0.004	0.68	0.498
Sta	−0.045	−0.13	0.899	−0.087	−0.14	0.890
ltoa	5.903***	4.20	0.000	0.090	0.10	0.918
lnCo_y	0.667	1.37	0.174	0.709**	2.57	0.011
ln(1+flow)	−0.015	−0.14	0.887	−0.068	−1.33	0.184
ln(1+R)	4.478***	7.17	0.000	4.935***	9.46	0.000
ln$b$	−0.169	−1.09	0.280	−0.016	−0.04	0.965
lnFee×lnSize	−0.132***	−3.13	0.002	−0.047**	−2.58	0.010
常数项	−2.655	−0.89	0.375	−3.176***	−3.42	0.001

注：交乘项 lnFee×lnSize 经过去中心化处理

***表明在 1%水平上显著，**表明在 5%水平上显著

各个模型回归结果中，控制变量对基金治理水平的影响类似，假设实现了交叉验证。从代表资产负债水平的 ltoa 来看，表 10.26 中模型（10.75）的分组回归结果表明，浮动费率基金的 ltoa 系数为 6.055 且显著，固定费率基金不显著；表 10.28 中模型（10.77）的分组回归结果表明，浮动费率

基金的 ltoa 系数为 5.903 且显著，固定费率基金不显著；这说明浮动费率基金中资产负债率与基金的治理水平呈正相关关系，这是因为浮动费率基金的业绩报酬往往设置了考核期要求，只有在考核期到期后并且业绩满足特定要求才能提取业绩报酬，而浮动费率基金的应付管理费用是基金负债的重要成分，因此基金经理为了能够满足提取业绩报酬标准，会努力提高基金治理水平。此外，从反映市场走势的沪深 300 指数来看，表 10.26 中模型（10.75）的分组回归结果表明，浮动费率基金的 ln*R* 系数为 4.255 且显著，固定费率基金的 ln*R* 系数为 4.918 且显著；表 10.28 中模型（10.77）的分组回归结果表明，浮动费率基金的 ln*R* 系数为 4.478 且显著，固定费率基金的 ln*R* 系数为 4.935 且显著；这说明沪深 300 指数走势会显著影响基金治理水平，且对固定费率基金的治理水平影响更大，沪深 300 指数每增加 1%，固定费率基金治理水平提高 4.935%，浮动费率基金治理水平提高约 4.478%。这一情况印证了已有研究所发现的市场环境会影响公司治理（La Porta et al.，1998）和基金治理（李学峰等，2012）的结论。

（四）按照基金治理水平高低进行异质性研究

随着基金治理水平的提高，基金管理费收入和基金规模会不断增加。然而随着基金规模的增加，调仓难度不断上升，基金经理的精力又有限，基金规模达到一定限度后，基金经理研究投入的边际产出会下降，并且承担的机会成本会上升，这时治理水平难以提高。针对这种现象，浮动费率的业绩报酬就提供了额外的产出激励基金管理人提高基金治理水平。不过不同能力的基金经理具有不同的约束点，能力强的基金管理人的边际产出与研究投入的约束弱于治理能力差的，也就是说即使达到相同规模，治理能力强的基金管理人边际投入产出也大于治理能力弱的基金管理人，因此，治理能力强弱会影响到浮动费率激励机制的效果，此处将治理能力划分为高低两组，来验证治理能力不同的基金中浮动费率激励效果是否存在差异。

本节利用模型（10.77）和模型（10.78）分别对治理水平高的基金和治理水平低的基金进行研究，回归结果见表 10.29 和表 10.30。表 10.29 中 lnFee 的系数［模型（10.77）和模型（10.78）的回归结果分别为−0.649 和−0.615］远小于表 10.30 中 lnFee 的系数［模型（10.77）和模型（10.78）的回归结果分别为−0.359 和−0.563］，表 10.29 中 lnSize 的系数［模型（10.77）和模型（10.78）的回归结果分别为 0.595 和 0.604］远大于表 10.30 中 lnSize 的系数［模型（10.77）和模型（10.78）的回归结果分别为 0.340 和 0.487］，这说明固定费率基金治理水平高于平均治理水平的基金，其管理团队薪酬激励效应更差，基金规模激励效应更好。

表 10.29　基金治理水平高于平均治理水平的样本基金回归结果

变量	治理水平高于平均治理水平			治理水平高于平均治理水平——浮动费率模式的调节作用		
	系数	*t* 值	*p* 值	系数	*t* 值	*p* 值
lnFee	−0.649***	−5.98	0.000	−0.615***	−4.38	0.000
lnSize	0.595***	5.87	0.000	0.604***	4.90	0.000
Hold	0.013*	1.73	0.086	0.014*	1.83	0.069
Sta	0.153	0.46	0.644	0.124	0.36	0.721
ltoa	0.988	0.94	0.350	0.982	0.95	0.346
lnflow	−0.082	−1.55	0.125	−0.072	−1.40	0.164
lnCo_y	0.685**	2.11	0.037	0.696**	2.15	0.034
ln*R*	3.241***	6.11	0.000	3.217***	6.04	0.000
ln*b*	−1.134***	−7.33	0.000	−1.133***	−7.24	0.000
M×lnFee	—	—	—	−0.051	−0.24	0.815
M×lnSize	—	—	—	−0.154	−0.85	0.398
lnSize×lnFee	−0.032	−1.35	0.179	−0.033	−1.43	0.156
常数项	−2.542*	−1.86	0.065	−2.423*	−1.87	0.063

注：交互项 lnSize×lnFee 经过去中心化处理

***表明在 1%水平上显著，**表明在 5%水平上显著，*表明在 10%水平上显著

表 10.29 中 $M\times\ln\text{Fee}$ 的系数不显著，表 10.30 中 $M\times\ln\text{Fee}$ 的系数为 0.611 且显著。这说明对于治理水平高于平均治理水平的基金，浮动管理费设计没有改善管理人薪酬激励的效果，对于治理水平低的基金，浮动费率设计改善了基金的薪酬激励机制，使得基金治理水平得到了提高。

表 10.30　基金治理水平低于平均治理水平的样本基金回归结果

变量	治理水平低于平均治理水平			治理水平低于平均治理水平——浮动费率模式的调节作用		
	系数	*t* 值	*p* 值	系数	*t* 值	*p* 值
lnFee	−0.359***	−3.20	0.002	−0.563***	−4.85	0.000
lnSize	0.340***	4.35	0.000	0.487***	6.59	0.000
Hold	0.008	0.99	0.324	0.009	1.36	0.177
Sta	−0.638	−1.38	0.169	−0.559	−1.23	0.221
ltoa	3.879***	2.64	0.009	3.395**	2.58	0.011

续表

变量	治理水平低于平均治理水平			治理水平低于平均治理水平——浮动费率模式的调节作用		
	系数	*t* 值	*p* 值	系数	*t* 值	*p* 值
lnflow	0.064	0.97	0.332	0.027	0.41	0.681
lnCo_y	0.668**	2.16	0.033	0.727**	2.25	0.026
ln*R*	5.759***	10.01	0.000	5.777***	10.06	0.000
ln*b*	0.729	1.63	0.105	0.698	1.57	0.119
M×lnFee	—	—	—	0.611***	3.02	0.003
M×lnSize	—	-	—	−0.322	−1.56	0.121
lnSize×lnFee	−0.059**	−2.42	0.017	−0.063***	−2.68	0.008
常数项	−3.037***	−3.15	0.002	−3.299***	−3.38	0.001

注：交互项 lnSize×lnFee 经过去中心化处理

***表明在 1%水平上显著，**表明在 5%水平上显著

（五）持有期限设计对基金治理水平的影响

考虑到浮动费率基金的持有期设置一方面可以抑制投资者非理性行为并且筛选出了长期投资者，可能会改善基金的治理，另一方面可能增加基金经理激进的风险投资行为，究竟持有期对基金治理的影响如何，即假设 10.7，本节在此进行检验。虽然固定费率基金也有一些基金设置了持有期，但持有期设置仍以浮动费率基金为主，浮动费率基金持有期设置主要有 3 个月和 12 个月。为了验证假设 10.7，本节对浮动费率基金进行回归分析，表 10.31 的回归结果表明，浮动费率基金中不同持有期设计不会影响基金的薪酬激励效果。本节进一步分析发现，无论是引入不同持有期长度与管理费收入的交乘项，还是按照基金治理水平划分样本并引入是否设置持有期与管理费收入的交乘项，回归结果均不显著，即样本内数据显示，持有期长短对基金治理水平改善无显著影响。这可能是由于浮动费率基金的持有期设置较短，本节认为持有期过短会导致基金经理关注短期业绩，从而追逐市场热点，导致基金业绩波动大；只有当持有期设计足够长时，才能促进基金经理拓展其研究能力，落实投资逻辑，更好地治理基金。尤其是基金中的偏股型基金，更长的持有期能够让基金经理更好地扩大研究的行业广度，更全面地理解和把握市场，为投资者带来长期收益。

表 10.31　浮动费率基金的持有期结构的调节效应

变量	浮动费率基金样本回归——持有期设计的调节效应		
	系数	t 值	p 值
lnFee	−0.73**	−2.52	0.02
lnSize	0.47***	3.27	0.00
Hold	−0.47**	−2.48	0.02
Sta	−0.96	−1.16	0.26
ltoa	4.33***	3.04	0.01
lnFe_y	0.31	0.64	0.53
lnCo_y	0.19	0.11	0.91
ln$R$	4.27***	6.36	0.00
ln$b$	−0.18	−0.74	0.47
持有期×lnFee	0.42	1.37	0.19
常数项	−38.81***	−6.36	0.00

注：lnFe_y 表示基金成立年限的对数

***表明在 1%水平上显著，**表明在 5%水平上显著

（六）稳健性检验

考虑到随着基金治理水平的提高，基金持有人会进行申购，导致基金规模会不断扩大。也就是说，基金规模和治理水平之间可能存在互为因果的关系，导致内生性问题。因此，本节构建基于广义矩估计（generalized method of moments，GMM）的面板向量自回归（panel vector autoregression，PVAR）来验证是否存在互为因果关系，模型见式（10.80）。样本数据来自我国成立 8 年及以上的开放式基金，数据频率为季度，删除存在缺失值的数据，共得到 1132 只基金的 32 个季度数据。

$$\begin{aligned}\text{Sharpe\_Ratio}_{i,t} &= \beta 1\times \text{lnSize}_{i,t-1} + \beta 2\times \text{Sharp\_Ratio}_{i,t-1} \\ &\quad + \cdots + \beta 1'\times \text{lnSize}_{i,t-2} + \beta 2'\times \text{Sharpe\_Ratio}_{i,t-2} + \varepsilon_{i,t}\end{aligned} \tag{10.80}$$

$$\begin{aligned}\text{lnSize}_{i,t} &= \beta 1\times \text{lnSize}_{i,t-1} + \beta 2\times \text{Sharp\_Ratio}_{i,t-1} \\ &\quad + \cdots + \beta 1'\times \text{lnSize}_{i,t-2} + \beta 2'\times \text{Sharpe\_Ratio}_{i,t-2} + \varepsilon_{i,t}\end{aligned} \tag{10.81}$$

基金规模（lnSize）和治理水平（Sharpe_Ratio）均通过包含线性时间趋势项又包含个体固定效应项的单位根检验（表 10.32），最优滞后阶数为 2 阶（表 10.33），进而进行格兰杰（Granger）因果检验，结果见表 10.34，基金规模是治理水平的格兰杰原因，而治理水平不是基金规模的格兰杰原

因，因此不存在互为因果的内生性问题①。

表 10.32　面板单位根检验结果

变量	基金规模（lnSize）	治理水平（Sharpe_Ratio）
LLC 检验	−90.992***	−48.518***
IPS 检验	−120***	−100***
Fisher−ADF 检验	−2.123***	−3.743***
结论	平稳	平稳

注：Fisher−ADF 检验即费雪−增广迪基−福勒（augmented Dickey-Fuller）检验

***表明在 1%水平上显著

表 10.33　最优滞后阶数

滞后阶数	AIC	BIC	HQIC
1	10.296	10.859	10.475
2	10.193*	10.774*	10.378*
3	10.455	11.055	10.647
4	10.733	11.354	10.932
5	11.395	12.039	11.602

注：AIC 即 Akaike information criterion，赤池信息量准则；BIC 即 Bayesian information criterion，贝叶斯信息量准则；HQIC 即 Hannan-Quinn information criterion，汉南−奎因信息量准则

*表明在 10%水平上显著

表 10.34　格兰杰因果检验结果

被解释变量	解释变量	卡方统计量	自由度	*p* 值
基金规模（h _ lnSize）	治理水平	5.837	2	0.054
治理水平（h _ Sharpe_Ratio）	基金规模	19.976	2	0.000

注：h_表示滞后项

五、结论与启示

本节通过对基金治理指标体系进行主成分分析，发现基金业绩指标——单位净值收益率能够代表基金治理水平，进一步选取经风险调整的绩效指

---

① 其原因可能在于，尽管理论上我们可以认为随着基金治理水平的提高，基金持有人会进行申购，导致基金规模会不断增加，但实际中，投资者往往存在处置效应（伍燕然等，2016；孙毅等，2020），即基金业绩越好反而卖出基金，基金业绩差反而持有基金的现象；而且于江宁和朱启贵（2015）的研究也表明投资者申购基金的行为还会受到股票市场超额收益、股票市场波动、宏观经济指标、投资者情绪等因素的影响。

标——夏普比率作为衡量基金治理水平的被解释变量，以管理费收入和基金规模作为核心解释变量，利用市场中已有的基金数据样本，将新兴的浮动费率基金与传统的固定费率基金进行线性分析和调节效应分析，并利用分组回归、异质性研究进行交叉验证，最终得到以下结论。

（1）我国开放式基金总体上存在着正向的规模激励效应和负向的薪酬激励效应，即随着基金规模的增加，基金治理水平会提高；随着管理费收入的提高，基金治理水平会下降；但是基金的规模激励会随着基金规模的增加而不断减弱。

（2）浮动费率模式能够改善基金治理机制，浮动费率设计使得管理费收入对基金治理水平有正向的调节作用，尤其是对治理水平低的基金，管理费收入对基金治理水平的正向激励效果更好，即薪酬激励效应得到改善。对基金治理水平高于平均水平的基金，浮动费率设计无显著的调节作用，即不会改善薪酬激励效应。

（3）不同持有期的浮动费率基金中，管理人所受薪酬激励无明显不同，即不同持有期设计对基金治理水平影响不显著。

（4）对浮动费率基金，提高资产负债水平能提高基金治理水平。

本节理论分析和实证分析证明了浮动基金的管理费收入模式与基金治理效果改善之间关系密切，浮动基金管理费收入对基金管理人起到了较好的激励效果，有助于解决基金经理与基金份额持有人利益不一致的委托代理问题。

第六节 浮动管理费与“基金赚钱，基民不赚钱”

一、文献综述

党的二十大明确提出，“规范收入分配秩序，规范财富积累机制”“多渠道增加城乡居民财产性收入”①。其中，公募基金作为拓宽居民财产性收入的主要渠道之一，近些年已取得跨越式的发展，根据中国证券投资基金业协会的统计，截至 2023 年 7 月，我国公募基金规模达 27.77 万亿元，基金行业的高质量发展对扩展居民收入来源、实现共同富裕等国家战略具有

① 《习近平：高举中国特色社会主义伟大旗帜 为全面建设社会主义现代化国家而团结奋斗——在中国共产党第二十次全国代表大会上的报告》，https://www.gov.cn/xinwen/2022-10/25/content_5721685.htm，2024 年 10 月 31 日。

重大意义。但是“基金赚钱，基民不赚钱”[①]现象却成为掣肘基金市场高质量发展的重要因素，基金的高费率也是众多投资者诟病以及监管当局关注的重点。2023 年 7 月 8 日，中国证监会发布公募基金费率改革工作安排，稳步降低公募基金费率水平，推出更多浮动费率基金产品。易会满归结“基金赚钱，基民不赚钱”的根源之一即在基金公司的规模情结，基金公司的管理费用按照基金规模收取，导致基金公司“重规模，轻治理”，从而出现大量基金收取高管理费用却提供给投资者较低的基金业绩，凸显了固定费率结构下无效的报酬激励机制（王性玉和田建强，2009）。“基金赚钱，基民不赚钱”的现象直接说明了我国公募基金市场存在委托代理问题，投资者在进行基金投资时的投资成本过高，直接表现为基金管理费用与基金业绩的不匹配，即高额管理费用却对应投资者过低的投资收益。

Gil-Bazo 和 Ruiz-Verdú（2009）对美国共同基金的月度数据进行考察时提出了“价格-业绩”谜题，即低基金业绩的基金具有较高的管理费用。Díaz-Mendoza 等（2014）、徐瑞慧和颜诚（2020）分别基于西班牙共同基金和全球基建基金验证了上述谜题的存在，实际上，陈三梅（2006）采用多元线性回归的方式实证说明了我国基金也存在这一谜题：在 2000 年和 2001 年，基金规模和基金业绩同是决定基金管理费用的主要因素，但是 2002 年之后，固定费率的单一收取模式[②]扭转了基金业绩对管理费用的决定方向，从正向变成了负向，即在固定费率下，基金业绩差的基金管理人依然能拿到可观的管理费收入，我国基金存在委托代理冲突。为改变固定费率“旱涝保收”的收入分配机制，破解“基金赚钱，基民不赚钱”的困境，我国近年来积极尝试引入浮动费率结构的管理费用收取模式。2017 年 6 月中国证监会下发《公开募集证券投资基金收取浮动管理费指引（初稿）》公开征求意见，我国公募基金浮动费率的收取模式以监管政策的形式进行完善推广。本节拟从浮动费率结构和“费用-业绩”的关系入手，探讨浮动费率基金是否改变了固定费率基金“旱涝保收”的无效收入分配机制，是否从政策助推上发挥了改善基金市场信息不对称、缓解委托代理冲突的作用，是否对促进我国基金市场的高质量发展，解决“基金赚钱，基民不赚钱”的问题具有显著的效果。本节对于顺应基金市场费率改革，检验政策

① 引自 2021 年 8 月 30 日中国证监会主席易会满在中国证券投资基金业协会第三届会员代表大会上的讲话。

② 我国在 1999 年 6 月至 2001 年 9 月之间的基金引入了业绩报酬，2001 年 9 月 17 日，中国证监会发布《关于证券投资基金业绩报酬有关问题的通知》，全面停止业绩报酬的收取，2002～2013 年，固定费率的管理费用结构在我国公募基金一家独大。

有效性及政策发挥的有效条件，保护投资者利益方面具有一定的现实意义。

关于基金管理费用与基金业绩关系的研究，国内外的许多文献都发现了两者间的负向关系，即高管理费用的基金却给投资者带来较低的业绩收益（Das and Sundaram，2002；Gil-Bazo and Ruiz-Verdú，2008；王性玉和田建强，2009；彭振中等，2010），国内也有相关文献称这种现象为基金业绩费率背离现象（韩燕等，2015）。该现象在多个国家和地区的基金市场得到过实证检验，Otten 和 Bams（2002）在对欧洲五个国家的实证研究中发现管理费用对欧洲共同基金业绩有负面影响；Wongsurawat（2011）对泰国共同基金的管理费用进行研究时发现，基金经理收取的管理费用与投资者得到的投资回报之间存在负相关关系；我国学者曹兴和秦耀华（2013）实证验证了固定费率下管理费用与基金业绩的负向关系，同时发现管理费用高的基金，其系统性风险也随之提高。但是也有少部分学者对上述结论产生怀疑，Robinson 和 Sensoy（2013）对私募基金进行的实证研究表明管理费用较高的经理人的确能够提供更高的基金业绩水平，没有发现高管理费用与低业绩之间的相关关系。

学术界关于费率结构对基金业绩收益的激励效应和风险承担方面起到的作用并无统一结论。我国首只浮动费率基金于 2013 年发行，鉴于缺少实证数据，国内大部分关于基金费率结构的研究以理论为主。其中，部分理论研究认为，从长期博弈的角度看，固定费率本身存在激励作用（朱旭强和贝政新，2011）并能够有效发挥市场的约束机制（王良等，2015），但是滕莉莉和宋光辉（2013）采用委托代理视角，认为反映业绩情况的管理费报酬比固定费用报酬具有更高的激励效果，有利于降低基金管理人的道德风险；此外，在风险承担方面，理论研究认为业绩报酬激励机制具有更大的风险承担激励（王明好等，2004；彭耿，2012）。部分实证结果认为，相较于固定费率结构，含有激励费用的基金管理费率结构会通过鼓励基金经理选择正向波动择时策略的投资策略，来间接提升基金业绩收益（益智和董海龙，2009）。但也有实证结果认为基金薪酬结构与基金未来业绩表现无显著关系，改变薪酬结构更多的是作为缓解代理冲突的有效手段，而提高投资者成熟度同样可以达到类似效果（Ma et al.，2019）。

此外，由于费率结构的改变将直接影响基金管理人管理费用的收取以及投资者投资成本的支付，所以从这两个角度出发，也有相关研究讨论基金治理（基金管理人）和投资者偏好（投资者）与费率结构和管理费用的关系。近年来基金治理成为大众议题，很多文献针对基金治理的结构（Ferris and Yan，2007；李学峰等，2012；张显明，2018）、基金经理特征（Gottesman and Morey，2006；滕莉莉等，2013）、有效性（Calluzzo and Dong，2014；李学峰和杨盼盼，2020；李学峰等，2022）等话题展开讨论。但是关于基金治理与费率结构和基金管理费用关系的相关研究较少。李学峰等（2022）首次实证讨论了费率结构与基金治理的关系，认为浮动费率确实可以提高基金治理水平。Tufano 和 Sevick（1997）在对美国公司型共同基金研究时发现，基金公司董事会的独立性与基金管理费用负相关，每增加一位独立董事，基金管理费用下降 5%左右；同时，在对独立董事受聘于同一基金家族的多个基金这一特征进行研究发现，同一位独立董事管理的基金越多，基金管理费用越低，原因在于管理多个基金的独立董事在基金家族掌握更多的话语权与信息，监督的范围更广，但是 Guercio 等（2003）研究认为同一独立董事受聘的基金越多越容易被管理人员收买，基金管理费用会越高。大量研究以资金流量的变动作为投资者偏好的考察角度，众多文献一般从投资者角度探寻资金流动的影响因素，如投资者行为偏差、投资者信息搜索成本等（Huang et al.，2007；Bailey et al.，2011；曾建光等，2014），也有部分文献讨论了基金费率对投资者资金流动的影响（Chen et al.，2004；Nanda et al.，2004），认为基金管理费用的收取确实影响了投资者的申购赎回行为，黄孝武和王雄军（2016）的研究也验证了这一点。

总结上述文献可以发现，目前文献存在以下几点问题：一是对于管理费用的研究较多从其与基金业绩的关系出发，却少有文献研究其二者间的作用机制，关于管理费率结构对二者关系的影响还未有相关学术研究，另外对管理费用的影响因素的研究尚不全面，无法对我国投资者在进行投资决策时提供投资成本方面的参考；二是我国学者对费率结构的研究大多从理论出发，缺少现实证据的支撑，对于我国浮动费率机制有效性的研究还处在初期阶段，较多从基金风险承担、基金管理人激励方面入手，鲜有文献从改善基金管理人和基金投资者之间的委托代理冲突角度考察浮动费率机制的有效性；三是尽管众多学者发现了包含业绩奖励的管理费用对基金管理人的激励作用，却对其激励作用发挥机制的研究较为匮乏；四是我国对于基金治理的研究讨论缺少对基金管理费率结构和投资者投资成本领域的深入研究，大多研究基金治理的内部、外部治理机制以及外溢效应，尤其我国学术界还未有研究发现费率结构对基金治理以及基金治理对于减少基金投资者投资成本方面的作用。针对上述问题，本节拟考察我国公募基金浮动费率结构如何影响基金管理费用与基金业绩之间的关系，验证浮动费率政策是否改善了“高费用，低业绩”的现象，并挖掘基金治理和投资者偏好对该政策发挥作用的机制路径，以期检验浮动费率政策的有效性及作用机制。

本节的边际贡献主要如下。首先，本节验证浮动费率政策的提出是否改善了固定费率下基金市场“重规模，轻治理”的状况，讨论浮动费率政策的提出对基金管理人收取管理费用、投资者支付投资成本的影响，从公平收入分配的角度验证其机制的有效性，以经验证据说明浮动费率政策在我国的实行情况；其次，拓宽基金治理有效性的边界，不同于以往文献的基金治理研究视角，本节从管理费率结构和投资者投资成本的角度出发讨论基金治理对公平收入分配的作用机制，在此基础上理解基金治理有效性的广义含义；最后，从投资者投资成本的角度解读“基金赚钱，基民不赚钱”的现象，填补我国费率政策、基金治理对管理费用影响的研究空白，有利于进一步深入分析我国基金市场的运行规律，另外依托于浮动费率政策的解读也将对我国基金市场的监管提供政策上的建议，即我们不能仅依靠“教育投资者”做出理性选择来规范市场，还需要依靠政策制定来更好地规避投资者行为偏差。

二、理论分析和研究假设

（一）基金管理费用、基金业绩与管理费率结构

基金管理费用是证券基金运行过程中基金投资者向基金管理人支付的投资组合管理服务费用，我国大多数的基金以固定费率结构进行管理费用的收取，一般按照基金资产净值的固定比例按年计提。在固定费率结构下，市场形势走强时，基金往往能获得较好的业绩，但是基金规模增速对管理费用的提升效果不明显，无法保证对基金管理人施以业绩奖励报酬；市场形势走低时，基金管理费用“旱涝保收”，业绩表现差的基金管理人仍然能收到高额的管理费用，引起基金投资者的不满。以上分析可以得出，按照固定比例进行管理费用收取的固定费率结构没有对基金管理人的努力程度进行奖赏，导致基金管理人没有获得与之努力程度及基金业绩相匹配的基金管理费用，管理费用对基金管理人的激励作用失效。同时，从委托代理角度出发，“负盈不负亏”的固定费率结构基金无论盈利与否都难以长期获得基金投资者的信任（陈三梅，2006），在信息披露不透明的情况下，基金管理费用与基金业绩成负向关系，基金投资者与基金管理人利益不一致，存在明显的委托代理冲突。

与固定费率的管理费用相比，基金激励报酬与经过风险调整后的收益显著正相关（Volkman and Wohar，1996），具有业绩激励作用的管理费用

与基金业绩比较基准和夏普比率呈现显著的正相关关系（Cuoco and Kaniel，2011）。同时滕莉莉和宋光辉（2013）采用委托代理视角，认为反映业绩情况的管理费用报酬比固定费用报酬具有更高的激励效果，有利于降低基金管理人的道德风险。浮动费率结构由于管理费用提取与基金业绩直接挂钩，具有报酬激励基金业绩作用的同时，还能缓解基金管理人与基金投资者之间的委托代理冲突，使得基金管理人与基金投资者的利益保持一致。基于上述分析，本节提出假设 10.8。

假设 10.8：浮动费率结构能够在缓解“费用-业绩”负向关系上发挥积极政策效果，使得报酬激励机制能够有效发挥作用，在一定程度上缓解基金管理人与投资者之间的委托代理问题。

（二）基金治理的中介效应

治理问题逐渐成为大众议题，出现在商业管理、公司管理乃至国家治理等各个领域，基金治理[①]领域的“治理困境”不仅影响其自身发展，还会制约整个基金市场的健康运转。基金治理水平对“费用-业绩”关系的影响从降低管理费用以及缓解委托代理冲突两个角度出发：①当基金治理水平提高时，意味着对基金管理人的监督更有效，高效的监督机制能够阻止有经验的基金管理人采取“掏空”[②]行为，Tufano 和 Sevick（1997）研究发现，基金内部监督机制的有效性提高，在提高基金治理水平的同时，能够有效降低基金费用；②基金治理的外部监督机制使得基金经理市场存在“优胜劣汰”的奖惩路径，有效的基金治理能够淘汰不称职的基金管理人，留下称职、有能力的基金管理人，从而使资源得到优化配置，在一定程度上保障了基金投资者的利益，使二者保持相对一致，缓解基金管理人与基金投资者之间的委托代理冲突。

基金管理费率结构也对基金治理水平产生影响，其作用机制体现在：①与基金业绩直接挂钩的报酬激励机制更能对基金管理人起到正向的激励作用，进而提高基金管理人的努力程度；②由于业绩与管理报酬直接相关的机制设定，选择浮动费率结构基金的基金管理人相比而言具有较强的择股能力与择时能力，否则固定费率的管理费用结构更为稳妥。李学峰等

---

① 基金治理实际上包括基金公司的治理和基金本身的治理，本节仅指基金本身的治理问题，主要衡量基金管理人的能力水平以及努力程度。

② 基金管理人的“掏空”行为通常被定义为利用其职权和影响力，不合法地操纵或滥用基金的资产，从而使投资者利益受损。具体操作可能包括：市场操纵、内幕交易、虚假宣传、非法挪用资金和股价操纵等。

（2022）也从实证的角度证实浮动费率确实能够提高基金的治理水平，基金管理人的能力更强，其努力程度更高。基于此提出假设 10.9。

假设 10.9：浮动费率结构通过提高基金治理水平进而改善“高费用，低业绩”关系，基金治理在浮动费率政策的发挥中起到了中介作用。

（三）投资者偏好的中介效应

刘洋溢等（2022）对“基金赚钱，基民不赚钱”现象的解读从投资者业绩持续性感知的角度出发，认为是受到有限关注约束的投资者高估了接收到的业绩持续性感知的学习精度，导致了投资者行为偏差，进而导致基金收益的降低。所以，投资者行为也是影响基金收益及管理费用的重要因素。投资者“用脚投票”在一定程度上可以缓解基金市场的委托代理冲突，即“申购”高业绩基金，“赎回”低业绩基金，对缓和“高费用，低业绩”现象发挥一定作用。同时，基金费率也是影响投资者资金流动的重要因素，尤其是基金管理费用等显性费用对基金申购赎回的影响显著（Chen et al.，2004）。由此提出假设 10.10。

假设 10.10：浮动费率结构通过影响投资者偏好，即资金流动来改善“高费用，低业绩”关系，投资者偏好在浮动费率政策的发挥中起到了中介作用。

三、研究设计

（一）样本选取与数据来源

本节数据源自 Wind 数据库以及同花顺 iFinD 数据库。考虑到开放式公募基金的信息获取更为便利，且“基金赚钱，基民不赚钱”的现象在公募基金中更为突出，因此本节以开放式公募基金为研究对象，基金样本分为浮动费率基金和固定费率基金。由于我国首只浮动费率基金在 2013 年发行，故本节实证样本的时间选取范围为 2013～2022 年，数据频率为半年。基金样本筛选过程：首先，为了保证夏普比率等风险收益数据的可靠性和浮动费率与固定费率基金成立年限的可比性，剔除成立期不满 1 年且在 2013 年前成立的基金；其次，为了保证浮动费率样本与固定费率样本的可比性，根据每只浮动费率基金的管理公司、二级投资类型指标挑选了对应的固定费率基金；最后，对包含异常值的变量进行 1%水平的缩尾处理，剔除缺失值。最终数据为包含 178 只浮动费率基金、816 只固定费率基金的非平衡面板数据。

（二）变量定义

1. 基金管理费用

“基金赚钱，基民不赚钱”现象背后的主要原因之一是投资成本过高。投资者在进行基金投资时，投资成本包括认购费、申购费、赎回费、管理费用等显性费用以及各类交易成本等隐性费用，出于更好地体现报酬激励的合理性，以及浮动费率与固定费率机制的主要差别体现在管理费用的收取上这两点原因，本节拟将基金管理费用的自然对数作为实证模型的被解释变量。

2. 基金业绩

本节采用同时考量风险和收益的夏普比率（本节用Sharp表示）作为基金业绩的替代变量。

$$\text{Sharp}=\frac{E(R_p)-R_f}{\sigma_p} \tag{10.82}$$

其中，$E(R_p)$为基金预期收益率；R_f为无风险利率（本节采用的无风险利率为一年期国债收益率，下同）；σ_p为基金标准差。

为了避免核心解释变量测度方式造成的计量偏误，也为了避免偏误所造成的内生性问题，本节同时以卡玛比率（Calmar）作为基金业绩的替代变量，计算公式为年化超额收益率（Annualized Excess Return）与最大回撤（Max.DrawDown）的比值。

$$\text{Calmar}=\frac{\text{Annualized Excess Return}}{\text{Max.DrawDown}} \tag{10.83}$$

3. 基金治理

关于基金治理的测度，本节参考李学峰和杨盼盼（2020）对基金治理的指标衡量，以业绩基准调整后收益率（hard）、基金经理择时能力（timeab）、基金经理择股能力（pickab）、Jensen 指数（jensen）四个变量采用主成分分析法构建基金治理综合指数。

4. 投资者偏好

参考黄孝武和王雄军（2016）关于投资者基金申购赎回的测度，本节采用投资者基金申购赎回的差值表示投资者偏好（徐瑞慧和颜诚，2020），即投资者净申购率，见式（10.84）。

$$\text{flow}=\frac{\text{本期基金申购额}-\text{本期基金赎回额}}{\text{上期末基金资产净值}} \tag{10.84}$$

5. 控制变量

参考王霞和高翔（2005）对基金管理费用影响因素的实证研究，本节的控制变量包括基金规模（size）、基金成立年限（age）、对数收益波动率（sd）、基金净资产收益率（roe）、资产负债率（dar）、管理人持基比例（hold）、团队稳定性（stable）和市场走势（hs、hs300）等。各个变量符号和定义说明见表 10.35。

表 10.35　控制变量和基金治理指标说明

指标	符号	变量定义
基金规模	size	基金资产净值的自然对数
基金成立年限	age	成立年限
对数收益波动率	sd	净值增长率标准差
市场走势	hs	沪深 300 年化波动率
市场走势	hs300	沪深 300 年化对数收益率，用于稳健性检验
基金净资产收益率	roe	净资产收益率=当期净利润/所有者权益
资产负债率	dar	资产负债比率
管理人持基比例	hold	管理人持有比例
团队稳定性	stable	max{期间新经理数，期间离任经理人数}/期间平均在任经理数，一般在 0～1，值越小越稳定
费率结构	flo	虚拟变量，1=浮动费率，0=固定费率
业绩基准调整后收益率	hard	净值增长率减基准增长率
基金经理择时能力	timeab	来源于同花顺 iFinD
基金经理择股能力	pickab	来源于同花顺 iFinD
Jensen 指数	jensen	来源于同花顺 iFinD

（三）模型设定

1. 基准回归模型

为了检验不同费率结构下基金业绩与管理费用（fee）的关系，本节构建面板固定效应回归模型（10.85），分别代入不同费率结构样本，系数 α_1 的正负和显著性是本模型关注的重点。

$$\text{fee}_{i,t}=\alpha_0+\alpha_1\text{performance}_{i,t}+\alpha_2\text{controls}_{i,t}+\theta_i+\theta_T+\varepsilon_{i,t} \quad (10.85)$$

其中，$\text{performance}_{i,t}$ 为基金业绩；$\text{controls}_{i,t}$ 为控制变量；θ_i 和 θ_T 分别为个体和时间固定效应；$\varepsilon_{i,t}$ 为随机误差项。

另外，为了从统计层面考察费率结构不同带来的“费用-业绩”关系的差异，本节在模型（10.85）的基础上加入费率结构虚拟变量和基金业绩的交互项 $\text{flo}\times\text{Sharp}_{i,t}$ 以及 $\text{flo}\times\text{Calmar}_{i,t}$，见模型（10.86），重点关注系数 α_2 的正负以及显著性。

$$\begin{aligned}\text{fee}_{i,t}=&\alpha_0+\alpha_1\text{performance}_{i,t}+\alpha_2\text{flo}\times\text{performance}_{i,t}\\&+\alpha_3\text{controls}_{i,t}+\theta_i+\theta_T+\varepsilon_{i,t}\end{aligned} \quad (10.86)$$

其中，$\text{performance}_{i,t}$ 为基金业绩，包括 $\text{Sharp}_{i,t}$ 以及 $\text{Calmar}_{i,t}$；$\text{flo}\times\text{performance}_{i,t}$ 为费率结构与基金业绩的交互项。

2. 中介效应模型

为了检验基金治理和投资者偏好在“费用-业绩”关系中的中介效应，本节参考江艇（2022）针对中介效应检验的流程，构建如下模型。

$$\begin{aligned}\text{fee}_{i,t}=&\alpha_0+\alpha_1\text{performance}_{i,t}+\alpha_2\text{flo}\times\text{performance}_{i,t}\\&+\alpha_3\text{controls}_{i,t}+\varepsilon_{i,t}\end{aligned} \quad (10.87)$$

$$\begin{aligned}\text{fee}_{i,t}=&\beta_0+\beta_1\text{performance}_{i,t}+\beta_2\text{flo}\times\text{performance}_{i,t}\\&+\beta_3 M_{i,t}+\beta_4\text{controls}_{i,t}+\varepsilon_{i,t}\end{aligned} \quad (10.88)$$

$$\begin{aligned}M_{i,t}=&\gamma_0+\gamma_1\text{performance}_{i,t}+\gamma_2\text{flo}\times\text{performance}_{i,t}\\&+\gamma_3\text{controls}_{i,t}+\varepsilon_{i,t}\end{aligned} \quad (10.89)$$

其中，$M_{i,t}$ 为中介变量，在本节中分别为 $\text{gov}_{i,t}$（基金 i 在 t 期的基金治理指数）以及 $\text{flow}_{i,t}$。逐步法检验的步骤为：①估计模型（10.87），α_2 在统计学意义上显著意味着存在可以“被中介”的效应；②估计模型（10.89），γ_2 在统计学意义上显著意味着处理变量显著影响了中介变量；③估计模型（10.88），β_3 在统计学意义上显著意味着中介变量确实影响了被解释变量，其中 β_2 若在统计学意义上不显著，意味 $M_{i,t}$ 起到完全中介作用，否则是起到部分中介作用。中介效应示意图见图 10.4，$\beta_3\gamma_2$ 即为最终的间接效应大小。

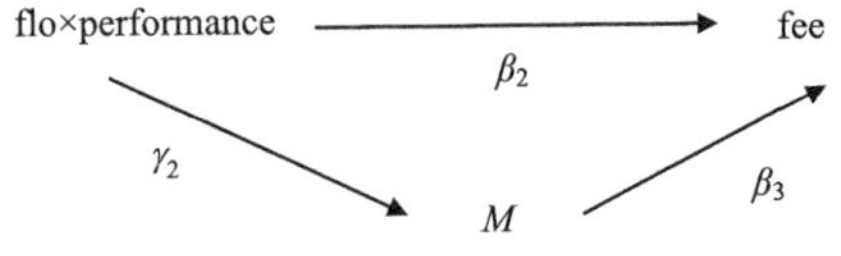

图 10.4 中介效应示意图

四、实证结果分析

（一）描述性统计

表 10.36 显示了各个样本的描述性统计结果，以及样本间的均值检验、中位数检验结果。在固定费率基金样本中，基金管理费用、夏普比率、卡玛比率和投资者净申购率的代理变量的均值分别为 15.605、0.012、1.938 和−0.443，对应的浮动费率基金样本均值为 15.510、−0.049、1.587 和−0.329。简单来看，固定费率基金收取的管理费用确实高于浮动费率基金，但是基金治理情况却和以往文献不同，本节的样本结果显示固定费率基金的业绩表现好于浮动费率基金，而且投资者对浮动费率基金的赎回行为显著少于固定费率基金，均值检验和中位数检验的结果验证了以上分析。

表 10.36　描述性统计（二）

变量	固定费率基金			浮动费率基金			固定-浮动	
	样本量	均值	标准差	样本量	均值	标准差	均值差	中位数差
fee	3887	15.605	1.750	730	15.510	1.676	0.094	2.090
Sharpe	3887	0.012	0.249	730	−0.049	0.25	0.059***	14.329***
Calmar	3887	1.938	5.283	730	1.587	3.984	0.352*	4.735**
gov	3887	0.008	0.796	730	−0.109	0.671	0.117***	11.438***
flow	3881	−0.443	1.787	730	−0.329	1.243	−0.114*	0.100
size	3887	20.317	1.700	730	20.278	1.539	0.040	5.074**
big	3887	0.214	0.410	730	0.179	0.384	0.035**	4.456**
age	3887	3.182	1.858	730	3.380	2.422	−0.198**	7.865***
stable	3887	0.114	0.076	730	0.174	0.191	−0.059***	14.973***
sd	3887	0.443	0.636	730	0.356	0.580	0.086***	1.520
hold	2467	1.565	8.299	510	2.479	10.408	−0.913**	13.728***
inshold	2592	0.342	0.369	520	0.288	0.351	0.054***	11.314***
roe	2828	0.956	58.639	576	−1.194	21.959	2.150	1.839
dar	2837	0.044	0.077	576	0.041	0.064	0.003	0.128

注：本表数据经过四舍五入，存在运算不等的情况

***表明在 1%水平上显著，**表明在 5%水平上显著，*表明在 10%水平上显著

（二）基准回归分析

表 10.37 呈现了基准回归结果。表 10.37 中（1）列、（2）列与（3）列、

（4）列的对比可知，固定费率样本下基金业绩与管理费用存在显著的负向关系，即低基金业绩对应高额管理费用，且这种现象在浮动费率样本下在 5% 水平上不显著，根据（5）列、（6）列交互项的符号也可知，浮动费率确实在一定程度上缓解了"费用-业绩"的负向关系，即在一定程度上实现了管理费用对基金业绩的正向激励作用，使得对基金经理的报酬激励路径发挥效果，且在一定程度上缓解了基金经理与投资者之间的委托代理问题，假设 10.8 成立。

表 10.37　基准回归：浮动费率对"费用-业绩"关系的影响

变量	fee					
	浮动费率样本		固定费率样本		全样本	
	（1）	（2）	（3）	（4）	（5）	（6）
Sharpe	−0.369*		−0.525***		−0.582***	
	（−2.10）		（−7.80）		（−8.56）	
Calmar		−0.006		−0.016***		−0.017***
		（−0.56）		（−5.61）		（−5.61）
flo×Sharpe					0.457***	
					（−3.44）	
flo×Calmar						0.0207*
						（−2.40）
size	0.884***	0.867***	0.786***	0.797***	0.803***	0.814***
	（−25.29）	（−23.04）	（−63.97）	（−60.26）	（−67.85）	（−63.82）
常数项	7.555***	9.165***	17.170***	8.487***	16.930***	8.586***
	（−4.78）	（−4.91）	（−10.94）	（−9.60）	（−11.11）	（−10.53）
控制变量	控制	控制	控制	控制	控制	控制
个体固定效应	控制	控制	控制	控制	控制	控制
时间固定效应	控制	控制	控制	控制	控制	控制
样本数量	468	468	2258	2258	2726	2726
调整后的 R^2	0.659	0.653	0.670	0.664	0.653	0.645

注：括号内为 t 值

***表明在 1%水平上显著，*表明在 10%水平上显著

（三）内生性分析

1. 反向因果问题

参考宋科等（2022）关于内生性问题的解决办法，将解释变量皆滞后

一期进行回归，以期解决反向因果的问题，故根据上述做法，在模型（10.86）基础上构建模型（10.90），参考倪中新等（2023）的做法，采用 GMM 方法进行重新回归，结果见表 10.38 中（1）列、（2）列，交互项系数依然显著为正，结论稳健有效，验证了假设 10.8。

$$\begin{aligned}\text{fee}_{i,t}=&\alpha_0+\alpha_1\text{performance}_{i,t-1}+\alpha_2\text{flo}\times\text{performance}_{i,t-1}\\&+\alpha_3\text{controls}_{i,t-1}+\theta_i+\theta_T+\varepsilon_{i,t}\end{aligned}\tag{10.90}$$

表 10.38　内生性分析

变量	GMM		PSM 检验	
	（1）	（2）	（3）	（4）
Sharpe	−0.416***		−0.654***	
	（−4.90）		（−8.67）	
flo×Sharpe	1.114***		0.457***	
	（5.88）		（−3.44）	
Calmar		−0.017**		−0.017***
		（−2.30）		（−5.61）
flo×Calmar		0.048***		0.021*
		（4.06）		（−2.40）

注：括号内为 t 值

***表明在 1%水平上显著，**表明在 5%水平上显著，*表明在 10%水平上显著

2. 倾向得分匹配

为了在一定程度上缓解样本选择偏误带来的内生性问题，本节使用 PSM（propensity score matching，倾向得分匹配）检验对样本进行重新回归。根据费率结构二元变量对基金管理费用计算倾向性得分，使用一对一匹配方法对样本进行重新匹配，对匹配成功的样本再次进行回归，结果见表 10.38 中（3）列、（4）列，交互项系数显著，且为正，表明浮动费率结构确实在一定程度上缓解了高管理费用对应低基金业绩的现象，浮动费率结构有效发挥了对基金经理正向激励的“报酬-业绩”机制，再次验证了假设 10.8。

（四）稳健性检验

第一，由于基金管理费用与基金规模具有直接的决定关系，为了更深刻地考察浮动费率对“费用-业绩”的影响，也为了排除管理费用与基金规模的内生性问题，将被解释变量由管理费用转换为管理费率（ln 基金管理

费用/基金资产净值），符号表示为 feeratio，重新进行回归。第二，替换基准回归模型（10.86）中的市场走势变量，由沪深 300 年化波动率替换为沪深 300 年化对数收益率。第三，剔除成立年限超过三年的基金样本，虽然为了与浮动费率基金进行更好的对应，本节采用的固定费率样本皆为 2013 年后成立的，但是根据不同费率结构基金成立年限的分布可知，浮动费率基金在近些年才如雨后春笋般出现，导致固定费率基金的成立年限和管理经验优于浮动费率基金，所以剔除掉成立年限超过三年的基金样本，使得固定费率基金样本与浮动费率基金在成立年限上保持相对一致的状态。由表 10.39 可知，各列交互项系数仍显著为正（全样本），说明结论稳健有效。

表 10.39　稳健性检验

变量	feeratio		fee			
	替换被解释变量		替换控制变量		剔除部分样本	
	（1）	（2）	（3）	（4）	（5）	（6）
Sharpe	−0.027***		−0.294*		−0.438*	
	（−7.33）		（−2.43）		（−2.28）	
flo×Sharpe	0.019**		0.699**		0.708*	
	（−2.91）		（−3.17）		（−2.21）	
Calmar		−0.001***		−0.011*		−0.016
		（−4.89）		（−2.05）		（−1.64）
flo×Calmar		0.001*		0.041**		0.024
		（−2.25）		（−2.64）		（−1.20）
hs300			−0.142***	−0.093***		
			（−5.55）	（−4.94）		
常数项	1.643***	1.230***	15.671***	13.996***	−76.354***	−73.438***
	（−20.26）	（−29.10）	（−33.91）	（−37.14）	（−3.97）	（−3.68）
控制变量	控制	控制	控制	控制	控制	控制
个体固定效应	控制	控制	控制	控制	控制	控制
时间固定效应	控制	控制	控制	控制	控制	控制
样本数量	3003	2726	3003	2726	1295	1284
调整后的 R^2	0.166	0.132	0.100	0.134	0.035	0.044

注：括号内为 t 值

***表明在 1%水平上显著，**表明在 5%水平上显著，*表明在 10%水平上显著

（五）异质性分析

1. 基金规模

由于基金管理费用的收取是基于基金规模的，且基金规模在一定程度上反映了投资者“用脚投票”的结果，所以不同规模的基金可能在费率结构与“费用-业绩”关系的影响上存在差异。根据基金规模对基金样本进行排序分组，分为大、中、小规模的三组基金样本，分组回归结果见表 10.40。从表 10.40 中可以发现浮动费率对“费用-业绩”关系的缓解作用只在中规模以及大规模基金中成立，归其原因在于小规模基金不存在“高费用，低业绩”的不合理匹配关系，这说明基金规模是造成基金管理费用与基金业绩扭曲关系的关键因素，间接说明中规模及以上的基金施以浮动费率政策条件的适用性与必要性。

表 10.40　异质性分析——基金规模

变量	小规模		中规模		大规模	
	（1）	（2）	（3）	（4）	（5）	（6）
Sharpe	−0.178		−0.642***		−0.868***	
	（−1.05）		（−5.97）		（−9.01）	
flo×Sharpe	0.314		0.635**		0.427*	
	（−1.10）		（−3.30）		（−2.21）	
Calmar		0.006		−0.013*		−0.031***
		（−0.67）		（−2.50）		（−8.21）
flo×Calmar		0.031		0.010*		−0.018
		（−1.54）		（−0.93）		（−1.14）
size	0.764***	0.759***	0.780***	0.759***	0.946***	0.976***
	（−21.69）	（−21.44）	（−13.94）	（−13.25）	（−23.53）	（−24.02）
常数项	7.042***	7.552***	7.621***	6.955***	9.832***	8.585***
	（−3.86）	（−4.09）	（−4.89）	（−4.34）	（−7.87）	（−6.79）
控制变量	控制	控制	控制	控制	控制	控制
个体固定效应	控制	控制	控制	控制	控制	控制
时间固定效应	控制	控制	控制	控制	控制	控制
样本数量	871	871	952	952	903	903
调整后的 R^2	0.457	0.460	0.407	0.373	0.632	0.627

注：括号内为 t 值

***表明在 1%水平上显著，**表明在 5%水平上显著，*表明在 10%水平上显著

2. 基金类型

为了深入探讨浮动费率对“费用-业绩”关系的影响，确认其政策发挥的有效针对对象，本节进一步对基金类型进行分组回归，结果见表 10.41。其中，（1）～（3）列为根据基金投资风格①进行分类的分组回归结果，发现浮动费率对平衡型投资风格基金的“费用-业绩”关系影响最为显著，且系数明显很高，说明了浮动费率结构对平衡型投资风格基金的适用性；（4）～（6）列为根据基金风险等级进行分类的分组回归结果，发现浮动费率仅在中风险及以下的风险等级基金中发挥有效缓解“高费用，低业绩”关系、改善委托代理问题的作用，这一结果可能与业绩报酬具有更大的风险承担激励机制（彭耿，2012）有关。

表 10.41　异质性分析——基金类型

变量	投资风格			风险等级		
	成长	平衡	价值	中低风险	中风险	中高风险
	（1）	（2）	（3）	（4）	（5）	（6）
Sharpe	−0.495	−0.302	−0.322	−0.720***	−0.609***	−1.137***
	（−1.67）	（−0.86）	（−0.35）	（−4.43）	（−6.10）	（−5.70）
flo×Sharpe	1.573	29.350*	−0.427	0.623*	0.480**	−0.552
	（−0.66）	（−2.46）	（−0.17）	（−2.06）	（−3.03）	（−1.18）
size	0.767***	0.760***	0.538**	0.825***	0.796***	1.021***
	（−16.38）	（−13.83）	（−3.10）	（−32.03）	（−49.17）	（−24.11）
常数项	3.227	−5.589	−12.280	6.581***	9.006***	−64.870***
	（−0.82）	（−0.58）	（−0.53）	（−4.62）	（−7.61）	（−5.10）
控制变量	控制	控制	控制	控制	控制	控制
个体固定效应	控制	控制	控制	控制	控制	控制
时间固定效应	控制	控制	控制	控制	控制	控制
样本数量	276	133	67	431	2056	239
调整后的 R^2	0.615	0.795	0.002	0.755	0.609	0.848

注：括号内为 t 值

***表明在 1%水平上显著，**表明在 5%水平上显著，*表明在 10%水平上显著

① 基金投资风格和风险等级的分类来源于基金招募说明书，其中成长型基金包括大盘成长、中盘成长和小盘成长三类投资风格，平衡型和价值型的分类同理。

3. 个人投资者和机构投资者

在基金持有人中，由于机构投资者专业度更高，接收信息、处理信息的范围和速度优于个人投资者，所以浮动费率政策在不同投资者中对“费用–业绩”关系的影响效果可能存在差异。参考黄孝武和王雄军（2016）对个人投资者基金和机构投资者基金的分类，将机构投资者持有份额从高到低进行排序，分为 4 组，前 25%记为机构投资者基金样本，后 25%记为个人投资者基金样本，表 10.42 中（1）～（4）列为针对个人投资者和机构投资者基金的分组回归结果。由表 10.42 可知，相比于机构投资者基金，个人投资者基金更需要浮动费率的政策加持来缓解“高费用，低业绩”关系，浮动费率结构在机构投资者中并不能有效发挥激励作用，说明更推荐个人投资者选取浮动费率基金进行投资。

表 10.42 异质性分析——基金持有人

变量	个人投资者		机构投资者		基金管理人非持基		基金管理人持基	
	（1）	（2）	（3）	（4）	（5）	（6）	（7）	（8）
Sharpe	−0.629***		−0.639***		−0.757***		−0.471**	
	（−3.85）		（−3.55）		（−4.97）		（−2.65）	
flo×Sharpe	1.101***		0.171		0.675*		0.230	
	（−4.08）		（−0.53）		（−2.39）		（−0.83）	
Calmar		−0.050***		−0.017*		−0.039***		−0.006
		（−3.89）		（−2.57）		（−6.30）		（−0.65）
flo×Calmar		0.044*		0.0002		0.055**		0.023
		（−2.22）		（−0.01）		（−2.91）		（−1.07）
常数项	−101.400***	−95.720***	4.743**	4.354*	11.080***	10.350***	7.990***	7.985***
	（−6.72）	（−6.29）	（−2.74）	（−2.45）	（−7.39）	（−6.96）	（−4.59）	（−4.40）
控制变量	控制	控制	控制	控制	控制	控制	控制	控制
个体固定效应	控制	控制	控制	控制	控制	控制	控制	控制
时间固定效应	控制	控制	控制	控制	控制	控制	控制	控制
样本数量	707	707	625	625	850	850	739	739
调整后的 R^2	0.494	0.483	0.665	0.660	0.633	0.644	0.551	0.545

注：括号内为 t 值

***表明在 1%水平上显著，**表明在 5%水平上显著，*表明在 10%水平上显著

4. 基金管理人持基

基金管理人持基具有有效的激励效应，正向改善基金业绩水平

（Khorana et al.，2007；滕莉莉等，2013），在基金管理人持基不同比例的情况下，浮动费率政策对报酬激励作用的发挥、委托代理冲突的改善可能存在差异。根据基金管理人持基比例从高到低排序分为三组，前 33%记为“基金管理人持基”组，后 33%记为“基金管理人非持基”组，分组回归结果见表 10.42。由表 10.42 中（5）～（8）列的回归结果可知，浮动费率政策仅在“基金管理人非持基”组的发挥效果显著，有效缓解了基金管理费用与基金业绩的不匹配关系。该异质性分析结果也说明，浮动费率政策对基金管理人的报酬激励效果同基金管理人持基发挥的激励效果相似，二者在缓解基金委托代理冲突上发挥的作用在一定程度上可相互替代。

五、进一步讨论

（一）基金治理的中介效应

表 10.43 呈现了基金治理对费率结构与“费用-业绩”关系的中介效应实证结果。根据前文中介效应的检验条件可知，（1）列、（3）列、（5）列满足α_2、β_2、γ_2显著的条件，且β_2（0.447）的绝对值小于α_2（0.469），说明基金治理在其中充当了部分中介作用，其间接效应大小为$\beta_3\gamma_2 = (-0.048)\times(-0.453) = 0.0217$，说明浮动费率结构通过影响基金治理水平，在一定程度上缓解了“费用-业绩”间的负向关系，验证假设 10.9。

表 10.43　中介效应——基金治理

变量	fee	fee	fee	fee	gov	gov
	（1）	（2）	（3）	（4）	（5）	（6）
Sharpe	−0.604***		−0.493***		2.269***	
	（−9.36）		（−6.26）		（−34.11）	
flo×Sharpe	0.469***		0.447***		−0.453***	
	（−4.04）		（−3.84）		（−3.78）	
Calmar		−0.014***		−0.011***		0.033***
		（−5.01）		（−3.72）		（−9.59）
flo×Calmar		−0.030*		−0.031*		−0.007
		（−2.43）		（−2.51）		（−0.42）
gov			−0.048*	−0.104***		
			（−2.43）	（−5.95）		

续表

变量	fee	fee	fee	fee	gov	gov
	（1）	（2）	（3）	（4）	（5）	（6）
常数项	17.140***	9.070***	17.850***	9.625***	14.600***	5.336***
	（−11.68）	（−11.61）	（−11.94）	（−12.34）	（−9.65）	（−5.48）
控制变量	控制	控制	控制	控制	控制	控制
个体固定效应	控制	控制	控制	控制	控制	控制
时间固定效应	控制	控制	控制	控制	控制	控制
样本数量	3278	2973	3278	2973	3278	2973
调整后的 R^2	0.667	0.651	0.667	0.657	0.343	0.025

注：括号内为 t 值

***表明在 1%水平上显著，　*表明在 10%水平上显著

（二）投资者偏好的中介效应

表 10.44 呈现了投资者偏好对费率结构与“费用-业绩”关系的中介效应实证结果。从（5）列、（6）列可知，浮动费率并没有显著影响基金业绩与投资者申购赎回行为的关系，不存在中介效应，假设 10.10 不成立，说明投资者的申购赎回行为更多地受到基金业绩的影响，基金是否为浮动费率并不影响其对基金进行的操作，说明了基金业绩对基金投资者行为的关键影响（刘洋溢等，2022）。

表 10.44　中介效应——投资者偏好

变量	fee	fee	fee	fee	flow	flow
	（1）	（2）	（3）	（4）	（5）	（6）
Sharpe	−0.604***		−0.500***		0.961***	
	（−9.36）		（−8.46）		（−4.36）	
flo×Sharpe	0.469***		0.430***		−0.400	
	（−4.04）		（−4.06）		（−1.01）	
Calmar		−0.014***		−0.013***		0.009
		（−5.01）		（−5.08）		（−0.98）
flo×Calmar		−0.030*		−0.027*		0.0184
		（−2.43）		（−2.45）		（−0.45）
flow			−0.119***	−0.126***		
			（−21.57）	（−20.70）		

续表

变量	fee	fee	fee	fee	flow	flow
	（1）	（2）	（3）	（4）	（5）	（6）
常数项	17.140***	9.070***	15.810***	7.634***	−10.130*	−10.930***
	（−11.68）	（−11.61）	（−11.79）	（−10.69）	（−2.02）	（−4.23）
控制变量	控制	控制	控制	控制	控制	控制
个体固定效应	控制	控制	控制	控制	控制	控制
时间固定效应	控制	控制	控制	控制	控制	控制
样本数量	3278	2973	3273	2968	3273	2968
调整后的 R^2	0.667	0.651	0.723	0.711	0.242	0.299

注：括号内为 t 值

***表明在 1%水平上显著，*表明在 10%水平上显著

六、结论与启示

本节利用我国 2013～2022 年开放式公募基金的面板数据，探讨了基金管理费率结构对“高费用，低业绩”关系的影响，进而讨论其对改善基金管理人与基金投资者间的委托代理冲突并破解我国“基金赚钱，基民不赚钱”现象的高额管理费用收取怪象的作用，考察浮动费率政策实施对基金管理人报酬激励机制运行的有效性。研究发现，浮动费率确实可以在一定程度上缓解基金管理费用与基金业绩不匹配的程度，改善基金管理人与基金投资者间的委托代理冲突，浮动费率政策在发挥基金管理人报酬激励作用层面具有政策有效性。这一研究结论在进行一系列内生性分析和稳健性检验后依然成立。异质性分析结果发现，浮动费率的政策有效性对不同基金规模的影响存在差异，对于中、大规模的基金而言，浮动费率能够有效缓解“高费用，低业绩”的扭曲关系；浮动费率的政策有效性在基金类型上同样存在差异，对投资风格为平衡型，风险等级为中风险、中低风险的基金更为有效，此时浮动费率更能有效发挥报酬激励作用；另外，针对基金持有人而言，浮动费率在机构投资者持有比例低、基金管理人持基比例低的基金中更能有效发挥作用。进一步研究发现，基金治理对于浮动费率政策的有效性发挥起到了部分中介作用，浮动费率政策通过提高基金的基金治理水平，进而缓解了“费用-业绩”的负向关系；而投资者偏好并不在浮动费率政策的有效性发挥上起到中介作用，浮动费率结构并不能影响投资者的申购赎回行为。

投资者为低业绩基金支付高额管理费用其实是基金委托代理冲突的表

现之一，本节研究结果表明，浮动费率结构确实在改善“高费用，低业绩”关系上发挥了一定的政策有效性，业绩报酬的激励使得基金管理人的利益与投资者利益挂钩，同时降低了基金管理人的道德风险，保护了投资者的利益。这一结论说明了浮动费率结构的积极推出确有其政策必要性。党的二十大报告指出，“探索多种渠道增加中低收入群众要素收入，多渠道增加城乡居民财产性收入”“规范财富积累机制”[①]。对投资者而言，在越来越多的家庭将基金纳入理财选项的背景下，规范基金市场健康运转、推行浮动费率政策的大范围有效实施，在有助于减少投资者成本的同时，对提高居民收入意义重大；对基金管理人而言，浮动费率的有效实施可以约束管理人的不合理收入来源，规范基金管理人的公平合理竞争，顺应中国证券业协会的《证券公司建立稳健薪酬制度指引》的发布推行，健全薪酬激励约束机制，凸显底线公平。

第七节　“治理中的治理”：基金治理与上市公司治理

随着机构投资者的快速发展，其在上市公司治理中扮演着越来越重要的角色。国内外众多相关报道表明随着机构投资者持股比例的上升，其在公司治理中的行为也发生了变化，机构投资者放弃了原有的“华尔街准则”[②]，不再被动地投资于股票，而是奉行股东积极主义，主动参与公司治理，成为公司治理中的一支重要力量。然而理论研究的结论却并非如此一致，许多文献对机构投资者是否参与了公司治理及其程度大小得出了不同的结论。那么是什么决定了机构投资者对于公司治理影响的大小和方向呢？这是否与机构投资者自身的治理状况有关呢？是否机构投资者自身治理状况越好，其投资决策就会越多地考虑上市公司的治理状况呢？更重要地，是否机构投资者自身治理状况越好，其越会积极地参与到公司治理中，对上市公司治理起到改善作用呢？本节以我国市场中机构投资者的代表——证券投资基金为例，对上述问题进行研究和解答。

① 《习近平：高举中国特色社会主义伟大旗帜 为全面建设社会主义现代化国家而团结奋斗——在中国共产党第二十次全国代表大会上的报告》，https://www.gov.cn/xinwen/2022-10/25/content_5721685.htm，2024年10月31日。

② “华尔街准则”是指在20世纪80年代以前的美国资本市场上，机构投资者大多奉行“消极投资”策略，即他们如果对所投资上市公司的治理结构存有异议，他们就会“用脚投票”把股票抛售，而不是主动参与公司治理，在表决中投反对票。

一、文献综述

20 世纪 80 年代以后，随着西方国家上市公司中机构投资者持股比例的上升，其在上市公司中的地位也日渐提高，学者随之开始关注机构投资者在上市公司治理方面的影响。一种观点认为机构投资者具有公司治理效应[①]，其中具有代表性的研究是 Shleifer 和 Vishny（1986）提出的“有效监督假说”，他们认为机构投资者持有上市公司较多的股权，以及监督行为所能够带来的巨大收益，使得机构投资者有动机去监督经理人的行为、规范董事会等权力部门的运作，从而提高公司的治理效率和重大事件的决策质量。之后 Ayres 和 Cramton（1993）也认为机构投资者为了增强自身的影响力和可信度，会主动参与公司治理；Opler 和 Sokobin（1998）、Mizuno（2010）、Aggarwal 等（2011）则从实证角度证实了机构投资者可以改善公司治理状况或提高公司业绩。国内也有研究（石美娟和童卫华，2009）得出了与上述文献相近的结论。

另一种观点则与上述机构投资者具有公司治理效应这一观点完全相反，如 Pound（1988）提出的“利益冲突假说”和“战略同盟假说”认为，机构投资者可能与其持股公司存在业务关系，或者可能会与其所持股公司的管理层结成互利的同盟，从而降低了机构投资者参与公司治理、监督管理层的积极性；Coffee（1991）进一步指出，在公司经营困难业绩下滑时，机构投资者往往更倾向于出售所持股份，而不会花时间和成本履行监督职能去促使管理者改变经营策略。之后 Graves（1988）则发现，机构投资者的业绩支付是以季度或年度为标准的，这使得他们更多地关注短期利益，无暇考虑公司的长期价值；Suto 和 Toshino（2005）证实了机构投资者偏好短期投资，且存在羊群行为，并没有起到其作为公司股东所应有的改善公司治理的作用；Hamdani 和 Yafeh（2013）发现机构投资者极少对管理层的提案投反对票，即使法律赋予了中小股东更多的权利。国内也有学者提出了与上述文献相近的观点，如常巍和贝政新（2002）强调机构投资者本身也只是大众投资的一个代理机构，并不是资产的实际持有人，他们是否有动力关注公司的长期治理效率还有待商榷；张高擎和廉鹏（2009）发现在股权分置改革方案投票过程中，机构投资者通过将其持有的可转债转股，控制股改投票权，诱使大股东合谋，侵占其他中小股东利益。

随着上述对公司治理理论和实证研究的推进，学者也开始关注机构投

---

① 机构投资者的公司治理效应即机构投资者不仅积极参与到上市公司治理过程中，而且对上市公司治理起到了改善性作用。

资者治理，特别是有关基金治理方面的研究。Ou-Yang（2003）分析了委托代理框架下连续期间投资人和基金管理人的合约问题，构建了封闭式基金的最优激励合同；Do 等（2005）从激励和约束机制角度，发现基金收益与激励和约束费用都显著相关；Radin 和 Stevenson（2006）对比了公司治理与基金公司治理，发现基金公司治理结构的特殊性导致了董事会的权力被削弱，并给出了强化董事会职能的建议；Kong 和 Tang（2008）则发现董事会具有较高独立性的基金公司倾向于收取较高的费用。对于中国的基金治理问题，有学者从基金公司的层面进行了研究，发现基金公司的股权结构因素对基金绩效有影响，存在谋求绩效最大化的“最优股权结构”（李学峰和张舰，2008），以及提高董事会效率对基金公司治理机制的重要性（Tam and Yu，2011）。还有学者从基金层面进行了研究，分析了基金费率结构对基金业绩的影响（彭振中等，2010），揭示了我国证券投资基金的隐性激励问题（李学峰等，2011）[①]，以及通过构建衡量基金治理效率的指标体系，证实了市场竞争对基金治理的影响（李学峰等，2012）。

由上述文献回顾可知，一方面，已有研究对机构投资者的公司治理效应还存在分歧；另一方面，当前对基金治理的研究还刚刚起步，且正如 Ferris 和 Yan（2007）所指出的，对共同基金的大量研究关注的都是基金自身业绩而非治理问题。特别是，鲜有文献将基金治理和公司治理联系起来研究基金治理对公司治理的影响。这表明，要深化对基金治理的研究，需要打开机构自身治理这一“黑匣子”；而要厘清机构投资者的公司治理效应，则需要进一步考察基金治理对公司治理的影响。将上述二者结合到一起，即构成了本节的研究主题：基于基金治理的角度考察其对上市公司治理的影响。

本节的主要贡献在于：第一，从“治理对治理”这一新的视角，研究了基金治理对上市公司治理的影响，从而更好地把发展机构投资者和进一步改善上市公司治理这两个重要的看似不相关的问题结合在一起，推进了有关理论研究的深化和拓展，并为相关政策的制定提供了新的思路；第二，构建了针对单个公司而言的基金治理效率这一指标，并将这一指标作为将基金治理和公司治理联系起来的纽带，使得从基金和上市公司这一视角研究“治理中的治理”得以实施。此外，本节对已有的衡量契约型基金治理的指标[②]进行了完善，并在实证检验中通过 B-样条基展开的分位数回归方法，对基金治理与公司治理的研究进行了较好的分析。

---

① 详见本章第四节。

② 正如我们之前各章所指出的，目前国内外文献大多是对公司型基金或基金公司治理问题的研究，而本节则在部分层面使用了本节所设计的契约型基金治理的指标（详见本节第三部分的有关内容）。

二、研究假设的提出

对于包括证券投资基金（以下简称基金）在内的机构投资者的角色定位，有“价值发现者”和“价值创造者”两种观点（李蕾和韩立岩，2014）。机构投资者作为“价值发现者”，在投资之前会对目标公司进行详尽的基本面分析以发现公司的价值（或潜在价值）所在，并形成自己的持股选择和投资组合。现有研究得出的一个共识，就是公司治理越好越有利于公司业绩的提升以及对投资者权益的保护。换言之，公司治理的优劣是影响公司基本面好坏并进而影响公司潜在价值的一个重要因素。那么，具有价值发现功能的基金，势必会对上市公司治理效率给予一定的关注。进一步看，当机构投资者专业化程度更高时，为了最大化基金持有人的收益，可能会凭借其具有丰富投资者经验和专业知识的团队，成为其所持股上市公司的“价值创造者”，积极参与到上市公司治理的各个方面，改善公司治理，提升公司治理效率。虽然已有文献对机构投资者的公司治理效应还存在分歧和争论，但治理效率高的基金由于对持有人更为负责，专业性程度更高（Jackowicz et al.，2012），也就会对其投资标的——上市公司的质量、运作和治理更为关注，因此，理论上会在改善公司治理、提升公司价值方面起到更为显著的作用；而治理效率较低的基金，则更可能忽视上市公司的治理效率。

以上分析表明，理论上，基金治理与上市公司治理之间可能存在一定关系，但衡量公司治理的指标较多，基金治理在影响公司治理的过程中，可能会对公司治理中某些指标关注度较高，从而存在“偏好关注”的特点。因此，为探究基金治理状况对于上市公司治理状况的影响，本节提出如下假设。

假设 10.11：基金治理与上市公司治理之间可能存在一定关系，并且当基金参与上市公司治理过程时，存在“偏好关注”的特点。

如果基金治理效率对上市公司治理效率确实存在影响，那么不同的基金可能会对公司的治理效率产生不同的影响。具体而言，基金治理效率较低时，其专业化程度较低，也就没有多余的能力和精力参与公司治理并为其创造价值。在这种情况下，为提高本身的业绩和最大化持有人的利益，基金可能会倾向于选择持有治理效率较高的上市公司的股票，从而可能导致基金治理效率和上市公司治理效率之间的负相关性，即基金偏向于作为“价值发现者”的角色（丘彦强和许林，2019）。而随着基金治理效率的提高，其专业化程度也会更高，就会出于对投资者更加负责的目的而更加注重所投资上市公司的经营状况，并凭借其优秀的管理团队和丰富的投资经验主动参与并提高公司的治理效率。此时，公司治理效率就会受到基金治理效率的影响而得到进一步的改善和提升，进而提升公司价值，推升股价，最大化基金持有人的利益，即当基金治理效率更高时，基金更偏向于作为“价值创造者”（曾志远等，2018）。基于以上分析，提出假设 10.12。

假设 10.12：随着基金治理效率由低到高的变化，公司治理效率与基金治理效率之间可能存在非线性关系。

进一步看，当公司治理效率较低时，基金由于短视可能会对该公司的股票进行投资（曾凌和苗文龙，2017），但其更为关注的是直接影响基金投资收益的因素，如公司短期内出现的某种创利机会，甚至是公司具有的某个热点“题材”，而对背后影响公司治理因素的关注度并不高，因而也不会主动参与到公司治理当中，导致基金治理与公司治理的相关程度较低。但随着上市公司治理效率的提升，基金为获取更大的收益或保护自己有价值的权益，就会积极参与公司治理，从而使基金治理与公司治理的相关程度变大。也就是说，当公司治理效率较低时，公司治理效率受到基金治理效率的影响较小，而随着公司治理效率的提高，其受基金治理效率的影响会逐渐增加。基于以上分析，提出假设 10.13。

假设 10.13：在不同公司治理效率下，基金治理效率对公司治理效率的影响具有异质性，即公司治理效率较低时，公司治理效率受到基金治理效率的影响相对较小；而公司治理效率较高时，公司治理效率则会受到基金治理效率的较大影响。

三、变量定义与研究方法

（一）变量定义

1. 上市公司治理的指标

Miller（1997）认为，公司治理就是要解决委托代理契约关系中的“激励-约束”机制问题。Armstrong 等（2012）发现，治理状况越差的公司，CEO 薪酬往往越高；Yeh 等（2012）认为，关联交易反映公司的治理状况，关联交易越多说明公司治理状况越差；Allayannis 等（2012）认为，公司价值最终反映了公司治理的综合效果。将上述研究应用到我国的情况，并结合冯根福（2004）所提出的双重委托代理理论[①]，高管薪酬可以反映我国上市公司中的第一类代理问题，即公司股东与管理者之间的代理冲突；关联交易则可以反映第二类代理问题，即大股东对中小股东的“掠夺”（余明

---

① 即将公司治理中的委托代理问题划分为第一类代理问题——公司股东与管理者之间的代理冲突，以及第二类委托代理问题——大股东对中小股东的“掠夺”。

桂和夏新平，2004）①。据此，在公司治理的委托代理问题方面可选取高管薪酬（Pay，具体为前三名高管薪酬之和）和关联交易额（Tran，具体为当年所有关联交易的总额）作为衡量指标，以便将第一类委托代理问题和第二类委托代理问题都考虑在内，并在公司价值方面选取托宾 Q 值（TB_Q）作为公司治理效果的综合衡量指标。

2. 基金治理的指标

就基金治理的衡量指标而言，由于国外的基金大多为公司型基金，其衡量基金治理的指标中，股东结构和董事会特征占很大权重；但我国的公募基金为契约型基金，其本身并不存在股东结构和董事会的问题，因此需要构建一个适合衡量契约型基金治理的指标体系。鉴于基金治理问题就是解决基金持有人与基金管理人之间的委托代理关系问题，本节参考了李学峰等（2012）的方法②，并进行了如下完善：①根据任颋和邵景丽（2012）的观点，基金经理更替频率会对基金的行为与风险收益产生影响，即团队的稳定性会影响基金经理对投资组合的构建与调整，从而影响持有人的利益，因此将团队稳定性纳入基金治理指标中；②理论上看，基金单位净值、净资产收益率等指标已经涵盖了股票交易收益率的因素，因此，本节剔除了李学峰等（2012）方法中股票交易收益率这个指标。综上，将基金绩效、对持有人的保护情况以及团队稳定性都考虑在内，选取如表 10.45 所示的指标，用以对基金治理效率进行衡量。

表 10.45　基金治理指标选取

输入指标名称	符号	输入指标名称	符号
基金单位净值	P	经营业绩同比增长率	Pfg
管理费用收益比	Fer	净资产收益率	ROE
团队稳定性	Sta	夏普比率	Sharpe
基金资产负债比率	Dar	基金单位净收益	Fdearm

注：夏普比率=(平均报酬率－无风险报酬率)/标准差=(净值增长率的平均值－银行同期利率③)/净值增长率的标准差；基金单位净收益=当期净利润/基金总份额；净资产收益率=当期净利润/所有者权益；经营业绩同比增长率=(当期基金经营业绩—上一期基金经营业绩)/上一期基金经营业绩；基金资产负债比率=负债/总资产；管理费用收益比=管理人报酬/当期净利润；团队稳定性系数由 Wind 资讯测算并直接提供

① 中国证监会于 2002 年发布了《上市公司治理准则》。其中的第一章和第五章分别就关联交易和高管薪酬做了规定，以监管规则的方式确认了二者是公司治理的两个重要方面。

② 各指标的选取依据见本书第三章。

③ 基金夏普比率的计算方式自夏普教授发明该指标至今，惯例上即是使用市场同期利率，考虑了变动情况。

根据表 10.45 的内容，采用数据包络分析（data envelopment analysis，DEA）法来衡量基金的治理效率[①]，再按照基金持股比例的衡量指标，对样本基金进行排序，选取排名前 10 的基金治理效率的平均值代表每个上市公司对应的基金治理效率。据此，构建如下指标：

$$\mathrm{SW}_{i,t}=\frac{1}{n}\sum \mathrm{FS}_{i,t} \qquad (10.91)$$

其中，$\mathrm{SW}_{i,t}$ 为上市公司 i 在第 t 期对应的基金治理效率；$\sum \mathrm{FS}_{i,t}$ 为第 t 期持有 i 公司股票比例前 10 名的基金治理效率的总和。

3. 控制变量

本节选择基金持股比例作为控制变量与基金治理效率相配合，以体现基金持股对上市公司治理效率的影响。根据已有文献（隋静等，2016）从董事会特征方面对上市公司治理效率影响方面进行分析，本节选择了高管持股比例、第一大股东持股比例、独立董事比例对上市公司董事会结构进行表征，并将其作为控制变量。目前的已有文献表明，上市公司的财务状况会对高管薪酬、关联交易额以及上市公司价值产生显著的影响，因此，为控制上市公司财务状况对所选取的上市公司治理效率指标的影响，本节选择流动比率、总资产周转率、净利润增长率、资产负债率以及企业规模作为控制变量，并将行业和年份也纳入控制变量。各变量名称及其描述见表 10.46。

表 10.46 变量选择

变量性质	变量名称	变量符号	变量描述
被解释变量	高管薪酬	Pay	前三名高管薪酬之和的自然对数
	关联交易额	Tran	关联交易额的自然对数
	托宾 Q 值	TB_Q	(每股价格×流通股份数＋每股净资产×非流通股份数＋负债账面价值)/总资产
解释变量	基金治理效率	SW	—
控制变量	基金持股比例	Fund_holdpro	基金持股数量/总股本
	第一大股东持股比例	X1_Holdpro	第一大股东持股数量/总股本
	高管持股比例	SES	高管持股数量/总股本
	独立董事比例	Dir	独立董事人数/董事会总人数
	流动比率	Currt	流动资产/流动负债

① 限于篇幅，这里省略了 DEA 法的具体步骤。

续表

变量性质	变量名称	变量符号	变量描述
控制变量	总资产周转率	Totassrat	营业收入净额/平均资产总额
	净利润增长率	Netprfgrrt	(前一期利润－当期利润)/前一期利润
	资产负债率	AssLisbRatio	总资产/总负债
	企业规模	Size	流通市值的自然对数
	行业	Industry	按照国民经济行业分类标准，剔除金融业，用 19 个虚拟变量表示
	年份	Year	8 个年份

（二）线性回归模型

如果以变量 y_1 表示高管薪酬，y_2 表示上市公司的关联交易额，y_3 表示上市公司的公司价值，用 SW 表示基金的治理效率，其余控制变量用 x 表示，则可以建立如下线性回归模型：

$$y_{q,i} = a_0 + a_1 \mathrm{SW}_{i,t} + \sum_{n-1}^{N} \beta_n x_{n,i}, \quad q = 1,2,3 \tag{10.92}$$

在其他条件相同（给定解释变量和控制变量 x）的情况下，模型（10.92）可用以揭示基金治理效率 SW 对公司治理效率 y 的线性影响模式。模型（10.92）用于验证假设 10.11，即基金治理是否对公司治理有影响且存在“偏好关注”。

（三）基于 B-样条基展开的非线性分位数回归模型

由于样本分散性较大，线性回归模型只能揭示基金治理效率和上市公司治理效率之间的线性关系，不能在更多的维度上对两者间的关系进行分析。鉴于此，为揭示基金治理效率与上市公司治理效率之间更为复杂的关系，即检验基金治理效率对上市公司治理效率的异质非线性影响，本节构建了一个局部非线性分位数回归模型，通过局部非线性部分，刻画基金治理效率对上市公司治理效率的非线性影响，以便对假设 10.12 进行检验；同时，通过分位数回归方法，刻画基金治理效率对上市公司治理效率在不同分位点处的异质性影响，来对假设 10.13 进行检验。

1. 非线性分位数回归模型

建立非线性回归模型，首先是建立二次模型，对基金治理效率和上市公司治理效率之间进行简单的非线性分析，之后再通过寻找更高次函数的模型，对两者之间的关系进行刻画。在实际建模过程中，对未知SW的高次函数的处理，可以采取两种不同方案：一是具体给出未知SW的高次函数的表达形式，进行参数分位数回归分析；二是不给出未知SW的高次函数的具体表达形式，进行非参数非线性的回归分析。在对高次函数进行非参数估计时，本节使用B-样条基函数展开的方式，对关于SW的未知函数的函数形式进行近似，即引入B-样条基函数来平滑非线性函数。如上分析，建立二次非线性分位数回归模型和B-样条基非线性分位数回归模型：

$$y_{q,i}(\tau)=a_0(\tau)+a_1(\tau)\mathrm{SW}_i+a_2(\tau)\mathrm{SW}_i^{\ 2}+\sum_{n-1}^{N}\beta_n(\tau)x_{n,j},\quad q=1,2,3 \tag{10.93}$$

$$y_{q,i}(\tau)=\sum_{m-1}^{M+1}a_m(\tau)B_{m,p}(\mathrm{SW}_i)+\sum_{n-1}^{N}\beta_n(\tau)x_{n,j},\quad q=1,2,3 \tag{10.94}$$

其中，$\alpha_m(\tau)$与$\beta_n(\tau)$为待估计的参数，$m=1,2,\cdots,M+1$，$n=1,2,\cdots,N$；$B_{m,p}(\mathrm{SW})$为第m个分段多项式并且阶为p的 B-样条基函数；$\tau(0<\tau<1)$为分位点；$y_{q,i}(\tau)$为在给定条件SW与x已知时响应变量y_q的τ分位数。未知SW_i的高次函数可以揭示基金治理效率SW对公司治理效率的边际影响，并且这一影响效果可能存在异质性，即在不同分位点处的影响程度不同。

2. 模型估计

对式（10.93）中的参数$\theta(\tau)=\left(a_0(\tau),a_1(\tau),\cdots,a_M(\tau),\beta_1(\tau),\cdots,\beta_N(\tau)\right)'$，可以通过求解优化问题得到：

$$\hat{\theta}(\tau)=\arg\min_{\theta}L_r(\theta)\equiv\arg\min_{\theta}\sum_{i=1}^{I}\rho_r(u_i)\equiv\arg\min_{\theta}\sum_{i=1}^{I}\rho_r\left(y_i-Q_{yi}(\tau\mid\theta)\right) \tag{10.95}$$

其中，$a_0(\tau),a_1(\tau),\cdots,a_M(\tau)$为关于SW的未知函数中的参数，如式（10.93）中的$a_0(\tau),a_1(\tau)$，以及式（10.93）中的$a_0(\tau),a_1(\tau),a_2(\tau)$；$\rho_\tau(u_i)=u_i\times\left(\tau-1(u_i<0)\right)$为非对称损失，其中$1(u_i<0)$为指示函数。

3. 模型检验

对式（10.93）和式（10.94）所示的分位数回归模型，需要进行两个检验：第一，回归系数显著性检验，采用马尔可夫链边际自举的方法给出回归系数标准差，实现对$H_0:\theta(\tau)=0$的检验。如果式（10.93）中的$a_2(\tau)$显著不为0，或者式（10.94）中$a_0(\tau),a_1(\tau),\cdots,a_M(\tau)$至少有一个不为0，则表明非线性效应成立，支持假设10.12。第二，回归系数同质性检验，即回归系数不随分位点变化而变化。使用 Koenker 和 Bassett（1978）的 Wald

类检验统计量，检验 $H_0: a(\tau_i) - a(\tau_j) = 0$ 。如果 Wald 类检验统计量显著，则认为存在异质效应，支持假设 10.13。

（四）样本选择

本节选取 2010～2017 年的全部 A 股上市公司的年度财务数据作为研究样本（数据来源于 Wind 数据库）。为减少数据误差对本节研究的影响，对初始样本进行如下处理：①剔除数据缺失的样本；②为避免极端值或者异常值的影响，对财务数据进行了 1%水平的缩尾处理；③剔除了金融业、保险业的样本。本节样本选取的合理性在于：首先，样本容量较大，反映了几乎所有 A 股上市公司的财务状况与治理状况，避免了样本选择的不全面性；其次，样本时间跨度较长，涵盖了完整的市场周期波动对治理问题的影响。

本节解释变量所需的以基金为代表的机构投资者持有上市公司股份的详细数据，以及基金的详细指标均来源于 Wind 数据库。根据基金治理效率的定义，本节对基金样本的选取进行了如下处理：①为检验基金对所持上市公司的影响，剔除了非主动管理型基金，并选取了股票型基金以及混合型基金；②本节主要检验国内基金对国内上市公司所产生的影响，因此剔除了 QFII 基金以及 QDII 基金；③一般而言，产业基金会为上市公司创造价值（庞家任等，2018），为避免产业基金与公募基金所创造的价值产生紊乱，本节剔除了产业基金；④为避免极端值或者异常值的影响，对基金各个指标数据进行了 1%水平的缩尾处理。

四、实证结果

（一）描述性统计

本节对上市公司年度财务数据进行了描述性统计，具体结果见表 10.47。此外，将基金治理效率按照从小到大进行排列分组，对每组中对应的上市公司治理效率指标，即高管薪酬、关联交易额和托宾 Q 值进行描述性统计，结果见表 10.48。

表 10.47　变量的描述性统计结果

变量	均值	标准差	最大值	中间值	最小值
Pay	14.265	0.626	16.166	14.254	12.654
Tran	20.210	2.316	25.081	20.517	7.647
TB_Q	2.089	1.654	10.489	1.637	0.083

续表

变量	均值	标准差	最大值	中间值	最小值
Fund_holdpro	0.057	0.082	0.444	0.022	0
X1_Holdpro	35.641	14.284	74.96	34.04	9.087
SES	0.064	0.133	0.791	0	0
Dir	0.371	0.055	0.570	0.330	0.330
Currt	2.233	1.820	12.494	1.654	0.328
Totassrat	0.606	0.383	2.454	0.518	0.081
Netprfgrrt	0.211	4.671	40.658	−0.033	−35.921
AssLisbRatio	0.424	0.194	0.855	0.419	0.051
Size	22.636	0.849	25.141	22.584	20.348

表 10.48　基金治理效率变量与公司治理变量之间可能存在的关系

SW 分组	样本数量	Pay			Tran			TB_Q		
		均值	中位数	标准差	均值	中位数	标准差	均值	中位数	标准差
[0.1,0.2)	8	14.17	14.09	0.46	20.43	21.14	2.59	2.10	2.18	1.08
[0.2,0.3)	166	14.13	14.11	0.58	19.83	20.20	2.15	2.53	1.92	2.08
[0.3,0.4)	1 546	14.22	14.09	0.63	19.82	20.10	2.24	2.40	1.86	1.87
[0.4,0.5)	5 044	14.27	14.25	0.62	20.12	20.44	2.36	2.22	1.76	1.73
[0.5,0.6)	3 906	14.34	14.33	0.63	20.31	20.63	2.33	2.00	1.54	1.66
[0.6,0.7)	1 044	14.26	14.22	0.58	20.26	20.53	2.29	1.91	1.48	1.58
[0.7,0.8)	310	14.17	14.17	0.63	20.05	20.37	2.17	1.89	1.41	1.58
[0.8,0.9)	69	14.03	14.06	0.63	20.11	20.62	2.23	1.95	1.73	1.41
[0.9,1.0]	49	14.19	14.16	0.62	20.46	21.00	2.30	2.09	1.73	1.58
总体	12 142	14.27	14.25	0.63	20.15	20.46	2.33	2.14	1.66	1.72

从表 10.48 可以看出，基金治理效率小于 0.6 的数据占了 88%，表明大部分基金的治理效率相对偏低，也初步印证了有关文献所发现的我国基金治理效率较低的结论（高长海，2012）。从上市公司治理指标可以看出，高管薪酬和关联交易额无论从均值还是中位数的角度，均未随基金治理效率的增加而出现明显的趋势性变化，因此可初步认定，基金治理效率对高管薪酬和关联交易额没有显著的影响。但随着基金治理效率由低向高的提升，上市公司托宾 Q 值无论从均值还是中位数的角度，都呈现出先减少后增加的趋势。这表明，较低的基金治理效率与上市公司的价值具有显著的负相关关系，但随着基金治理效率的提高，基金对上市公司的价值具有促

进作用。也就是说，上述描述性统计的结果初步支持了假设 10.11 和假设 10.12，即基金治理与上市公司治理之间可能存在一定关系，但基金对上市公司的治理具有“偏好关注”的特性，表现为基金治理效率对第一类委托代理和第二类委托代理不存在影响关系，而对上市公司价值存在一定关系，且后一种关系为非线性关系。

（二）实证结果分析

1. 基金治理效率对上市公司治理效率的线性影响

为检验基金治理效率和上市公司治理效率之间的关系，本节采用了线性回归模型方法并使用基金治理效率、基金持股比例对上市公司的治理效率进行回归。估计结果呈现在表 10.49 中。

表 10.49　线性模型回归结果

变量与指标	Pay			Tran			TB_Q		
SW	0.059 （1.02）		0.040 （0.64）	0.317* （1.77）		0.223 （1.25）	−0.950*** （−6.35）		−0.788*** （−5.40）
Fund_holdpro		0.093 （1.25）	−0.440 （−0.87）		−2.500*** （−10.96）	−2.486*** （−10.89）		4.313*** （23.10）	4.260*** （22.85）
控制变量	是			是			是		
年份固定效应	是			是			是		
R^2	0.25	0.25	0.25	0.54	0.54	0.54	0.41	0.44	0.44
AIC	15 470.3	15 469.8	15 471.5	37 197.7	37 081.1	37 081.5	33 704.7	33 224.4	33 197.2

注：括号内为 t 值

***表明在 1%水平上显著，*表明在 10%水平上显著

对比表 10.49 中 Pay 对应的三列回归结果和 Tran 对应的三列回归结果可以看出，基金的治理效率对上市公司的高管薪酬没有显著影响，也就是说，基金在治理效率方面对于该类委托代理问题并没有起到明显的监督与改善作用，而是可能采取了默许或者忽视的态度。但是基金治理效率对托宾 Q 值的回归结果则显示，基金治理效率与上市公司的价值存在显著的负向关系，表明基金从整体来看没有价值创造功能，不能使上市公司的价值有所提升，只能持股公司价值已经较高的上市公司，通过价值较高公司股价的稳定上升来使基金净值走高，直接影响基金的投资业绩。换言之，从整个基金市场来看，基金本身的治理效率与上市公司价值呈现出显著的负向关系，也就是说基金在选择上市公司持股时，普遍扮演的是“价值发现

者”的角色。综上所述，基金治理对上市公司的治理存在“偏好关注”，并且从整体来看，基金治理在对上市公司价值的作用上扮演着“价值发现者”的角色，从而支持了假设 10.11。

通过比较托宾 Q 值回归结果中的 R^2 和 AIC 值可以看出，考虑了基金治理效率和基金持股比例的线性模型的拟合优度较高，且 AIC 值较低，表明考虑了基金治理效率和基金持股比例的线性模型，对基金治理效率与托宾 Q 值之间关系的回归结果较为准确。从表 10.48 则可以看出，每一组基金治理效率都对应着大量的托宾 Q 值，因而简单使用线性回归得出的结论不能对基金治理效率与上市公司价值之间的关系进行全面的考量。鉴于此，本节进一步使用 B-样条基分位数模型对基金治理效率和上市公司价值之间的关系进行讨论。

2. 进一步分析基金治理效率对上市公司价值的非线性影响

为更准确地衡量基金治理效率（SW）与上市公司价值（TB_Q）的关系，图 10.5 给出了基金治理效率对上市公司价值的散点图分析、线性回归分析、局部加权散点图平滑（locally weighted scatterplot smoothing，LOWESS）与 B-样条基回归分析。由于上市公司价值的分散度较大，因此将图 10.5 中三条回归线同时放在图 10.6 中。

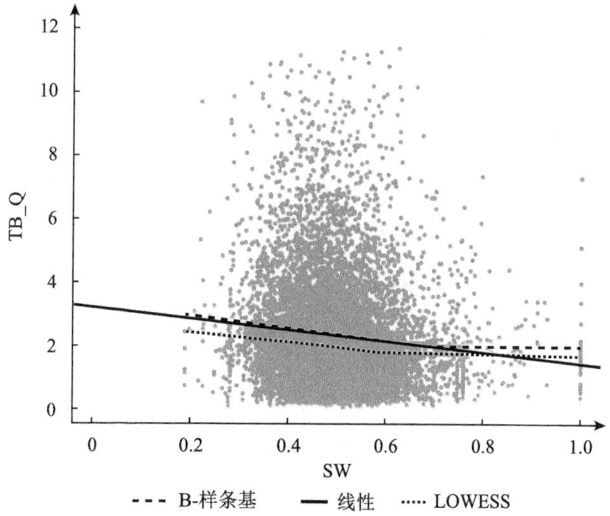

图 10.5　SW 对 TB_Q 的拟合曲线（包含散点图）

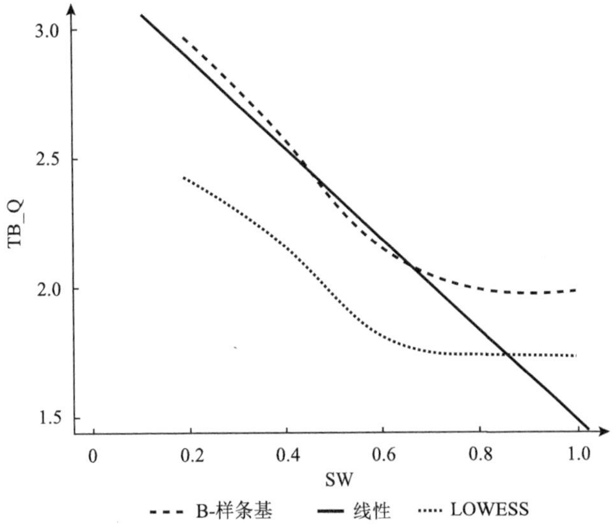

图 10.6　SW 对 TB_Q 的拟合曲线（不包含散点图）

从图 10.5 可以看出：①在每一个基金治理效率下，都对应大量的 TB_Q（上市公司价值），有着较大的分散性，表现出异质性，初步接受假设 10.12；②随着基金治理效率的增加，很难使用简单的线性回归模型来判断上市公司价值的变动趋势。从图 10.5 中的三条回归线可以看出，这三条线对整个散点图的拟合能力较弱。将回归线单独显示并放大，得到图 10.6。

从图 10.6 中的三条回归线可以看出：①基于线性回归的拟合线与非线性回归的拟合线的差异较大，而基于非参数的 LOWESS 的拟合线形状与基于 B-样条基的非参数回归的拟合线形状较为接近。因此，从非线性函数的拟合结果来看，基金治理效率对上市公司价值的影响是非线性的，初步接受假设 10.12；②从非参数的拟合线可以看出，当基金治理效率小于 0.6 时，基金治理效率与上市公司的价值具有负相关关系；当基金治理效率大于 0.6 时，随着基金治理效率的提高，上市公司的价值呈现出平稳或略上升趋势。因此，初步可以认定，不同区间内的基金治理效率对上市公司价值有不同的影响。

为进一步准确地验证基金治理效率对上市公司价值影响的非线性和异质性，该部分使用线性分位数模型、二次非线性分位数模型以及 B-样条基展开的分位数模型，对基金治理效率（SW）与上市公司价值（TB_Q）之间的关系进行回归。限于篇幅，表 10.50 只报告了 τ=0.1,0.5,0.9 三个分位点处的估计结果，并且对每个回归结果进行了 Wald 检验。结果呈现在表 10.50 中。

表 10.50　线性模型、二次模型与 B-样条基的非线性模型的回归结果比较

变量与指标	模型（10.92）			模型（10.93）			模型（10.94）		
	τ=0.1	τ=0.5	τ=0.9	τ=0.1	τ=0.5	τ=0.9	τ=0.1	τ=0.5	τ=0.9
SW	−0.468*** （−15.72）	−0.917*** （−11.28）	−1.466*** （−4.25）	−2.229*** （−5.58）	−5.915*** （−10.82）	−13.464*** （−11.18）	模型中的 B-样条基回归系数都显著***		
SW^2				1.661*** （4.55）	4.599*** （9.30）	10.508*** （10.88）			
Fund_holdpro	1.872*** （14.43）	3.269*** （16.19）	5.021*** （6.62）	1.929*** （13.95）	3.517*** （17.65）	5.029*** （7.00）	1.924*** （14.04）	3.517*** （17.47）	5.159*** （6.98）
控制变量	是			是			是		
年份固定效应	是			是			是		
Wald 检验	$Pr<2.2\times10^{-16}$			$Pr<2.2\times10^{-16}$			$Pr<2.2\times10^{-16}$		
AIC	34 734.7	39 053.7	53 985.7	34 696.5	38 935.5	53 810.5	34 697.8	38 923.1	53 805.9

注：括号内为 t 值

***表明在 1%水平上显著

本节使用 AIC 指标对模型进行选择。表 10.50 中关于线性模型、二次模型以及 B-样条基的非线性模型的 AIC 值表明，模型（10.94）优于模型（10.93），模型（10.93）优于模型（10.92）。同时，二次模型的估计结果显示，无论在哪个分位点处，SW^2 的回归系数都大于 0。这表明，二次曲线的开口向上，呈现出“U”形特征，接受假设 10.12，即基金治理效应与上市公司价值存在非线性关系。此外，B-样条基的模型（10.94）也得出了相同的结论。

从表 10.50 中的回归系数中可以看出，无论是模型（10.92）还是模型（10.93），在不同分位点处的回归系数均存在较大的差异。从 SW 的回归结果可以看出，在模型（10.92）中，其系数的绝对值随着分位数的增加而逐渐增大。同样，模型（10.93）中的二次项回归系数的绝对值也随着分位数的增加而显著增加。这一结果表明，基金治理效率对上市公司价值存在异质性影响。本节对于这一结论使用了 Wald 检验来判断其异质性是否真实存在。在线性模型、二次模型和 B-样条基的模型中，选取几组不同的分位点组：$(\tau h,\tau k)=(0.1,0.3),(0.3,0.6),(0.6,0.9)$。Wald 检验结果在 1%显著水平下拒绝了回归系数同质性的原假设，表明回归系数存在明显的异质性，从而接受假设 10.13。

根据 B-样条基非线性分位数模型的回归结果，对基金治理效率与上市公司价值关系之间的影响曲线在 0.1、0.5 和 0.9 分位点处进行拟合，拟合的曲线见图 10.7。从图 10.7 可以看出，首先，曲线呈现出“U”形特征，表明随着基金治理效率的增加，对上市公司价值的影响先下降，到达一定位置后转而上升。在拟合曲线的最低点对应的基金治理效率位置处，基金在上市公司中扮演的角色发生了实质性的变化，即由“价值发现者”转变为“价值创造者”。其次，不同分位点处曲线的弯曲程度不同，即分位数越高的拟合曲线，弯曲程度越大。这表明，当基金治理效率较低时，上市公司价值越高越能吸引基金去选择并且持有该高价值公司的股票，从而使两者之间呈更为显著的负相关关系；而当基金治理效率较高时，上市公司价值越高则越能吸引基金去参与公司治理并进一步提高公司的价值，从而导致两者之间存在显著的正相关关系。最后，不同分位点对应的拟合曲线的拐点不同，0.1 和 0.5 分位点的拟合曲线拐点没有较大的差异，而 0.9 分位点拟合曲线的拐点右偏，拐点所对应的SW 值较大。这表明，上市公司价值越高时，基金治理效率越高才能提升其价值。综合以上对基金治理效率与上市公司价值之间的“U”形关系、弯曲程度和拐点位置的分析，可以看出，基金治理效率对上市公司的价值呈现出明显的“分位数效应”，即不同分位点处的基金治理效率的影响不同，从而接受假设 10.13。

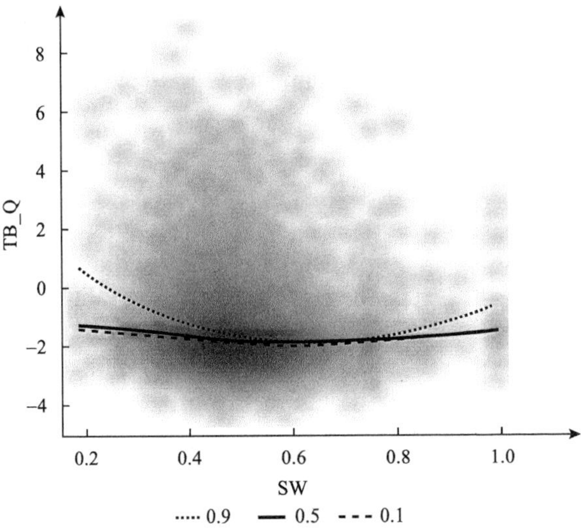

（a）包含散点图

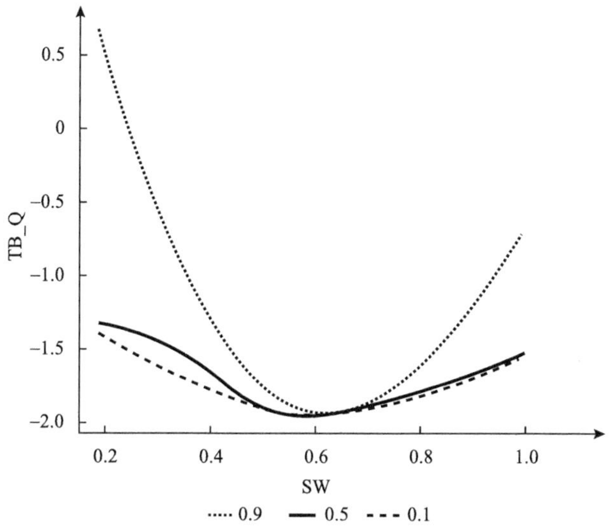

（b）不包含散点图

图 10.7 SW 对 TB_Q 的影响

进一步的研究可得到上市公司价值在不同分位点处的基金治理效率对 TB_Q 的平均影响系数（表 10.51）。表 10.51 呈现了在不同分位数下的平均影响系数和拐点。首先，从不同的分位点处的拐点可以看出，随着上市公司价值的增加，能够对上市公司价值起到促进作用的基金治理效率也随之增加，但拐点处对应的基金治理效率不存在较大差异，即开始表现为“价值创造者”的拐点处基金治理效率在 0.6 左右。其次，对平均影响系数进行横向比较可以看出，拐点前的平均影响系数显著为负，表明基金治理效率与上市公司价值之间存在显著的负相关关系，即基金治理效率越低，越会选择上市公司中价值较高的股票进行持有。此时，基金扮演的是“价值发现者”。而随着基金治理效率的增加，基金治理效率与上市公司价值之间的影响系数下降，意味着基金随着其治理效率的升高，所选择的上市公司价值降低，即基金更加偏向去选择价值较低但可以通过治理得到改善的公司，从而导致负的影响系数降低。从拐点后的平均影响系数可以看出，基金治理效率与上市公司价值呈显著的正相关关系，表明基金治理效率越高，越会积极地参与到公司治理的各个方面，改善公司治理，提升公司价值。此时，基金扮演的是“价值创造者”。最后，通过上市公司价值不同分位点处的平均影响系数的比较可以看出，基金治理效率无论在拐点前还是在拐点后，都普遍与价值较高的上市公司的关系较大。也就是说，无论基金作为“价值发现者”还是“价值创造者”，都更偏好于价值较高的上市公司。

表 10.51　不同分位点处基金治理效率对 TB_Q 的平均影响系数及其拐点

分位点	平均系数（拐点前）	拐点	平均系数（拐点后）
0.1	−0.622*** （−38.56）	0.5942	0.047*** （10.30）
0.2	−0.772*** （−42.92）	0.5964	0.207*** （36.92）
0.3	−0.938*** （−50.89）	0.5990	0.425*** （76.19）
0.4	−1.025*** （−44.13）	0.6002	0.462*** （109.70）
0.5	−1.155*** （−55.49）	0.6030	0.412*** （36.95）
0.6	−1.442*** （−95.09）	0.6024	0.482*** （48.11）
0.7	−1.703*** （98.64）	0.6122	0.751*** （140.69）
0.8	−1.766*** （−83.07）	0.6130	0.443*** （30.07）
0.9	−2.830*** （−52.39）	0.6134	1.388*** （38.81）

注：括号内为 *t* 值

***表明在 1%水平上显著

（三）稳健性检验

为了说明本节的研究结果不受基金治理效率构建方法的影响，本部分使用了对上市公司进行持股的基金治理效率的平均值作为被解释变量对其进行稳健性检验，并且在回归中加入了年度以及行业固定效应①。实证结果显示，基金治理效率对上市公司治理效率仍存在“偏好关注”；基金治理效率与上市公司价值之间存在非线性的“U”形关系，并且 B-样条基的非线性模型能更准确地描述基金治理效率与上市公司价值之间的关系。而对 B-样条基的分位数回归模型进行研究，所得到不同分位点处的不同基金治理效率的影响系数依然支持从表 10.51 得出的结论。

① 这里省略了基金治理效率的平均值作为被解释变量的回归结果以及 B-样条基的分位数回归结果，感兴趣的读者可向作者索取。

五、结论与启示

首先，基金等机构投资者确实会对上市公司治理产生影响，但这一影响的方向和程度取决于基金等机构投资者自身的治理效率。对于相关文献（Ayres and Cramton，1993；Mizuno，2010）有关机构投资者改善了公司治理的观点，本节从基金治理的角度对其给出了有条件的支持，即只有当基金治理效率较高时，以基金为代表的机构投资者才能够发挥改善公司治理的效应；而对于相关文献（Hamdani and Yafeh，2013）关于机构投资者不具有公司治理作用的观点，本节也没有对其予以完全否定，而是从机构投资者的公司治理效应不存在的原因在于基金（机构）本身的治理效率偏低的角度做出了解释。换言之，本节的研究对已有文献关于机构投资者是否存在公司治理效应的分歧给出了一个较为统一的解释：当研究样本中的机构（基金）治理效率较高时，就可形成公司治理效应；反之，则不存在公司治理效应。本节研究结果的启示在于，对机构投资者的公司治理效应的研究，不能只关注公司治理方面，还需要关注机构本身的治理对公司治理的影响，即“治理中的治理”。

其次，治理效率高的基金持股以后，会积极参与到公司治理中来，对公司综合治理状况的改善和公司价值的提升起到一定作用。但基金治理对公司治理存在“偏好关注”，即基金忽略了对关联交易以及高管薪酬的治理，而将主要的关注点放到了公司治理中的上市公司价值上。并且对于基金是“价值发现者”还是“价值创造者”，也是随着基金本身治理效率的高低而变化的：基金治理效率越低，就越表现为“价值发现者”；随着基金治理效率的提高，其越趋向于“价值创造者”，即会积极地参与到公司治理的各个方面，改善公司治理，提升公司价值。进一步看，虽然基金等机构投资者会对上市公司治理产生影响，或会成为“价值创造者”，但这一影响的大小又取决于上市公司价值的高低：基金治理效率对低价值公司的治理影响较小，而对高价值公司的治理影响较大。可能的原因是，基金在投资于低价值公司时，主要关注点在某些“题材”或调研所得到的某些非公开信息方面，并没有意图和动力去关注、参与到公司的治理当中去，自然对公司治理的影响就较小；但由于公司的业绩与价值是市场中投资者最为关心的信息之一，并且直接影响着投资者的投资业绩，因此，随着上市公司价值的增加，基金为保护自己有价值的权益和获取更大的收益，就会积极参与公司治理，导致对上市公司的影响也随之变大。换言之，上市公司的价值是市场永恒的焦点。就此而言，基金等机构投资者对公司治理的影响，与其说是“雪中送炭”，毋宁说是“锦上添花”。

第十一章　提升我国证券投资基金治理水平的建议

本章我们将在前面有关章节所得到的发现与结论的基础上，针对性地为完善我国契约型基金治理、提升基金治理效率提出我们的研究启示与对策建议。本章具体由三节内容构成，第一节我们针对提升基金治理指数给出研究启示与建议，第二节针对我国基金治理中的共同激励与共同代理问题提出对策建议，第三节则综合第十章各节研究所得到的结论提出应对措施。

第一节　提升我国基金治理指数方面的建议

本节我们根据第五章、第六章、第七章的研究结果，分别从静分析态角度、比较分析角度和动态分析角度三个方面提出改善我国基金治理指数的建议。

一、静态分析角度的建议

在第五章的研究中，我们从基金的总体情况、基金公司、投资风格、基金类别等多个角度全面评价了 2018 年中国契约型基金的基金治理水平。总体来看，在 4924 只基金样本中，基金治理指数最大值为 75.002 分，最小值为 16.368 分，平均值为 45.018 分，2018 年有 269 只基金的治理指数不低于 60 分，及格率仅为 5.46%。

具体而言，从基金公司层面看，国海富兰克林基金管理有限公司、中国人保资产管理有限公司、东方阿尔法基金管理有限公司、鹏华基金管理有限公司、上银基金管理有限公司等基金公司基金治理水平较高，但各基金公司治理指数存在明显差异；价值型基金治理水平较高，平衡型和保本增值型基金的治理水平相对较低，且各投资风格基金治理指数差异较明显；从基金类别层面看，债券型基金的基金治理水平整体高于混合型基金和股票型基金。总结来看，整体基金市场的治理指数差异较大。

以上情况说明我国基金治理总体上还存在较大的提升空间，监管部门和基金公司应持续发力，为提升我国基金治理水平，在监管政策引导和基金公司内部规范上要进一步做出努力。例如，监管部门可以设置年度奖项，专门奖励在该年度基金治理水平较高的公司并进行宣传，使得基金治理水平较高的公司对市场起到良好的示范效应。另外，可以采取分类监管的方式，对于治理水平相对较低的价值型基金、平衡型基金和保本增值型基金，给予针对性的关注和引导，特别是对同一公司新设的上述基金类型可以适当收紧其设立过程；而对于治理水平较好的债券型基金则采取更多鼓励性的措施，如同等情况下在产品报批、募集发行等工作上给予一定的支持。

二、比较分析角度的建议

在第六章我们对于基金治理的六个分项指标股东行为评价、董事会评价、基金经理层评价、基金持有人评价、信息披露评价和外部监控评价的得分值进行了比较分析，发现我国在外部监控评价方面具有较高的水平，但在基金经理层评价及基金持有人评价上仍然有所欠缺，股东行为评价和董事会评价得分值也在 60 分及格线以下。

具体而言，我国基金治理在外部监控方面有着较高的治理水平，外部监控治理指数均值达到 71.09 分，是唯一一个均值超过 60 分的分项指标，这说明我国第三方机构、监管部门等对于基金的监管措施比较严格，从而能够在一定程度上保障投资者的权益。但相反的是，我国基金治理在基金经理层评价和基金持有人评价的水平并不高，分项指标得分集中在［30,40）分，这一方面反映出我国基金经理在战术、战略择股能力上有所欠缺，其投资风格变化较为频繁，容易出现投资风格漂移现象；另一方面也说明我国基金治理结构仍然需要进一步完善，目前，我国基金持有人的效用水平仍然不高，基金治理水平不高导致投资者权益不能够被很好地保障。

以上结论明确告诉我们，在提高我国基金治理水平上，应更多在基金经理层评价和基金持有人评价两个方面着力。对于基金经理人评价而言，最为重要的工作是将目前短期的绩效评价逐渐向中长期评价过渡，并在评价内容上增加有关基金治理方面的因素；对于基金持有人方面，则是应加大对持有人的教育和引导，逐渐改变持有人由“炒基”成为“持基”。

三、动态分析角度的建议

我们在第七章从变动趋势角度分别比较了 2016～2018 年中国证券投资基金治理水平，并得到了如下研究结论。

第一，从总体来看，基金治理总体指数先是基本持平，后明显下降；基金基本信息指数连续上升，且 2018 年上升幅度较大；基金绩效评估指数、基金财务数据质量指数和基金分红及奖惩情况指数先降后升，其中基金分红及奖惩情况指数先在 2017 年大幅下降，在 2018 年没有得到明显的提升。

第二，从基金公司来看，在 2016～2018 年，仅有 1 家基金公司的基金治理总体指数连续三年持续上升，而基金公司总体的治理水平均值处于下降状态；分项指数方面，有 75 家基金公司的基金基本信息指数连续三年上升；1 家基金公司的基金绩效评估指数连续三年下降，另有 32 家基金公司的基金绩效评估指数连续三年上升；2 家公司的基金财务数据质量指数连续三年下降，7 家公司连续三年上升；35 家基金公司的基金分红及奖惩情况指数连续三年下降，69 家基金公司的基金分红及奖惩情况指数先降后升，2018 年最大下降幅度达到 76.73%。

第三，从投资风格来看，在 2016～2018 年三个年度中，保本增值型基金保持平稳，成长型基金、积极成长型基金、价值型基金、稳健成长型基金和增值型基金的基金治理总体指数都是先升后降，平衡型基金、稳健增值型基金保持下降的趋势，收益型基金在 2016 年度和 2018 年度分别排名第一，呈现出先降后升的趋势；保本增值型基金、成长型基金、平衡型基金、稳健成长型基金、稳健增值型基金、增值型基金的基金基本信息指数连续上升，其余类型呈现出先升后降的趋势；在三个年度中，收益型基金的基金绩效评估指数保持上升趋势，保本增值型基金持续下降，其他类型基金呈现出先降后升的趋势；从基金财务数据质量指数来看，保本增值型基金保持上升趋势，积极成长型基金、价值型基金呈现出先升后降的趋势，其他类型基金呈现出先降后升的趋势；从基金分红及奖惩情况指数来看，保本增值型基金在三个年度中保持上升趋势，平衡型基金、收益型基金、稳健成长型基金、稳健增值型基金和增值型基金呈现出先降后升的趋势，成长型基金、积极成长型基金和价值型基金呈现出持续下降的趋势。

第四，从基金类型看，三年内，债券型基金的基金治理总体指数先降后升，股票型基金和混合型基金都是先升后降，2018 年相比 2017 年下降幅度最大的为股票型基金，降低了 36.016 分；除债券型基金外，股票型基金和混合型基金的基金基本信息指数在三个年度中都是持续上升的，两者中上升幅度最大的为混合型基金，共计提升24.768分；从基金绩效评估指数来看，股票型基金和混合型基金都在三个年度中先降后升，仅债券型基金保持稳定增长，三年上涨9.895分；从基金财务数据质量指数来看，股票型基金是唯一保持增长的基金类型，三年中累计提升6.218分，混合型基金和债券型基金得分都先降后升，降幅最大的为债券型基金；所有类型基金2017年相比2016年的基金分红及奖惩情况指数均大幅下降，2018年相比2017年，股票型基金与债券型基金有小幅上升，混合型基金则连续下降。

以上这些发现和结论给我们以下启示。

第一，基金治理总体指数先是基本持平，后明显下降，这可能是由基金分红及奖惩情况指数先在2017年大幅下降，而在2018年的表现提升并不明显所导致的。这一方面说明对于基金监管方面，有关部门加大了对基金的奖惩力度，使得市场中受到监管部门惩罚的基金数量增多，这无疑是有利于基金治理水平的提升的；另一方面也说明，我国市场中基金分红不容乐观，并印证了我们有关专题研究中所揭示的"铁公基"现象的大量存在。为了提升我国契约型基金治理指数，就需要监管部门在继续加大监管力度、严格监管的同时，对于基金分红方面特别要进行针对性的监管和引导，如中国证监会可以考虑将基金分红情况与基金所在公司新产品的发行连接起来，中国证券投资基金业协会则可以把对基金经理的考核与其基金分红情况结合起来。从监管和激励政策上对现实中的"铁公基"现象进行治理，从而促进基金治理水平的提升。

第二，在我们的考察期内，仅有1家基金公司的基金治理总体指数连续三年持续上升，而基金公司总体的治理水平均值处于下降状态。这说明我国契约型基金治理问题确实不如人意，与市场中很多投资者所抱怨的"基金并不真正为持有人利益服务"的情况是相符的。这也就需要中国证监会、中国证券投资基金业协会等部门切实围绕基金治理问题加强监管和引导，这是我国基金业做大做强的必由之路。

第三，从投资风格来看，在我们的研究期内，平衡型基金、稳健增值型基金治理的基金治理总体指数保持下降的趋势；从基金绩效评估指数看，保本增值型基金持续下降；从基金财务数据质量指数看，积极成长型基金、价值型基金呈现出先升后降的趋势；从基金分红及奖惩情况指数看，成长型基金、积极成长型基金和价值型基金呈现出持续下降的趋势。上述这些发现启示我们，对于平衡型基金、稳健增值型基金要加大投资风格的监管；对于保本增值型基金应加大绩效的督查；对于积极成长型基金、价值型基金应强化其财务数据质量的监督；对于成长型基金、积极成长型基金和价值型基金则应针对性地加强对其分红行为的监管与引导。

第四，无论是从基金治理总体指数还是分项指数来看，债券型基金要么保持领先，要么不断上升，要么先降后升，说明相对而言我国债券型基金治理水平是较高的。而股票型基金和混合型基金则都有较大的提升空间，需要监管部门给予更多的关注和引导。

总之，我们发现，我国基金治理水平是动态变化的，无论是从总体指标还是分项指标来看，我国契约型基金治理水平的变化都是非常明显的。这显示了基金治理本身的非稳定性，也表明我国基金治理还不成熟，还没有得到基金公司的重视。这就需要监管部门加大在基金治理工作上的监督和引导。

第二节　解决我国基金治理中的共同激励与共同代理问题的建议

一、解决共同激励问题的建议

我们在第八章的研究中，通过建立共同激励理论模型并进行模拟分析和实证检验，从理论和实践两个角度都证明了我国契约型基金治理问题是一个共同激励问题。这一发现不仅支持了之前所建立的契约型基金治理指数体系是正确的——所设计的六个一级指标和 24 个二级指标较为全面地反映了共同激励问题，而且进一步支持了之前各章在分析中所得到的重要结论——改善契约型基金治理，除了要考虑基金治理本身的问题外，还要考虑到基金持有人的行为选择、业绩考核的方式，以及管理费的模式。据此，我们提出如下政策建议。

（1）加强投资者教育，发展和培育机构投资者。我们发现，由持有人非理性的申赎行为引发的业绩-资金流非对称性是诱发基金经理短视行为的原因之一。因此，必须积极进行投资者教育，发展专业的理财机构（如 FOF），以提高投资者整体理性程度，从而削弱导致基金经理短视投资行为的内生力量。

（2）建立合理的基金绩效考核机制。我们的模型研究发现，基金经理的职业忧虑加剧了其短视行为。我国大部分基金公司往往过于重视基金经理的短期业绩，而忽视基金经理的长期业绩表现，进而导致基金经理承担巨大的业绩考核压力。鉴于此，职业忧虑较大的基金经理往往会采取短视投资，提升基金的短期业绩表现，以维持现有职位。从全局来看，这一短视的绩效考核方式必将导致基金经理短视投资行为，不利于我国基金行业的长远发展。因此，注重基金经理的长期业绩表现，淡化对短期绩效表现的关注，进而在我国建立起一个科学合理的绩效考核机制至关重要。

（3）改革费率制度。我们发现，显性激励的增加可以降低由业绩-资金流非对称性隐性激励引致的短视行为，但是却加剧了职业忧虑引致的短视行为。固定费率是一种效率较为低下的激励制度，管理费率提升不仅会增加代理成本，而且无法起到实际的激励效应，反而侵蚀了持有人利益。而在浮动费率制度下，只需要在降低固定比率的管理费基础上提高激励费就可以在不提高实际费率的情况下达到激励和约束效果（李科等，2014）。根据本章的研究，我国基金市场亟须进行费率制度改革，引导更多的基金采用科学的浮动费率制度，提高浮动费率制度的基金占比，以进一步优化激励效率，减少基金经理的短视行为。

二、解决共同代理问题的建议

在第九章的研究中，我们首先在已有的研究成果与基金行业现实情况的基础上，提出了研究的假设条件并构建了博弈各方的基本利益关系模型，然后在全部前提假设均满足的情况下推导得出基本的博弈结果。

之后，我们对持有人申赎行为的假设进行放松并在新的条件下推导得出新的博弈关系和定理，使得最终结论尽可能地反映契约型基金运作的实际，并由此从理论上解释了现实中“买基金不赚钱”，特别是“基金赚钱，投资者亏钱”现象并存的原因——持有人的非理性交易行为，该结论也得到了数值模拟结果的支持。通过第九章的研究，我们得出如下的研究启示与改善我国基金治理的政策建议。

（1）在实现个人净收入最大化的目标驱动下，基金公司与基金经理在基金运作过程中的行为选择最终均取决于持有人的申赎行为特性，因而在现行基金契约设计下解决基金管理人“只重规模，不重业绩”问题的根本出路在于提升基金投资者群体的整体理性程度。这就启示我们，投资者教育，不仅仅是对于“股民”的教育，更应该大力开展“基民”教育，这既关系到“公募基金得到投资者信任这一发展根基”的问题，又关系到“大力发展各类机构投资者”战略的实施。

（2）基金公司利益与基金经理利益在任何条件下都具有高度的一致性，而二者与持有人利益之间在部分条件下是冲突的，这解释了现实基金市场中基金公司与基金经理之间强烈的串谋动机。这带给我们的启示在于，应勇敢尝试符合我国实际情况的公司型基金组织形式。在公司型基金组织形式下，“持有人”的概念将不复存在，投资者即为股东，这一方面使得基金公司、基金持有人、基金经理三者的共同代理关系简化为股东与基金经理的双边委托代理关系，而本书的分析也表明股东（基金公司）与基金经理的利益具有正相关性；另一方面使得持有人的“委托理财”行为转化为“出资”行为，一来将投资者的“用脚投票”全部转化为“用手投票”（有限责任公司）或使投资者的“用脚投票”不直接影响基金规模（股份有限公司），二来则可以使股东收入大幅度地由基金业绩决定。这样，现有持有人利益与基金公司利益的矛盾将被化解，由其生发的各类乱象也能从根本上得到解决，从而提高我国公募基金市场的秩序与治理水平。

第三节　改善我国契约型基金治理的其他建议

在第十章我们通过七个专题，对现实中我国契约型基金治理水平、特点，以及影响基金治理的有关因素等进行了实证考察。这些实证研究一方面进一步支持了本书从契约型基金治理指数方面所得到的发现和结论，另一方面也为前文从共同代理、共同激励角度所得到的理论结论提供了实证证据。这些研究也为我们更为深入且拓展地观察分析我国基金治理问题提供了一些新的启示和政策着力点。

一、关于隐性激励问题

在第十章中我们从理论和实证上考察了我国证券投资基金行业的隐性激励问题。通过对我国基金持有人行为特征的分析，证实了持有人存在惯性行为，继而揭示出“历史业绩—持有人行为—基金规模—管理人收入”的隐性激励作用机制；并以持有人惯性行为的程度λ作为隐性激励程度的量度，将其引入基金薪酬契约的设计，实现隐性激励的“显性化”。最终结论认为，存在隐性激励的情况下，需要对基金的管理费率进行相应调整，以达到对基金管理人的更好的激励。这一研究带给我们如下结论和启示。

首先，在存在持有人惯性行为和隐性激励的条件下，开放式基金的最优契约应明显异于封闭式基金。然而，据统计，目前我国的股票型开放式基金管理费率均值为 1.38%，封闭式基金管理费率为 1.41%，两者的管理费率相差无几，而实证检验证实了我国开放式基金持有人存在明显的惯性行为，因此可以推论，在目前的管理费率下，我国封闭式、开放式基金中至少有一类的费率设置需要进一步优化。

其次，我们通过将隐性激励显性化求解最优契约，发现持有人惯性行为存在时，最优契约变得更为复杂，还受上期资产规模 S_{t-1} 、上期基金收益 R_{t-1} 等的影响，这也进一步证明了将固定费率变为浮动费率有利于完善基金契约和基金治理。将这一结论与前一发现结合，我们可以判定，我国开放式基金的费率设置存在激励偏差。

最后，我们揭示出了我国基金持有人的惯性行为和基金隐性激励的影响路径，这启发我们更多地从基金持有人群体和管理人群体的互动关系角度来思考我国的基金治理问题和基金行业发展问题，更多地关注外部因素、外部约束、外部激励等对基金管理人行为和基金实际契约的影响，从更为完备的外部视角来审视我国的基金治理问题，而不应将基金治理中出现的问题完全归结为基金公司内部以及基金管理人一方，因为这无助于现实问题的解决。

二、关于浮动管理费与基金治理问题

通过对隐性激励的研究我们发现固定管理费下基金管理费设置存在偏差，我们在第十章第五节中将新兴的浮动费率基金与传统的固定费率基金进行分析，证明了浮动基金的管理费收入模式与基金治理效果改善之间关系密切，浮动基金管理费收入对基金管理人起到了较好的激励效果，有助于解决基金经理与基金份额持有人利益不一致的委托代理问题。由此针对我国浮动费率基金的发展提出以下建议。

首先，治理能力较弱的基金应采取浮动费率机制，这使基金治理水平与管理费收入正相关，从而有效解决委托代理问题，保护基金份额持有人的利益。

其次，控制单只基金的规模，随着基金规模的增加，管理人报酬激励效应和基金规模激励效应越来越差。

最后，采用对称式的激励机制而非单向浮动激励，避免基金经理在持有期内“过度追逐收益而忽视风险”，并且设置较长的持有期，更好地发挥出持有期设计抑制投资者非理性行为的作用。

三、关于“基金赚钱，基民不赚钱”问题

在第十章中，我们进一步探讨了基金管理费率结构对“高费用，低业绩”关系的影响，进而讨论其对改善基金管理人与基金投资者间的委托代

理冲突并破解我国“基金赚钱，基民不赚钱”的高额管理费用收取怪象的作用，考察浮动费率政策实施对基金管理人报酬激励机制运行的有效性。该研究给基金市场的高质量发展所带来的政策启示如下。

首先，浮动费率的实施确实对改善“高费用，低业绩”的现象具有显著作用，但是就其异质性结果可知，浮动费率结构政策的有效性发挥需要一定的条件，针对中、大规模，投资风格为平衡型，风险等级为中风险、中低风险，机构投资者持有比例低，基金管理人持基比例低的基金更为适用，建议具有上述特点的基金采用浮动费率结构的管理费用收取模式。

其次，有效发挥业绩报酬激励作用的浮动费率政策确实有效缓解了投资者与基金管理人的委托代理冲突，但是投资者偏好中介机制的失效说明我国的基金投资者教育还不够全面，据此给监管机构的建议是，在做好政策上的指引和导向“助推”的同时，还要加强投资者教育，提高基金投资者理性。

最后，要加强针对基金管理人的监管和指引，规范基金经理人的投资管理行为、收入报酬分配机制以及信息披露机制，约束管理人不合理收入，尤其要对基金规模进行适度性的管理，保障投资者合理权益的同时，减少投资者投资成本，促进基金市场的高质量发展。

四、关于“治理中的治理”问题

在第十章第七节中，我们拓展了本书的视角，把基金治理问题与公司治理问题结合起来进行了研究，由此而开创性地提出了“治理中的治理”这一概念与领域，并对已有文献中关于机构投资者是否存在公司治理效应的分歧给出了一个较为统一的解释：当研究样本中的机构（基金）治理效率较高时，就可形成公司治理效应；反之，则不存在公司治理效应。该研究结果的启示在于，对机构投资者的公司治理效应的研究，不能只关注公司治理方面，还需要关注机构本身的治理对公司治理的影响，即“治理中的治理”。这一研究为思考如何进一步改善我国上市公司治理提供了如下政策启示。

一方面，一味地超常规发展机构投资者并不一定能改善公司治理，而应在发展规模的同时，加强对基金治理的监管、引导和改善，使越来越多的自身治理效率较高的基金能积极地参与到公司治理中，从而有效地提高上市公司的治理效率，提升公司的价值。换言之，改善包括基金在内的机构投资者自身的治理，不仅关系到机构投资者自身的行为理性程度和市场功能的发挥，而且会影响到上市公司的治理水平。

但另一方面也要看到，基金更加关注的是和自身利益切实相关的公司价值，而上市公司中的两类委托代理问题并不能成为基金关注的焦点，也就不能通过基金治理来解决。由此带来的启示是，政策制定虽然可以引导包括基金在内的机构投资者对上市公司的两类委托代理问题给予更多关注，但不能忽视机构投资者本身的利益与收益取向，以及由此而产生的机构投资者对上市公司治理"锦上添花"的效应。也就是说，提升上市公司治理效率的关键，还是在于上市公司本身的制度安排是否妥善以及监管当局的监管是否到位。

参考文献

博尔顿 P, 德瓦特里庞 M. 2008. 合同理论[M]. 费方域, 蒋士成, 郑育家, 等译. 上海: 格致出版社.

蔡卫星, 曾诚, 胡志颖. 2015. 企业集团、货币政策与现金持有[J]. 金融研究, (2): 114-130.

曹兴, 秦耀华. 2013. 固定费用结构下基金经理管理费激励研究[J]. 财经理论与实践, 34(5): 107-111.

曹兴, 杨春白雪, 聂雁威. 2012. 持基激励对基金经理投资行为的影响分析[J]. 重庆大学学报(社会科学版), 18(1): 36-41.

常皓. 2014. 基金家族偏爱策略的委托代理问题研究[J]. 金融经济, (1): 127-129.

常启军, 陆梦珍. 2015. 企业绩效对内部控制与高管薪酬关系的中介效应研究: 基于沪市 2010—2012 年上市公司的经验数据[J]. 财会通讯, (36): 61-65.

常巍, 贝政新. 2002. 资本市场发展中的投资主体与投资行为: “资本市场与金融投资研讨会”综述[J]. 经济研究, 37(7): 58-62.

陈梦月. 2018. 共同代理视角下证券投资基金治理对基金绩效的影响研究[D]. 厦门: 集美大学.

陈三梅. 2006. 证券投资基金管理费用的实证分析[J]. 商业研究, (6): 163-165.

陈文博, 陈浪南, 王升泉. 2019. 投资者的博彩行为研究: 基于盈亏状态和投资者情绪的视角[J]. 中国管理科学, 27(2): 19-30.

陈信元, 陈冬华, 万华林, 等. 2009. 地区差异、薪酬管制与高管腐败[J]. 管理世界, 25(11): 130-143, 188.

董丽娃, 李增刚. 2016. 基金份额持有人利益优先原则的实现: 外部约束与内在激励[J]. 理论学刊, (2): 67-75.

封思贤. 2006. 我国证券投资基金业的结构、行为及绩效研究[J]. 证券市场导报, (1): 43-49.

冯根福. 2004. 双重委托代理理论: 上市公司治理的另一种分析框架: 兼论进一步完善中国上市公司治理的新思路[J]. 经济研究, 39(12): 16-25.

冯军. 2006. 证券投资基金管理公司的双重委托代理关系与综合治理选择[J]. 金融与经济, (10): 30-33.

高长海. 2012. 我国基金业治理模式研究及政策建议[D]. 上海:复旦大学.
高雷, 宋顺林. 2007. 高管报酬激励与企业绩效: 来自中国上市公司的证据[J]. 财经科学, (4): 96-104.
高明华, 杨静. 2002. 中国上市公司治理绩效的影响因素分析[J]. 国际金融研究, (11): 54-58.
高培涛. 2010. 机构投资者参与我国上市公司治理的理论与实证研究[D]. 济南: 山东大学.
高秋明, 胡聪慧, 燕翔. 2014. 中国 A 股市场动量效应的特征和形成机理研究[J]. 财经研究, 40(2): 97-107.
郭晓冬, 柯艳蓉, 吴晓晖. 2018. 坏消息的掩盖与揭露: 机构投资者网络中心性与股价崩盘风险[J]. 经济管理, 40(4): 152-169.
韩燕, 崔鑫. 2014. 基金行业的委托代理关系与基金经理的短视行为研究[J]. 管理评论, 26(9): 34-45.
韩燕, 赵瑾璐, 崔鑫. 2015. 基金业绩费率背离与最优费率研究[J]. 经济问题, (5): 59-63.
何杰. 2005a. 独立董事、治理结构与中国契约型基金的绩效[J]. 南开管理评论, 8(2): 41-48.
何杰. 2005b. 证券投资基金治理结构特征与绩效关系的经验研究[J]. 管理评论, 17(8): 3-8, 33-63.
何杰, 杨丹. 2010. 什么影响着中国基金管理公司的投资业绩[J]. 财贸经济, (1): 44-50.
胡聪慧, 刘玉珍, 吴天琪, 等. 2015. 有限注意、行业信息扩散与股票收益[J]. 经济学(季刊), 15(3): 1173-1192.
黄孝武, 王雄军. 2016. 投资者申购赎回与投资费用: 来自中国开放式基金的实证分析[J]. 中南财经政法大学学报, (2): 48-56.
季健. 2011. 高管背景特征与企业绩效关系实证研究[J]. 财经理论与实践, 32(5): 54-59.
江艇. 2022. 因果推断经验研究中的中介效应与调节效应[J]. 中国工业经济, (5): 100-120.
蒋荣, 陈丽蓉. 2007. 产品市场竞争治理效应的实证研究: 基于 CEO 变更视角[J]. 经济科学, (2): 102-111.
黎文靖, 胡玉明. 2012. 国企内部薪酬差距激励了谁?[J]. 经济研究, 47(12): 125-136.
李常青, 赖建清. 2004. 董事会特征影响公司绩效吗?[J]. 金融研究, (5): 64-77.
李超, 蔡庆丰, 陈娇. 2012. 机构投资者能改进上市公司高管的薪酬激励吗?[J]. 证券市场导报, (1): 31-36, 68.
李建国. 2002. 我国基金产业市场竞争度的实证分析[J]. 当代经济科学, 24(7): 65-69,96.
李军林. 2004. 声誉理论及其近期进展: 一种博弈论视角[J]. 经济学动态, (2): 53-57.
李科, 徐龙炳, 朱伟骅. 2014. 卖空限制与股票错误定价: 融资融券制度的证据[J]. 经济研究, 49(10): 165-178.
李蕾, 韩立岩. 2014. 价值投资还是价值创造?: 基于境内外机构投资者比较的经验研究[J]. 经济学(季刊), (4): 351-372.

李培馨, 陈运森, 王宝链. 2013. 社会网络及其在金融研究中的应用: 最新研究述评[J]. 南方经济, (9): 62-74.

李善民, 王彩萍. 2007. 机构持股与上市公司高级管理层薪酬关系实证研究[J]. 管理评论, 19(1): 41-48, 64.

李维安, 李滨. 2008. 机构投资者介入公司治理效果的实证研究: 基于 $CCGI^{NK}$ 的经验研究[J]. 南开管理评论, 11(1): 4-14.

李维安, 李汉军. 2006. 股权结构、高管持股与公司绩效: 来自民营上市公司的证据[J]. 南开管理评论, 9(5): 4-10.

李维安, 齐鲁骏. 2017. 公司治理中的社会网络研究: 基于科学计量学的中外文献比较[J]. 外国经济与管理, 39(1): 68-83.

李维安, 齐鲁骏, 丁振松. 2017. 兼听则明,偏信则暗: 基金网络对公司投资效率的信息效应[J]. 经济管理, 39(10): 44-61.

李学峰, 迟宁, 张亚涛. 2021. 突出性思考、风险偏好漂移与追涨杀跌: 理论分析和来自中国的证据[J]. 南开经济研究, (3): 66-85.

李学峰, 符琳杰, 苏伟. 2008a. QFII 与国内开放式证券投资基金的“羊群行为”比较研究[J]. 世界经济与政治论坛, (4): 7-14.

李学峰, 黄亚元, 王健. 2016. 持有人行为对基金管理人的隐性激励: 理论分析与实证检验[J]. 证券市场导报, (1): 62-71.

李学峰, 李佳明. 2011. 投资者个体的羊群行为: 分布及其程度: 基于分割聚类的矩阵化方法[J]. 国际金融研究, (4): 77-86.

李学峰, 李心印, 张舰. 2009b. 开放式基金持有人申购赎回行为“收益敏感性指标”的分析[J]. 金融理论与实践, (5): 21-25.

李学峰, 苏伟, 李荣霞, 等. 2010. 业绩排序对基金投资风险水平变化的影响[J]. 广东金融学院学报, 25(1): 78-85.

李学峰, 田元泉, 李佳明. 2012. 市场竞争的基金治理效应: 理论假说与实证检验[J]. 证券市场导报, (5): 41-46.

李学峰, 王兆宇, 李佳明. 2013. 噪声交易与市场渐进有效性[J]. 经济学(季刊), 13(3): 913-934.

李学峰, 徐华. 2007. 基金投资风格漂移及其对基金绩效的影响研究[J]. 证券市场导报, (8): 70-77.

李学峰, 杨盼盼. 2020. 金融机构公司治理影响实体企业公司治理吗: 基于基金与上市公司的视角[J]. 金融监管研究, (3): 1-18.

李学峰, 张舰. 2008. 基金公司治理结构是否影响基金绩效[J]. 证券市场导报, (2): 54-60.

李学峰, 张舰, 姜浩. 2009a. 社保基金交易策略的实证分析[J]. 中南财经政法大学学报, (1): 83-88, 143-144.

李学峰, 张舰, 茅勇峰. 2008b. 我国开放式证券投资基金与 QFII 行为比较研究: 基于交易策略视角的实证研究[J]. 财经研究, 34(3): 73-80, 94.

李学峰, 张舰, 田元泉, 等. 2011. 我国证券投资基金的隐性激励: 测度、机制与契约优化[J]. 金融研究, (10): 185-197.

李学峰, 赵鹏宇, 刘晓龙. 2022. 浮动管理费能否改善基金治理[J]. 上海金融, (4): 69-79.

李学峰, 钟林楠. 2017. 投资经验能有效降低羊群效应吗?——以开放式基金的个体为例[J]. 证券市场导报, (5): 45-54.

李毅. 2018. 契约型私募基金治理结构问题初探[J]. 社会科学论坛, (2): 235-240.

李志冰, 刘晓宇. 2019. 基金业绩归因与投资者行为[J]. 金融研究, (2): 188-206.

廖长友, 赵修文. 2016. 内部治理、市场约束与基金的窗饰行为[J]. 证券市场导报, (8): 55-63.

林树, 李翔, 杨雄胜, 等. 2009. 他们真的是明星吗?——来自中国证券基金市场的经验证据[J]. 金融研究, (5): 107-120.

刘成彦, 胡枫, 王皓. 2007. QFII 也存在羊群行为吗?[J]. 金融研究, (10): 111-122.

刘军, 章凯, 仲理峰. 2009. 工作团队差序氛围的形成与影响: 基于追踪数据的实证分析[J]. 管理世界, 25(8): 92-101, 188.

刘阳, 田正磊, 罗荣华. 2016. 机构持有、业绩追逐与基金窗饰效应[J]. 投资研究, 35(8): 60-76.

刘洋溢, 廖妮, 罗荣华. 2022. 基金赚钱、基民不赚钱: 业绩持续性感知与基金投资者行为[J]. 中国工业经济, (2): 156-174.

刘奕飞. 2010. 基金经理投资行为异化的成因探析: 基于行为金融学和委托代理理论的解释[J]. 西南金融, (4): 72-74.

刘志远, 姚颐. 2005. 开放式基金的“赎回困惑”现象研究[J]. 证券市场导报, (2): 37-41.

陆蓉, 陈百助, 徐龙炳, 等. 2007. 基金业绩与投资者的选择: 中国开放式基金赎回异常现象的研究[J]. 经济研究, 42(6): 39-50.

路磊, 黄京志, 吴博. 2014. 基金排名变化和羊群效应变化[J]. 金融研究, (9): 177-191.

罗真, 张宗成. 2004. 职业忧虑影响基金经理投资行为的经验分析[J]. 世界经济, 27(4): 63-71.

毛黎明. 2010, 中国证券投资基金治理效率实证研究[D]. 长沙: 中南大学.

孟庆斌, 吴卫星, 于上尧. 2015. 基金经理职业忧虑与其投资风格[J]. 经济研究, 50(3): 115-130.

孟庆斌, 杨俊华, 许伟, 等. 2019. 投资者申赎与公募基金业绩粉饰: 基于中国基金信息披露差异的经验证据[J]. 管理评论, 31(11): 20-32.

莫拉莱斯 A E P, 阿查亚 S. 2015. 长期投资者为何会短视?[J]. 曾一巳, 译. 金融市场研究, (5): 119-120.

倪中新, 王娇, 巫景飞. 2023. 基金被动调仓引发了风格漂移吗?——兼论基金季报披露质量的调节效应[J].财经研究, 49(3): 79-93.

庞家任, 周桦, 王玮. 2018. 上市公司成立并购基金的影响因素及财富效应研究[J]. 金融研究, (2): 153-171.

庞瑞芝, 刘东阁. 2022. 数字化与创新之悖论: 数字化是否促进了企业创新: 基于开放式创新理论的解释[J]. 南方经济, (9): 97-117.
彭耿. 2012. 固定费率与业绩报酬激励机制影响基金风险承担的比较研究[J].软科学, 26(9): 44-49.
彭耿, 殷强. 2014. 基金管理公司治理与基金业绩相关性实证研究[J]. 湖南科技大学学报(社会科学版), 17(3): 101-107.
彭文平, 陈延. 2015. 基金利益冲突与管理努力替代: 基于基金经理"一拖多"现象的研究[J]. 投资研究, 34(4): 129-142.
彭文平, 杨蓝蓝. 2013. 业绩评价、职业声誉和基金经理行为异化[J]. 经济管理, 35(6): 81-94.
彭文平, 肖继辉. 2013. 业绩排名对投资风格影响研究: 来自开放式基金的证据[J]. 证券市场导报, (11): 47-54, 61.
彭振中, 谭小芬, 严立业. 2010. 基金费率结构与基金业绩: 理论模型及基于中国的实证研究[J]. 山西财经大学学报, 32(1): 30-35.
戚晓曜, 黄炳艺, 王泽填. 2011. 公司治理与证券投资基金持股决策关系研究: 基于中国上市公司的证据[J]. 山西财经大学学报, 33(8): 101-107.
丘彦强, 许林. 2019. 基金公司调研、投资价值挖掘与公司股价波动: 以中小板为例[J]. 金融监管研究, (1): 97-109.
屈源育, 吴卫星. 2014. 基金家族的造星策略: 基于共同持股股票收益率差异视角[J]. 财经研究, 40(4): 103-116.
饶育蕾, 徐莎, 彭叠峰. 2014. 股价历史新高会导致股票收益异常吗?——来自中国A股市场的证据[J]. 中国管理科学, 22(12): 18-25.
任淮秀, 汪涛. 2007. 我国开放式基金赎回行为的实证分析[J]. 经济理论与经济管理, 27(6): 42-47.
任颋, 邵景丽. 2012. 基金经理更替、基金类型与基金业绩[J]. 山西财经大学学报, 34(7): 26-37.
山立威, 王鹏. 2012. 基金业绩排名与基金经理的冒险行为[J]. 投资研究, 31(2): 15-30.
盛积良, 马永开. 2009. 显性激励和隐性激励对基金风险承担行为的影响[J]. 管理学报, 6(5): 692-697.
施东晖. 2001. 证券投资基金的交易行为及其市场影响[J]. 世界经济, 24(10): 26-31.
石美娟, 童卫华. 2009. 机构投资者提升公司价值吗?——来自后股改时期的经验证据[J]. 金融研究, (10): 150-161.
束景虹. 2005. 开放式基金赎回现象的实证研究[J]. 数量经济技术经济研究, 24(4): 117-126.
宋常, 黄蕾. 2008. 产品市场竞争度与公司治理效应的实证分析: 基于经理人激励视角[J]. 财经论丛, (3): 91-96.
宋军, 吴冲锋. 2001. 基于分散度的金融市场的羊群行为研究[J]. 经济研究, 36(11): 21-27.
宋科, 徐蕾, 李振, 等. 2022. ESG投资能够促进银行创造流动性吗?——兼论经济政策不确定性的调节效应[J]. 金融研究, (2): 61-79.

隋静, 蒋翠侠, 许启发. 2016. 股权制衡与公司价值非线性异质关系研究: 来自中国 A 股上市公司的证据[J]. 南开管理评论, (1): 70-83.

孙毅, 程晴, 金全, 等. 2020. 社会互动对投资者处置效应的影响: 基于社交投资平台模拟交易的实证研究[J]. 管理评论, 32(10): 72-82.

孙正, 解树江, 裴涛. 2005. 中国证券投资基金市场的竞争态势[J]. 北京社会科学, (1): 128-133.

唐跃军, 宋渊洋. 2010. 价值选择 VS. 价值创造: 来自中国市场机构投资者的证据[J]. 经济学(季刊), 10(2): 609-632.

滕莉莉, 宋光辉. 2013. 抑制基金管理人不当行为的管理费契约研究[J]. 会计之友, (18): 22-25.

滕莉莉, 韦妃, 梁权熙. 2013. 管理人持基的投资基金治理效应: 理论分析与经验证据[J]. 投资研究, 32(12): 55-67.

汪良军, 童波, 陆海. 2015. 合约理论的实验研究进展[J]. 经济学动态, (4): 103-120.

王磊, 陈国进. 2009. 机构投资者动量交易与市场效率研究[J]. 证券市场导报, (6): 39-46.

王良, 冯涛. 2015. 基于声誉及信息操纵考虑的基金经理持股策略演化博弈研究[J]. 中国管理科学, 23(9): 116-123.

王良, 贾宇洁, 冯涛. 2015. 固定管理费率制度下的基金激励契约设计[J]. 管理评论, 27(1): 12-23.

王茂斌, 毕秋侠. 2006. 业绩排名、投资者选择和投资基金行为[J]. 证券市场导报, (4): 52-55.

王明好, 陈忠, 蔡晓钰. 2004. 相对业绩对投资基金风险承担行为的影响研究[J]. 中国管理科学, 12(5): 1-5.

王帅, 曾建光. 2018. 声誉机制、传闻澄清与公司价值[J]. 中国会计评论, 16(3): 387-414.

王霞, 高翔. 2005. 我国开放式基金费率模型实证研究[J]. 金融研究, (1): 125-137.

王性玉, 田建强. 2009. 基于委托代理理论的基金管理费实证分析[J]. 管理评论, 21(4): 53-57.

王燕鸣, 蒋运冰. 2013. 薪酬激励、雇佣风险和预期偏差对我国开放式基金风险调整行为的影响[J]. 管理评论, 25(11): 12-22.

王叶玲, 彭文平. 2013. IPO 资源配置与基金家族利益输送: 基于开放式基金的实证研究[J]. 上海金融, (9): 73-78, 118.

温忠麟, 张雷, 侯杰泰, 等. 2004. 中介效应检验程序及其应用[J].心理学报, 36(5): 614-620.

吴晓晖, 郭晓冬, 乔政. 2019. 机构投资者抱团与股价崩盘风险[J]. 中国工业经济, 371(2): 117-135.

伍旭川, 何鹏. 2005. 中国开放式基金羊群行为分析[J]. 金融研究, (5): 60-69.

伍燕然, 黄文婷, 苏凇, 等. 2016. 基金投资者处置效应的个体差异[J]. 国际金融研究,

(3): 84-96.
伍燕然, 王凯, 苏凇, 等. 2019. 有限理性对开放式基金业绩: 流量关系的影响[J]. 管理科学学报, 22(10): 101-126.
武凯. 2005. 基金管理费制度安排的激励效应与优化选择[J]. 证券市场导报, (8): 33-37.
肖继辉. 2012. 基金行业锦标赛及其激励效应研究: 来自开放式基金的经验证据[J].南开管理评论, (5): 44-55.
肖继辉, 曹莎莎. 2014. 报酬激励、解职风险与基金锦标赛效应研究: 新的证据与解释[J]. 上海金融, (8): 62-67.
肖继辉, 彭文平, 许佳, 等. 2016. 业绩排名与预期风险调整: 考虑报酬激励与解职风险交互影响的新证据[J]. 经济学(季刊), 16(3): 1177-1204.
肖欣荣, 刘健, 赵海健. 2012. 机构投资者行为的传染: 基于投资者网络视角[J]. 管理世界, 28(12): 35-45.
肖欣荣, 田存志. 2016. 激励契约、规模报酬递减与组织形式演进: 以公募基金和私募基金为例[J]. 南开经济研究, (4): 38-55.
解洪涛, 周少甫. 2008. 股票型基金资产配置集中度与投资绩效研究[J]. 证券市场导报, (5): 52-56.
辛宇, 芮萌. 2008. 基金绩效差异与基金投资者行为分析[J]. 证券市场导报, (9): 63-70.
徐捷, 肖峻. 2006. 证券投资基金动量交易行为的经验研究[J]. 金融研究, (7): 113-122.
徐琼, 赵旭. 2008. 我国基金经理投资行为实证研究[J]. 金融研究, (8): 145-155.
徐瑞慧, 颜诚. 2020. 全球基础设施投资基金研究: 投资者偏好和委托代理问题[J]. 国际金融研究, (1): 21-32.
徐霞. 2016. 股权结构、企业业绩与高管薪酬粘性关系研究[J]. 财会通讯, (30): 72-77.
许林, 陈杨炀. 2019. 基金经理冒险行为的新解释: 基于业绩和投资者相结合的视角[J]. 金融发展评论, (2): 147-158.
许林, 陈杨炀, 颜诚, 等. 2019. 投资者有限理性与基金经理冒险行为: 基于"业绩-资金流"非对称性视角[J]. 证券市场导报, (8): 50-59.
许年行, 于上尧, 伊志宏. 2013. 机构投资者羊群行为与股价崩盘风险[J]. 管理世界, 29(7): 31-43.
薛强军. 2006. 开放式基金申购赎回: 基于分离现金流量的研究[J]. 南京农业大学学报(社会科学版), 6(4): 35-39.
姚伟, 黄卓, 郭磊. 2003. 公司治理理论前沿综述[J]. 经济研究, 38(5): 83-90, 94.
姚颐, 刘志远. 2004. 我国开放式基金赎回行为的实证研究[J]. 经济科学, (5): 48-57.
姚颐, 刘志远. 2009. 机构投资者具有监督作用吗?[J]. 金融研究, (6): 128-143.
益智, 董海龙. 2009. 基金费用结构对基金经理投资策略的影响研究[J]. 证券市场导报, (8): 29-34, 58.
尹洁, 陈收, 邹自然. 2011. 股票型开放式基金管理报酬激励约束机制[J]. 系统工程理论与实践, 31(4): 740-748.
于宏凯. 2003. 基金经理人激励机制解析[J]. 证券市场导报, (1): 37-41.

于江宁，朱启贵. 2015. 开放式基金流量变化与投资者行为之关联性研究：来自基金市场与股票市场的经验证据[J]. 证券市场导报, (11): 57-63.
余湄，杨洋，汪寿阳. 2010. 股票-债券投资模型实证研究[J]. 系统工程理论与实践, 30(7): 1190-1199.
余明桂，夏新平. 2004. 控股股东、代理问题与关联交易：对中国上市公司的实证研究[J]. 南开管理评论，7(6): 33-38.
余音，姚彤，张峥,等. 2018. 期末溢价与基金家族策略：来自中国公募基金市场的证据[J]. 金融研究, (5): 154-171.
袁乐平，姚壮龙. 2013. 治理结构视角下的基金合约优化设计[J]. 金融与经济, (1): 82-84.
曾建光，伍利娜，王立彦，等. 2014. 技术进步、信息透明度与开放式基金的资金流量：基于中国开放式基金强制采用 XBRL 的证据[J]. 金融研究, (8): 131-145.
曾凌，苗文龙. 2017. 锦标制度、基金经理短视投资与股票市场波动[J]. 金融监管研究, (4): 70-88.
曾志远，蔡东玲，武小凯. 2018. “监督管理层”还是“约束大股东”？基金持股对中国上市公司价值的影响[J]. 金融研究, (12): 157-173.
张高擎，廉鹏. 2009. 可转债融资与机构投资者侵占行为：基于华菱管线可转债案例研究[J].管理世界, (S1): 110-120, 133-134.
张国林，曾令琪. 2005. 股权结构与公司业绩、治理效率关系的实证[J]. 重庆大学学报(自然科学版), 28(7): 140-144.
张立达，王方. 2009. 基金持股比例、基金制衡度与上市公司绩效[J]. 山东社会科学, (9): 77-80.
张圣平，于丽峰，李怡宗，等. 2014. 媒体报导与中国 A 股市场盈余惯性：投资者有限注意的视角[J].金融研究, (7): 154-170.
张婷. 2010. 投资者的选择与基金溢出效应研究[J]. 证券市场导报, (1): 70-77.
张维迎. 2004. 博弈论与信息经济学[M]. 上海：上海人民出版社.
张显明. 2018. 股权投资基金治理研究：基于 SEM+IFA 框架分析[J]. 上海金融, (2): 74-78.
张学勇，吴雨玲，陈锐. 2018. 行业配置与基金业绩：基于行业集中度和行业活跃度的研究[J]. 数理统计与管理, 37(3): 478-491.
张宗新，缪婧倩. 2012. 基金流量与基金投资行为：基于动态面板数据模型的实证研究[J]. 金融研究, (4): 110-123.
赵道致，郝家芹，杨洁，等. 2020. 考虑平台网络外部性的分享经济中三方演化博弈分析[J]. 控制与决策, 35(7): 1741-1750.
赵旭，蒋振声，周军民. 2001. 中国银行业市场结构与绩效实证研究[J]. 金融研究,(3): 59-67.
郑娟. 2002. 我国基金管理人的报酬机制设计问题[J]. 现代管理科学, (12): 52-53.
周爱民，王超. 2019. 基金经理、分析师策略性行为与声誉机制[J]. 南方金融, (5): 50-64.

周涵. 2014. 中小企业板块的股权集中度研究[J]. 企业改革与管理, (14): 99.
朱菲菲, 李惠璇, 徐建国, 等. 2019. 短期羊群行为的影响因素与价格效应: 基于高频数据的实证检验[J]. 金融研究, (7): 191-206.
朱旭强, 贝政新. 2011. 固定费率与激励费基金管理费收取方式的比较研究[J]. 预测, 30(1): 56-60.
Aboody D, Lehavy R, Truema B. 2010. Limited attention and the earnings announcement returns of past stock market winners[J]. Social Science Electronic Publishing, 15(2): 317-344.
Abreu D, Brunnermeier M K. 2003. Bubbles and crashes[J]. Econometrica, 71(1): 173-204.
Aggarwal R, Erel I, Ferreira M, et al. 2011. Does governance travel around the world? Evidence from institutional investors[J]. Journal of Financial Economics, 100(1): 154-181.
Aggarwal R K, Nanda D. 2004. Access, common agency, and board size[J/OL]. SSRN Electronic Journal. DOI:10.2139/ssrn.556586.
Aggarwal R K, Samwick A A. 1999. Executive compensation, strategic competition, and relative performance evaluation: theory and evidence[J]. The Journal of Finance, 54(6): 1999-2043.
Aggarwal R K, Samwick A A. 2006. Empire-builders and shirkers: investment, firm performance, and managerial incentives[J]. Journal of Corporate Finance, 12(3): 489-515.
Allayannis G, Lel U, Miller D P. 2012. The use of foreign currency derivatives, corporate governance, and firm value around the world[J]. Journal of International Economics, 87(1): 65-79.
Alwasiak S, Lewandowska-Kalina M, Kalina L, et al. 2012. Interes publiczny a interes grupowy w polskim prawie: naliza legislacji w latach 1989-2011[J]. Studia Iuridica Lublinensia, 1(2): 143-162.
An L. 2015. Asset pricing when traders sell extreme winners and losers[J]. Journal of Banking & Finance, 59: 134-151.
An L，Wang H J，Wang J，et al. 2020. Lottery -related anomalies: the role of reference -dependent preferences[J]. Management Science, 66(1): 473-501.
Armstrong C S, Ittner C D, Larcker D F. 2012. Corporate governance, compensation consultants, and CEO pay levels[J].Review of Accounting Studies, 17(2): 322-351.
Arribas I, Urbano A. 2017. Multiproduct trading with a common agent under complete information: existence and characterization of Nash equilibrium[J]. Journal of Economic Theory, 167:14-38.
Assenza S, Gómez-Gardeñes J, Latora V. 2008. Enhancement of cooperation in highly clustered scale-free networks[J]. Physical Review E, 78(1): 017101.
Ayres I, Cramton P. 1993. An agency perspective on relational investing[R]. Working Paper.

Bailey W, Kumar A, Ng D. 2011. Behavioral biases of mutual fund investors[J]. Journal of Financial Economics, 102(1): 1-27.

Bajo E, Chemmanur T J, Simonyan K, et al. 2016. Underwriter networks, investor attention, and initial public offerings[J].Journal of Financial Economics, 122(2): 376-408.

Banker R D, Bu D L, Mehta M N. 2016. Pay gap and performance in China[J]. Abacus, 52(3): 501-531.

Barber B M, Odean T. 2008. All that glitters: the effect of attention and news on the buying behavior of individual and institutional investors[J]. Review of Financial Studies, 21(2): 785-818.

Barber B M, Odean T, Zheng L. 2005. Out of sight, out of mind: the effects of expenses on mutual fund flows[J]. The Journal of Business, 78(6): 2095-2120.

Barberis N, Mukherjee A, Wang B L. 2016. Prospect theory and stock returns: an empirical test[J]. Review of Financial Studies, 29(11): 3068-3107.

Barberis N, Shleifer A. 2003. Style investing[J]. Journal of Financial Economics, (68): 161-199.

Basak S, Pavlova A, Shapiro A. 2007. Optimal asset allocation and risk shifting in money management[J]. The Review of Financial Studies, 20(5): 1583-1621.

Basak S, Pavlova A, Shapiro A. 2008. Offsetting the implict incentives: benefits of benchmarking in money management[J]. Journal of Banking and Finance, 32(9): 1883-1893.

Basov S, Danilkina S L. 2010. Multitasking, multidimensional screening, and moral hazard with risk neutral agents [J]. Economic Record, 86(s1): 28-30.

Basso A, Funari S. 2001. A data envelopment analysis approach to measure the mutual fund performance[J]. European Journal of Operational Research, 135(3): 477-492.

Becker G S. 1964. Human Capital: A Theoretical and Empirical Analysis with Special Reference to Education[M]. New York: National Bureau of Economic Research,.

Ben-David I, Birru J, Rossi A. 2020. The performance of hedge fund performance fees[R]. NBER Working Papers.

Ben-David I, Hirshleifer D. 2011. Beyond the disposition effect: do investors really like gains more than losses?[R]. Working Paper, Ohio State University.

Ben-David I, Hirshleifer D. 2012. Are investors really reluctant to realize their losses? Trading responses to past returns and the disposition effect[J]. Review of Financial Studies, 25(8): 2485-2532.

Berkowitz M K, Kotowitz Y. 1993. Incentives and efficiency in the market for management services: a study of Canadian mutual funds[J]. The Canadian Journal of Economics, 26(4): 850.

Berkowitz M K, Kotowitz Y. 2000. Investor risk evaluation in the determination of management incentives in the mutual fund industry[J]. Journal of Financial Markets,

3(4): 365-387.

Bernheim B D, Whinston M D. 1985. Common marketing agency as a device for facilitating collusion[J]. The RAND Journal of Economics, 16(2): 269-281.

Bernheim B D, Whinston M D. 1986. Common agency[J]. Econometrica, 54(4): 923.

Bhattacharya U, Lee J H, Pool V K. 2013. Conflicting family values in mutual fund families[J]. The Journal of Finance, 68(1): 173-200.

Biglaiser G, Mezzetti C. 1993. Principals competing for an agent in the presence of adverse selection and moral hazard[J]. Journal of Economic Theory, 61(2): 302-330.

Bordalo P, Gennaioli N, Shleifer A. 2012. Salience theory of choice under risk[J]. The Quarterly Journal of Economics, 127(3): 1243-1285.

Brinson G P, Hood L R, Beebower G L. 1986. Determinants of portfolio performance[J]. Financial Analysts Journal, 42(4): 39-44.

Brown K C, Harlow W V, Srarks L T. 1996. Of tournaments and temptations: an analysis of managerial incentives in the mutual fund industry[J]. The Journal of Finance, 55(1): 85-110.

Brown N C, Wei K D, Wermers R. 2014. Analyst recommendations, mutual fund herding, and overreaction in stock prices[J]. Management Science, 60(1): 1-20.

Brown S, Goetzmann W N, Park J. 2001. Careers and survival: competition and risk in the hedge fund and CTA industry[J]. The Journal of Finance, 56(5): 1869-1886.

Bryant L L. 2012. "Down but Not Out" mutual fund manager turnover within fund families[J]. Journal of Financial Intermediation, 21(4): 569-593.

Busse J A. 2001. Another look at mutual fund tournaments[J].The Journal of Financial and Quantitative Analysis, 36(1): 53.

Calluzzo P, Dong G N. 2014. Fund governance contagion: new evidence on the mutual fund governance paradox[J]. Journal of Corporate Finance, 28: 83-101.

Carhart M M. On persistence in mutual fund performance[J]. The Journal of Finance, 1997, 52(1): 57-82.

Carhart M M, Kaniel R, Musto D K, et al. 2002. Leaning for the tape: evidence of gaming behavior in equity mutual funds[J]. The Journal of Finance, 57(2): 661-693.

Champagne C, Karoui A, Patel S. 2018. Portfolio turnover activity and mutual fund performance[J]. Managerial Finance, 44(3): 326-356.

Chan L K C, Chen H L, Lakonishok J. 2002. On Mutual fund investment styles[J]. The Review of Financial Studies, 15(5): 1407-1437.

Chen J, Hong H, Huang M, et al. 2004. Does fund size erode mutual fund performance? The role of liquidity and organization[J]. American Economic Review, 94 (5): 1276-1302.

Chen J, Hong H, Jiang W X, et al. 2013. Outsourcing mutual fund management: firm boundaries, incentives, and performance [J]. The Journal of Finance, 68(2): 523-558.

Chen Q, Jiang W. 2006. Analysts' weighting of private and public information[J]. Review of

Financial Studies, 19(1): 319-355.

Chevalier J, Ellison G. 1997. Risk taking by mutual funds as a response to incentives[J]. Journal of Political Economy, 105(6): 1167-1200.

Chevalier J, Ellison G. 1999. Career concerns of mutual fund managers[J]. The Quarterly Journal of Economics, 114(2): 389-432.

Clifferd C P. 2008. Value creation or destruction? Hedge funds as shareholder activists [J]. Journal of Corporate Finance, 14(4): 323-336.

Coffee J C. 1991. Liquidity versus control: the institutional investor as corporate monitor[J]. Columbia Law Review, 96(6): 1277-1368.

Cohen A, Mazzeo M J. 2010. Investment strategies and market structure: an empirical analysis of bank branching decisions[J]. Journal of Financial Services Research, 38(1): 1-21.

Cohen J F, Dennis C M. 2010. Chief information officers: an empirical study of competence, organisational, positioning and implications for performance[J]. South African Journal of Economic and Management Sciences, 13(2): 203-221.

Cohen L, Frazzini A, Malloy C. 2008. The small world of investing: board connections and mutual fund returns[J]. Journal of Political Economy, 116(5): 951-979.

Colla P, Mele A. 2010. Information linkages and correlated trading[J]. Review of Financial Studies, 23(1): 203-246.

Conyon M J. 1997. Corporate governance and executive compensation[J]. International Journal of Industrial Organization, 15(4): 493-509.

Cooper M J, Gulen H, Rau P R. 2005. Changing names with style: mutual fund name changes and their effects on fund flows[J]. The Journal of Finance, 60(6): 2825-2858.

Cosemans M, Frehen R. 2021. Salience theory and stock prices: empirical evidence[J]. Journal of financial economics, (2): 460-483.

Crane A D, Koch A, Michenaud S. 2019. Institutional investor cliques and governance[J]. Journal of Financial Economics, 133(1): 175-197.

Cuoco D, Kaniel R. 2011. Equilibrium prices in the presence of delegated portfolio management[J].Journal of Financial Economics, 101(2): 264-296.

Das S R, Sundaram R K. 2002. Fee speech: signaling, risk-sharing, and the impact of fee structures on investor welfare[J]. Review of Financial Studies, 15(5): 1465-1497.

Dasgupta A, Prat A, Verardo M. 2011. Institutional trade persistence and long-term equity returns[J]. The Journal of Finance, 66(2): 635-653.

de Long J B, Shleifer A, Summers L H, et al. 1990. Positive feedback investment strategies and destabilizing rational speculation[J]. The Journal of Finance, 45(2):379- 395.

Del Guercio D, Dann L Y, Partch M M. 2003. Governance and boards of directors in closed-end investment companies[J]. Journal of Financial Economics, 69(1): 111-152.

Del Guercio D, Genç E, Tran H. 2018. Playing favorites: conflicts of interest in mutual fund management[J]. Journal of financial economics, 128(3): 535-557.

Del Guercio D, Tkac P A. 2008. Star power: the effect of monrningstar ratings on mutual fund flow[J].Journal of Financial and Quantitative Analysis, 43(4): 907-936.

Deli D N. 2002. Mutual fund advisory contracts: an empirical investigation[J]. The Journal of Finance, 57(1): 109-133.

Díaz-Mendoza A C, López-Espinosa G, Martínez M A. 2014. The Efficiency of performance - based fee funds[J]. European Financial Management, 20(4):825-855.

Dieu L T. 2018. Mutual fund governance: depositary independence and investor protection[J]. European Management Review, 15(1): 57-77.

Do V, Faff R, Wickramanayake J. 2005. An empirical analysis of hedge fund performance: the case of australian hedge funds industry[J]. Journal of Multinational Financial Management, 15(4/5): 377-393.

Edmans A, Holderness C G. 2017. Blockholders: a survey of theory and evidence[J]. SSRN Electronic Journal, 1: 541-636.

El-Khatib R, Fogel K, Jandik T. 2015. CEO network centrality and merger performance[J]. Journal of Financial Economics, 116(2): 349-382.

Ellis M E. 2004. Purchase and redemption patterns of US equity mutual funds[J]. CFA Digest, 34(4): 66-68.

Elton E J, Gruber M J, Blake C R. 2003. Incentive fees and mutual funds[J]. The Journal of Finance, 58(2): 779-804.

Fama E F. 1980. Agency problems and the theory of the firm[J]. Journal of Political Economy, 88(2): 288-307.

Fama E F, French K R. 1998. Taxes， financing decisions, and firm value[J]. The Journal of Finance, 53(3): 819-843.

Fang L, Peress J. 2009. Media coverage and the cross-section of stock returns[J]. The Journal of Finance, 64(5): 2023-2052.

Fehr E, Hart O, Zehnder C. 2011. Contracts as reference points: experimental evidence[J]. The American Economic Review, 101(2): 493-525.

Feng X N, Zhou M S, Chan K C. 2014. Smart money or dumb money? A study on the selection ability of mutual fund investors in China[J]. North American Journal of Economics and Finance, 30: 154-170.

Ferris S P, Yan X. 2007. Do independent directors and chairmen matter? The role of boards of directors in mutual fund governance[J]. Journal of Corporate Finance, 13(2/3): 392-420.

Firth M, Lin C, Liu P, et al. 2013. The client is king: do mutual fund relationships bias analyst recommendations?[J]. Journal of Accounting Research, 51(1): 165-200.

Frazzini A. 2006. The disposition effect and underreaction to news[J]. The Journal of Finance, 61(4): 2017-2046.

Freeman L C. 1977. A set of measures of centrality based on betweenness[J]. Sociometry, 40(1): 35.

Friesen G C, Sapp T R A. 2007. Mutual fund flows and investor returns: an empirical examination of fund investor timing ability[J]. Journal of Banking and Finance, 31(9): 2796-2816.

Froot K, Teo M. 2008. Style investing and institutional investors[J]. Journal of Financial and Quantitative Analysis, 43(4):883-906.

Fudenberg D, Triole J. 1983. Sequential bargaining with incomplete information[J]. The Review of Economic Studies, 50(2): 221-247.

Gaspar J M, Massa M, Matos P. 2006. Favoritism in mutual fund families? Evidence on strategic cross-fund subsidization[J]. The Journal of Finance, 61(1): 73-104.

Gervais S, Kaniel K, Mingelgrin D H. 2001. The high-volume return premium[J]. The Journal of Finance, 56(3): 877-919.

Gil-Bazo J, Ruiz-Verdú P. 2008. When cheaper is better: fee determination in the market for equity mutual funds[J]. Journal of Economic Behavior & Organization, 67(3/4): 871-885.

Gil-Bazo J, Ruiz-Verdú P. 2009. The relation between price and performance in the mutual fund industry[J]. The Journal of Finance, 64(5): 2153-2183.

Goetzmann W, Greenwald B, Huberman G. 1992. Market response to mutual fund performance[R]. Working paper.

Golec Jo H. 1992. Empirical tests of a principal-agent model of the investor-investment advisor relationship[J]. The Journal of Financial and Quantitative Analysis, 27(1): 81.

Goriaev A, Nijman T E, Werker B J M. 2005. Yet another look at mutual fund tournaments[J]. Journal of Empirical Finance, 12(1): 127-137.

Gottesman A A, Morey M R. 2006. Manager education and mutual fund performance[J]. Journal of Empirical Finance, 13(2):145-182.

Granovetter M. 1985. Economic action and social structure: the problem of embeddedness[J]. American Journal of Sociology, 91(3): 481-510.

Graves S B. 1988. Institutional ownership and corporate r&d in the computer industry[J]. Academy of Management Journal, 31(2): 417-428.

Griffin J M, Ji X Q, Martin J S. 2003a. Momentum investing and business cycle risk: evidence from pole to pole[J]. The Journal of finance, 58(6): 2515-2547.

Griffin J M, Harris J H, Topaloglu S. 2003b. The dynamics of institutional and individual trading[J]. The Journal of Finance, 58(6): 2285-2320.

Grinblatt M, Titman S. 1989. Adverse risk incentives and the design of performance-based contracts[J]. Management Science, 35(7): 807-822.

Grinblatt M, Titman S, Wermers R. 1995. Momentum investment strategies，portfolio performance，and herding: a study of mutual fund behavior[J]. American Economic

Review, 85(5): 1088-1105.

Grossman S J, Hart O D. 1983. An analysis of the principal-agent problem[J]. Econometrica, 51(1): 7.

Grossman S J, Hart O D. 1986. The costs and benefits of ownership: a theory of vertical and lateral integration[J]. Journal of Political Economy, 94(4): 691-719.

Grout P A. 1984. Investment and wages in the absence of binding contracts: a Nash bargaining approach[J]. Econometrica, 52(2): 449-460.

Guedj I, Papastaikoudi J. 2003. Can mutual fund families affect the performance of their funds?[R]. Working Paper.

Hall B J, Liebman J B. 1998. Are CEOs really paid like bureaucrats?[J]. The Quarterly Journal of Economics, 113(3): 653-691.

Hamdani A, Yafeh Y. 2013. Institutional investors as minority shareholders[J]. Review of Finance, 17(2): 691-725.

Hart O D. 1983. The market mechanism as an incentive scheme[J]. The Bell Journal of Economics, 14(2): 366.

Hart O D, Moore J, 1990. Property rights and the nature of the firm[J]. Journal of Political Economy, 98(6): 119-1158.

Hart O D, Triole J. 1988. Contract renegotiation and coasian dynamics[J]. The Review of Economic Studies, 55(4): 509-540.

Hartzmark S M. 2015. The worst, the best, ignoring all the rest: the rank effect and trading behavior[J]. The Review of Financial Studies, 28(4): 1024-1059.

Hauser J R.2014. Consideration-set heuristics[J]. Journal of Business Research, 67(8): 1688-1699.

Hendricks D, Patel J, Zeckhauser R. 1993. Hot hands in mutual funds: Short-run persistence of relative performance, 1974-1988[J]. The Journal of Finance, 48(1): 93-130.

Henriksson R D, Merton R C. 1981. On market timing and investment performance. II. statistical procedures for evaluating forecasting skills[J]. The Journal of Business, 54(4): 513-533.

Hirshleifer D, Lim S S, Teoh S H. 2009. Driven to distraction: extraneous events and underreaction to earnings news[J]. The Journal of Finance, 64(5): 2289-2325.

Holmstrom B. 1979. Moral hazard and observability[J]. The Bell Journal of Economics, 10(1): 74-91.

Holmstrom B. 1982. Moral hazard in teams[J]. The Bell Journal of Economics, 13(2): 324.

Holmstrom B, Milgrom P. 1987. Aggregation and linearity in the provision of intertemporal Incentives[J]. Econometrica, 55(2): 303.

Holmstrom B, Milgrom P. 1991. Multitask principal-agent analyses: incentive contracts, asset ownership and job design[J]. The Journal of Law, Economics and Organization, 7(1): 24-52.

Hong H, Huang M. 2005. Talking up liquidity: insider trading and investor relations[J]. Journal of financial intermediation, 14(1): 1-31.

Hong H, Kubik J D, Stein J C. 2005. Thy neighbor's portfolio: word-of-mouth effects in the holdings and trades of money managers[J]. The Journal of Finance, 60(6): 2801-2824.

Hong H, Stein J C. 1999. A unified theory of underreaction, momentum trading, and overreaction in asset markets[J]. The Journal of Finance, 54(6):2143-2184.

Huang J, Wei K D, Yan H. 2007. Participation costs and the sensitivity of fund flows to past performance[J].Journal of Finance, 62(3): 1273-1311.

Huang L X, Kale J R. 2013. Product market linkages, manager quality, and mutual fund performance[J]. Review of Finance, 17(6): 1895-1946.

Huang Y S, Wang Y Z. 2013. Asset price, risk transfer and economic activities: firm-level evidence from China[J]. The North American Journal of Economics and Finance, 26: 663-676.

Huddart S. 1999. Reputation and performance fee effects on portfolio choice by investment advisers[J]. Journal of Financial Markets, 2(3): 227-271.

Hurst G, Docherty P. 2015. Trend salience, investor behaviours and momentum profitability[J]. Pacific-basin Finance Journal, 35: 471-484.

Indro D C, Jiang C X, Hu M Y, et al. 1999. Mutual fund performance: does fund size matter?[J]. Financial Analysts Journal, 55(3): 74-87.

Ippolito R A. 1992. Consumer reaction to measures of poor quality: evidence from the mutual fund industry[J]. The Journal of Law and Economics, 35(1): 45-70.

Israelsen. 1998. Risk-adjusted performance of mutual funds[J]. New England Economic Review, (9/10): 33-48.

Jackowicz K, Kowalewski O. Crisis K. 2012. Internal governance mechanisms and pension fund performance: evidence from poland[J]. Emerging Markets Review, 13(4): 493-515.

Jain P C, Wu J S. 2000. Truth in mutual fund advertising: evidence on future performance and fund flows[J]. The Journal of Finance, 55(2): 937-958.

Jegadeesh N, Titman S. 1993. Returns to buying winners and selling losers: implications for stock market efficiency[J]. The Journal of Finance, 48(1): 65-91.

Jegadeesh N, Titman S. 2001. Profitability of momentum strategies: an evaluation of alternative explanations[J]. The Journal of Finance, 56(2): 699-720.

Jensen M C. 1968. The performance of mutual funds in the period 1945-1964[J]. The Journal of finance, 23(2): 389-416.

Jensen M C. 1983. Organization theory and methodology[J]. The Accounting Review, (2): 319-339.

Jensen M C, Murphy K J. 1990. Performance pay and top management incentives[J]. Journal of Political Economy, 98(2): 225-264.

Jensen M C, Ruback R S. 1983. The market for corporate control: the scientific evidence[J].

Journal of Financial Economics, 11(1/2/3/4): 5-50.

Jiang H, Verardo M. 2018. Does herding behavior reveal skill? An analysis of mutual fund performance[J]. The Journal of Finance, 73: 2229-2269.

Johnson S A, Lin J C, Song K R. 2006. Dividend policy, signaling, and discounts on closed-end funds[J]. Journal of Financial Economics, 81(3): 539-562

Kacperczyk M, Sialm C, Zheng L. 2005. On the industry concentration of actively managed equity mutual funds[J]. The Journal of Finance, 60(4): 1983-2011.

Kahneman D. 1973. Attention and Effort[M]. Englewood Cliffs: Prentice-Hall.

Kahneman D, Tversky A. 1979. Prospect theory: an analysis of decision under risk[J]. Econometrica, 47(2): 263-291.

Kale J R, Reis E, Venkateswaran A. 2009. Rank-Order tournaments and incentive alignment: the effect on firm performance[J]. The Journal of Finance, 64(3): 1479-1512.

Karuna C. 2007. Industry product market competition and managerial incentives[J]. Journal of Accounting and Economics, 43(2/3): 275-297.

Kempf A, Ruenzi S, Thiele T. 2009. Employment risk, compensation incentives, and managerial risk taking: evidence from the mutual fund industry[J]. Journal of Financial Economics, 92(1): 92-108.

Keswani A, Stolin D. 2008. Which money is smart? Mutual fund buys and sells of individual and institutional investors [J]. The Journal of Finance, 63(1): 85-118.

Khorana A, Servaes H, Wedge L. 2007. Portfolio manager ownership and fund performance[J]. Journal of Financial Economics, 85(1): 179-204.

Koenker R, Bassett G. 1978. Regression quantiles[J]. Econometrica, 46(1): 33.

Kon S J. 2000. The market-timing performance of mutual fund managers[J]. The Journal of Business, 56(3): 323.

Kong S X, Tang D Y. 2008. Unitary boards and mutual fund governance[J]. Journal of Financial Research, 31(3): 193-224.

Kouwenberg R, Ziemba W T. 2007. Incentives and risk taking in hedge funds[J]. Journal of Banking & Finance, 31(11): 3291-3310.

Kreps D M, Wilson R. 1982. Reputation and imperfect information[J]. Journal of economic theory, 27(2): 253-279.

Kritzman M P. 1987. Incentive fees: some problems and some solutions[J]. Financial Analysts Journal, 43(1): 21-26.

Kurniawan M, How J, Verhoeven P. 2016. Fund governance and style drift[J]. Pacific-Basin Finance Journal, 40: 59-72.

Kyle A S, Ou-Yang H, Wei B. 2011. A model of portfolio delegation and strategic trading[J]. The Review of Financial Studies, 24(11): 3778-3812.

La Porta R, Lopez-de-Silanes F, Shleifer A, et al. 1998. Law and finance[J]. Journal of Political Economy, 106(6): 1113-1155.

Lakonishok J, Shleifer A, Thaler R, et al. 1991. Window dressing by pension fund managers[J]. The American Economic Review, 81(2): 227-231.

Lazear E P, Rosen S. 1981. Rank-order tournaments as optimum labor contracts[J]. Journal of Political Economy, 89(5): 841-864.

Lee J H, Trzcinka C, Venkatesan S. 2019. Do portfolio manager contracts contract portfolio management?[J]. The Journal of Finance, 74(5): 2543-2577.

Legros P, Matthews S A. 1993. Efficient and nearly-efficient partnerships[J]. The Review of Economic Studies, 60(3): 599-611.

Li W, Rhee G, Wang S S. 2017. Differences in herding: individual vs. institutional investors[J]. Pacific-Basin Finance Journal, 45: 174-185.

Li W, Tiwari A. 2006. On the desirability of benchmarked incentive contracts in fund management[J]. Journal of Futures Markets, 29(1): 61-79.

Ling L, Arias J J. 2013. Mutual fund flows and window-dressing[J]. The Quarterly Review of Economics and Finance, 53(4): 440-449.

Lourenço I C, Callen J L, Branco M C, et al. 2014. The value relevance of reputation for sustainability leadership[J]. Journal of Business Ethics, 119(1): 17-28.

Lynch A W, Musto D K, 2003. How investors interpret past fund returns[J]. The Journal of Finance, 58(5): 2033-2058.

Ma L L, Tang Y H, Gómez J P. 2019. Portfolio manager compensation in the U.S. mutual fund industry[J]. The Journal of Finance, 74(2): 587-638.

Malliaris S, Yan H. 2010. Reputation concerns and slow-moving capital[R]. Working Papers-Yale School of Management's International Center for Finance.

Marc N R. 1996. Mutual fund managers and lifecycle risk: an empirical investigation[D]. Chicago: University of Chicago.

Margrabe W. 1978. The value of an option to exchange one asset for another[J]. The Journal of Finance, 33(1): 177.

Massa M. 2003. How do family strategies affect fund performance? When performance-maximization is not the only game in town[J]. Journal of Financial Economics, 67(2): 249-304.

Mehran H, Stulz R M. 2007. The economics of conflicts of interest in financial institutions[J]. Journal of Financial Economics, 85(2):267-296.

Milgrom P, Roberts J. 1982. Predation, reputation, and entry deterrence[J]. Journal of Economic Theory, 27(2): 280-312.

Miller M H. 1997. Debt and taxes[J]. The Journal of Finance, 32(2): 261.

Mirrlees J A. 1971. An exploration in the theory of optimum income taxation[J]. The Review of Economic Studies, 38(2): 175.

Mirrlees J A. 1999. The theory of moral hazard and unobservable behaviour: part I[J]. Review of Economic Studies, 66(1): 3-21.

Mizuno M. 2010. Institutional investors, corporate governance and firm performance in Japan[J]. Pacific Economic Review, 15(5): 653-665.

Modigliani F, Pogue G A, 1975. Alternative investment performance fee arrangements and implications for SEC regulatory policy[J]. The Bell Journal of Economics, 6(1): 127-160.

Moskowitz T J, Ooi Y H, Pedersen L H. 2012. Time series momentum[J]. Journal of Financial Economics, 104(2): 228-250.

Nalebuff B, Stiglitz J. 1983. Information,competition and markets[J].American Economic Review, 73: 278-283.

Nanda V, Wang Z J, Zheng L. 2004. Family values and the star phenomenon: strategies of mutual fund families[J]. The Review of Financial Studies, 17(3): 667-698.

Narayanan M P, Nanda V K, Warther V A. 1997. Liquidity, investment ability, and mutual fund structure[J]. Journal of Financial Economics, 57: 417-443.

NofsingerJ R, Sias R W. 1999. Herding and feedback trading by institutional and individual investors[J]. Journal of Finance, 54(6): 2263-2295.

Odean T. 1998a. Are investors reluctant to realize their losses?[J]. The Journal of Finance, 53(5): 1775-1798.

Odean T. 1998b. Volume, volatility, price, and profit when all traders are above average[J]. The Journal of Finance, 53(6): 1887-1934.

O'Neal E S. 2004. Purchase and redemption patterns of US equity mutual funds[J]. Financial Management, 33(1):63-90.

Opler T C, Sokobin J S. 1998. Does coordinated institutional activism work? An analysis of the activities of the council of institutional investors[R]. Working Paper.

Otten R, Bams W. 2002. Mutual fund performance models[J]. European Financial Management, 8(1): 75-98.

Ou-Yang H. 2003. Optimal contracts in a continuous-time delegated portfolio management problem[J]. The Review of Financial Studies, 16(1): 173-208.

Pareek A. 2012. Information networks: implications for mutual fund trading behavior and stock returns[R]. AFA 2010 Atlanta Meetings Paper.

Peng D F, Rao Y L, Wang M. 2016. Do top 10 lists of daily stock returns attract investor attention? Evidence from a natural experiment[J]. International Review of Finance, 16(4): 565-593.

Petajisto A. 2013. Active share and mutual fund performance[J]. Financial Analysts Journal, 69(4): 73-93.

Pool V K, Stoffman N, Yonker S E. 2012. No place like home: familiarity in mutual fund manager portfolio choice[J]. The Review of Financial Studies, 25(8): 2563-2599.

Popescu M, Xu Z J. 2018. Mutual fund herding and reputational concerns[J]. Journal of Economics and Finance, 42(3): 550-565.

Pound J. 1988. Proxy contest and the efficiency of shareholder oversight[J]. Journal of Financial Economics, 20:237-265.

Puckett A, Yan X M. 2011. The interim trading skills of institutional investors[J]. The Journal of Finance, 66(2): 601-633.

Radin R, Stevenson W. 2006. Corporate governance and mutual fund performance[J]. Corporate Governance: An International Review, 9: 367-376.

Raith M. 2003. Competition, risk, and managerial incentives[J]. American Economic Review, 93(4): 1425-1436.

Reuter J. 2006. Are IPO allocations for sale? Evidence from mutual funds[J]. The Journal of Finance, 61(5): 2289-2324.

Robinson D T, Sensoy B A. 2013. Do private quity fund managers earn their fees? Compensation, ownership, and cash flow performance[J]. Review of Financial Studies, 26(11): 2760-2797.

Rosen S. 1986. Prizes and incentives in elimination tournaments[J]. The American Economic Review, 76(4): 701-715.

Ross S A. 1973. The economic theory of agency: the principal's problem[J]. American Economic Association, 63(2): 134-139.

Sappington D. 1983. Limited liability contracts between principal and agent[J]. Journal of Economic Theory, 29(1): 1-21.

Scharfstein D, Stein J. 1990. Herd behavior and investment [J]. American Economic Review, 80(3): 465-479.

Schmidt K M. 1997. Managerial incentives and product market competition[J]. The Review of Economic Studies, 64(2): 191.

Schultz T W. 1990. Human capital investment and urban competitiveness[J]. Urban Studies, 27(6): 799-810.

Sensoy B A. 2009. Performance evaluation and self-designated benchmark indexes in the mutual fund industry[J]. Journal of Financial Economics, 92(1): 25-39.

Shefrin H, Statman M. 1985. The disposition to sell winners too early and ride losers too long: theory and evidence[J]. The Journal of Finance, 40(3): 777-790.

Shleifer A, Vishny R W. 1986. Large shareholders and corporate control[J]. Journal of Political Economy, 94(3): 461-488.

Shy O, Stenbacka R. 2003. Market structure and diversification of mutual funds[J]. Journal of Financial Markets, 6(4): 607-624.

Siegel P A, Hambrick D C. 2005. Pay disparities within top management groups: evidence of harmful effects on performance of high-technology firms[J].Organization Science, 16(3): 259-274.

Sirri E R, Tufano P. 1998. Costly search and mutual fund flows[J]. The Journal of Finance, 53(5): 1589-1622.

Smith J M. 1974. The theory of games and the evolution of animal conflicts[J]. Journal of Theoretical Biology, 47(1): 209-221.

Smith K T, Smith M, Wang K. 2010. Does brand management of corporate reputation translate into higher market value?[J]. Journal of Strategic Marketing, 18(3): 201-221.

Spitz A E. 1970. Mutual fund performance and cash inflows[J]. Applied Economics, 2(2): 141-145.

Starks L T. 1987. Performance incentive fees: an agency theoretic approach[J]. The Journal of Financial and Quantitative Analysis, 22(1): 17-32.

Stokey N L. 1981. Rational expectations and durable goods pricing[J]. The Bell Journal of Economics, 12(1): 112-128.

Suto M, Toshino M. 2005. Behavioural biases of Japanese Institutional Investors: fund management and corporate governance[J]. Corporate Governance: An International Review, 13(4): 466-477.

Tam O K, Yu C P. 2011. China's corporate governance development[J]. Corporate Governance: An International Review, 19(6), 686-702.

Tan L, Chiang T C, Mason J R, et al. 2008. Herding behavior in Chinese stock markets: an examination of a and b shares[J]. Pacific-Basin Finance Journal, 16(1/2):61-77.

Taylor S E, Thompson S C. 1982. Stalking the elusive "vividness" effect[J]. Psychological Review, 89(2): 155-181.

Tirole J. 1986. Hierarchies and bureaucracies: on the role of collusion in organizations[J]. The Journal of Law, Economics, and Organization, 2(2): 181-214.

Treynor J. 1965. How to rate management of investment funds[J]. Harvard Business Review, 43(1): 63-75.

Treynor J, Mazuy K. 1966. Can mutual funds outguess the market?[J]. Harvard Business Review, 44(4): 131-136.

Tufano P, Sevick M. 1997. Board structure and fee-setting in the U.S. mutual fund industry[J]. Journal of Financial Economics, 46(3): 321-355.

Tversky A, Kahneman D. 1992. Advances in prospect theory: cumulative representation of uncertainty[J]. Journal of Risk & Uncertainty, 5(4): 297-323.

Verbeek M, Huij J. 2007. Spillover effects of marketing in mutual fund families[J]. Journal of Financial and Quantitative Analysis, 42(2): 473-500.

Vidal-García J, Vidal M, Boubaker S, et al. 2016. The short-term persistence of international mutual fund performance[J]. Economic Modelling, 52: 926-938.

Volkman D A, Wohar M E. 1996. Abnormal profits and relative strength in mutual fund returns[J]. Review of Financial Economics, 5(2): 101-116.

Wang G S, Yu G J, Shen X H. 2020. The effect of online investor sentiment on stock movements: an LSTM approach[J]. Complexity, (1): 4754025.

Wang H J，Yan J H，Yu J F. 2017. Reference-dependent preferences and the risk-return trade-off[J]. Journal of Financial Economics, 123(2): 395-414.

Wei A N, Chen M L, Peng C L. 2011. The advertising spillover effect: implication for mutual fund families[J]. Journal of Management, 28(4): 361-377.

Wei B. 2013. Study on the determinants of Chinese open-end (mutual) funds performance[J]. China Finance and Economic Review, 1(2): 67-88.

Wermers R. 1999. Mutual fund herding and the impact on stock prices[J]. The Journal of Finance, 54(2): 581-622.

Wermers R. 2000. Mutual fund performance: an empirical decomposition into stock-picking talent, style, transactions costs, and expenses[J]. The Journal of Finance, 55(4): 1655-1695.

Westphal J D, Bednar M K. 2008. The pacification of institutional investors[J]. Administrative Science Quarterly, 53(1): 29-72.

Williamson O E. 1976. Markets and hierarchies: analysis and antitrust implications[J]. The Economic Journal, 343(86): 619-621.

Wongsurawat W. 2011. Management fees and total expenses of mutual funds in Thailand[J]. Journal of the Asia Pacific Economy, 16(1): 15-28.

Wright P, Kroll M, Elenkov D. 2002. Acquisition returns, increase in firm size, and chief executive officer compensation: the moderating role of monitoring[J]. Academy of Management Journal, 45(3): 599-608.

Yeh Y H, Shu P G, Su Y H. 2012. Related-party transactions and corporate governance: the evidence from the Taiwan stock market[J]. Pacific-Basin Finance Journal, 20(5): 755-776.

Yuan R L, Xiao J Z, Zou H. 2008. Mutual funds' ownership and firm performance: evidence from China[J]. Journal of Banking & Finance, 32(8): 1552-1565.

Zitzewitz E. 2006. How widespread was late trading in mutual funds?[J]. The American Economic Review, 96(2): 284-289.